EPISODIOS NACIONALES

LUCHANA

B. PÉREZ GALDÓS

EPISODIOS NACIONALES

TERCERA SERIE

LUCHANA

14.000

MADRID

PERLADO, PÁEZ Y COMPAÑÍA

(Sucesores de Hernando)

Arenal, 11

1906

EST. TIP. DE LA VIUDA É HIJOS DE TELLO

IMPRESOR DE CÁMARA DE S. M.

Carrera de San Francisco, 4.

LUCHANA

I

«En mi carta de ayer—decía la señora incógnita con fecha 14 de Agosto,—te referí que nuestro buen Hillo me mandó recado al mediodía, recomendándome que no saliese á paseo por el pueblo, ni aun por los jardines, porque corrían voces de que los soldados y clases del Cuarto de la Guardia, los de la Real Provincial y los granaderos de á caballo, andaban soliviantados, y se temía que nos dieran un día de jarana, cuando no de luto y desórdenes sangrientos. Naturalmente, hice todo lo contrario de lo que nuestro sabio Mentor con notoria prudencia me aconsejaba: salí de paseo con dos amigos, señora y caballero, prolongándose la caminata más que de costumbre, y no exagero si te digo que anduvimos cerca de un cuarto de legua por el camino de Balsaín; luego atravesamos todo el pueblo, llegando hasta más allá del Pajarón, y nos volvimos á casita con un si es no es de desconsuelo, pues no vimos turbas sediciosas, ni soldadesca desenfrenada, ni cosa alguna fuera de lo vulgar y corriente. El drama callejero, *género histórico* en España, que deseábamos ver no sin sobresalto en nuestra viva curiosidad, permanecía entre bastidores, en ensayo tal vez. Sus autores, temerosos de una silba, no se atrevían á mandar alzar el telón.

»Por mi parte, te aseguro que no sentía miedo; mis acompañantes sí: sólo con la idea de que la revolución anunciada no pasase de comedia, se atrevían á presenciarla. Y comedia tenía que ser en la presunción de todos, pues de los jefes, del Comandante general del Real Sitio, Conde de San Román, nada debía temerse, conocida de todo el mundo su adhesión á la Reina y á Istúriz; de los jefes tampoco, que eran *lo mejor de cada casa*. Las clases y tropa no son capaces de escribir por sí solas una página de la Historia de España, y el día en que la escribieran, ¡ay! veríamos, á más de la mala gramática de hoy, una ortografía detestable.

»Al pasar por el teatro, nos hizo reir el título de la comedia anunciada: *A las diez de la noche, ó los síntomas de una conjuración*. En las puertas del Café del teatro vimos paisanos y sargentos en grupos muy animados, y por las palabras sueltas que al paso hirieron nuestros oídos, comprendimos que hablaban de política. Luego nos dijo Pepito Urbistondo, á quien encontramos junto á la Comandancia, que las clases de toda la guarnición estaban incomodadas porque el General había prohibido, bajo graves penas, cantar canciones patrióticas, y mandado que las bandas y músicas no tocasen otras marchas que las de ordenanza. A este Pepe Urbistondo no le conoces: ha venido no hace un mes del ejército de Aragón; es valiente y audaz en la guerra; en los saraos de Madrid el primero y más arrojado bailarín de gavotas y mazurcas; buen chico, sólo que tartamudea un poco, y empalaga un mucho con sus alardes de finura, á veces sin venir á cuento. Hoy le tienes aquí de ayudante de San Román, y es el que anima con sus donaires los corros que diariamente, mañana y tarde, se forman en las *Tres Gracias* ó en *Andrómeda*... Pues sigo diciéndote que la noticia comunicada por Pepito del mal humor de los señores cabos y sargentos, no nos causó grande inquietud. Pero luego nos encontramos al canónigo de la Colegiata, D. Blas de Torres, que nos puso en cuidado refiriéndonos lo que había ocurrido momentos antes, en el acto de la *lista*. Después de la música, y cuando ya la tropa formaba para volver al cuartel, el tambor mayor mandó á la banda tocar la marcha granadera. Obedecieron los tambores; pero no los pífanos, que salieron por el himno de Riego, resultando un guirigay de mil demonios, efecto de la discordancia entre músicas tan diferentes. El Comandante, volado, mandó callar la banda, y la tropa se dirigió al cuartel al son de sus propias pisadas. La vimos pasar. Era una escena triste, lúgubre.

No sé por qué me impresionó aquel marchar de los soldados sin ningún son de música ó ruido militar. Me fijé en las caras de muchos, y no eran, no, las habituales caras de soldados españoles, siempre alegres. Cuando entrábamos en casa de mis amigos, volvimos á encontrar á Urbistondo, y nos dijo que, al llegar al cuartel, el Comandante había mandado arrestar á toda la banda; que al tambor mayor, á quien se atribuía connivencia con los desentonados pífanos, le habían metido en un calabozo. La oficialidad recibió orden de permanecer en el cuartel toda la noche, y se prohibió que salieran los sargentos. Cuando nos daba Pepito estos informes, ya casi anochecía; los paseantes de los jardines volvían presurosos á sus casas; notábase en algunos aprensión, recelo; de la sierra bajaba un airecillo sutil, que nos hacía echar de menos los abrigos. Yo mandé á casa por el mío: la persona que me lo trajo, traía también un billete en que se me instaba, mejor dicho, en que se me hacía el honor de llamarme á Palacio... Yo tiritaba; me había enfriado un poco al volver de paseo: creo que contribuyó á ello el ver aquellos soldados tan tristes, marchando sin tambores ni cornetas... Aplacé la visita á Palacio para después de comer; pero luego vino un recadito más apremiante, verbal, y tomando el brazo del digno caballero que lo había llevado, me fuí allá. Quién me llamó de Palacio, no puedo decírtelo, niño, ni hay para qué.

»Creí encontrar alarma en la morada Real, pero me equivoqué... ¡en tantas cosas nos equivocamos! Sabían todo lo ocurrido en el cuartel del Pajarón y en la lista; tenían noticia de la descompuesta actitud de los sargentos en el Café del Teatro, donde suelen reunirse; de la llegada de paisanos de Madrid, siniestros pajarracos que anuncian las tempestades políticas; mas no por eso habían perdido la tranquilidad y confianza. No debo ocultarte que yo había recibido de la Villa y Corte informes preciosos de lo que piensan y dicen ciertas personas de las que influyen en la cosa pública, lo mismo cuando están en candelero que cuando están caídas. Alguien se enteró de que yo tenía tales referencias y quiso oirlas de mis propios labios. De lo que yo sabía, comuniqué lo que estimaba prudente y oportuno en las circunstancias actuales, lo que á mi parecer podría ser de utilidad y enseñanza para la persona que me interrogaba; lo demás me lo callé. ¿No te parece que hice bien? Ya veo que afirmas. Me gusta que opines en todo como yo.

»Pues verás: pasé un rato muy agradable con las niñas cuando las acostaban. La Reinita Isabel discurre como una mujercita; Luisa Fernanda le gana en formalidad. Es grave la pequeñuela, y en su corta edad parece sentir y comprender ya que tanto ella como su hermanita son personajes históricos, y que están llamadas á desempeñar primeros papeles en la escena del mundo.

Isabel despunta por su inteligencia: cuentan de ella salidas y réplicas verdaderamente prodigiosas. Ya conoce por sus nombres á todos los palaciegos y á muchos generales; distingue los cuerpos y armas del ejército por los uniformes, y los grados y empleos de los oficiales por los galones y charreteras. La cronología de los Reyes, desde los Católicos para acá la sabe de corrido, y en etiqueta suele dar opiniones saladísimas, que revelan su agudeza y disposición. Es muy juguetona, demasiado, según dicen algunos, para Reina. Pero esto es una tontería, porque los niños ¿qué han de hacer más que enredar? Nuestra *angélica Isabel*, á quien aclaman pueblo y ejército como la esperanza de la patria, se iría gustosa, si la dejaran, á jugar á la calle con las chiquillas pobres. Dios la bendiga. Si esa guerra tiene el término que deseamos y el D. Carlos se queda como el gallo de Morón, veremos á Isabel en el Trono, digo, la verás tú, que yo no pienso vivir tanto.

»No sé por qué me figuro que la juguetona y despabilada Isabel ha de ser una gran Reina, como la primera de su nombre. El toque está en que sepan rodearla, en sus primeros años de reinado, de personas buenas, de severo trato y rectitud, de conocimiento en los negocios de Estado, pues no siendo así, ¿qué ha de hacer la pobre niña? Ni con las dotes más excelsas que Dios pone en la voluntad y en la inteligencia de sus criaturas, podría desenvolverse Isabelita en medio del desconcierto de un país que todavía anda buscando la mejor de las Constituciones posibles, y que no parece dispuesto á dejarse gobernar con sosiego hasta que no la encuentre; de un país que todavía emplea como principal resorte político el entusiasmo, cosa muy buena para hacer revoluciones cuando éstas vienen á cuento, mas no para gobernar á los pueblos... En fin, no quiero que me llames fastidiosa, y suspendo aquí mis acerbos juicios acerca de un país que todavía ha de tardar siglos en curarse de sus hábitos sentimentales... Con que ya ves lo que le espera á la pobre niña, mayormente si la dejan sola y no cuidan de poner á su lado quien la guíe y aconseje. Quiera Dios que mis recelos sean infundados, y que Isabel reine sin tropiezos, y haga feliz, poderosa y rica á esta pobrecita nación. Yo no he de ver su reinado, y si es próspero y grande, eso me pierdo. Lo que en la Historia resulte de la preciosa niña, á quien he dado tantos besos esta noche, tú me lo contarás cuando nos veamos en el otro mundo.

»Bueno: pues sabrás que al salir del cuarto de las niñas, me dieron la noticia de que cuatro compañías de la Guardia Real Provincial, alojadas en el Pajarón, se habían sublevado. Me lo dijo una dama en quien el ingenio corre parejas con la edad (uno y otra son grandes), y sin duda porque su conocimiento práctico de la historia del siglo la familiariza con los motines, no acompañó la noticia de demostraciones de sobresalto.

Ya no era joven cuando el tumulto de Aranjuez, en Marzo del año 8, que presenció y refiere con todos sus pelos y señales. ¡Con que figúrate si habiendo visto desde la barrera aquella función y todas las que han venido después, estará curada de espanto la pobre señora! «No se asuste usted—me dijo.—No será de cuidado: todo quedará reducido á que nos machaquen los oídos con el *himno*, y á que pidan quitar el Estatuto ú otra majadería semejante. Yo, á ser la Reina, no vacilaría en variar el nombre de la primera ley del Estado, pues esto ni da ni quita poder... Estos pobres liberales son unas criaturas que se pasan la vida mudando motes y letreros, sin reparar en que varían los nombres, y las cosas son siempre las mismas. Ahora les da por jugar á las Constitucioncitas... ¡qué inocentes!... Yo me río... En fin, veremos en qué para esto. No le arriendo la ganancia al amigo Istúriz.»

»Respondíle que no podía yo participar de su tranquilidad, y hallándome bastante desfallecida y con un poquito de susto en mi pobre espíritu, le rogué que mandase me dieran una taza de caldo. «Pediré otra para mí, y además dos copitas de Jerez con sus bizcochos correspondientes, porque, amiga mía, no puedo avenirme á esta novísima costumbre de comer á las tres y cenar á las once de la noche... costumbres napolitanas deben de ser éstas... Y además, como podría suceder que en noche de revolución no haya la debida puntualidad en la hora de la cena, bueno es que nos preparemos para los ayunos que nos depare Dios de aquí á mañana. Y si á usted le parece, mandaremos que nos sirvan algún fiambre, ó una perita en dulce...»

»A todas éstas, notamos entrada y salida de militares, vimos caras de sobresalto; mas ningún rumor desusado se oía por la parte del pueblo. Cuando mi amiga y yo estábamos en el comedor chico haciendo por la vida, nos dijo el mayordomo de semana, todo trémulo y asustadico, que se había cerrado la puerta de hierro que comunica con la población, trayendo las llaves á Palacio; pero se temía que los sublevados de fuera violentarían la puerta de la verja con ayuda de los sublevados de dentro. «¡Los de dentro!—exclamó mi amiga.—¿Según eso, los del Cuarto Regimiento también...? Era natural. Ya lo tendrían bien amasado entre todos.» Añadió el informante que el jefe de Provinciales y parte de la oficialidad trataban de contener el movimiento con exhortaciones y buenos consejos; pero se dudaba que lo consiguiesen. Aún quedaba la esperanza de que los Guardias de Corps se mantuviesen fieles á la disciplina, y en este caso, andarían á tiros unos contra otros. A esto, dijimos las dos señoras que no, no... de ninguna manera... nada de tiros ni matarse, no, no... Que se avinieran todos, y á la buena de Dios; que si ello quedaba en un cambio de Gobierno, con himno á pasto, proclamas, *entusiasmo* y un gracioso cubileteo de Constituciones, nos dábamos por satisfechas... Sobre todo, lo que hubiera de venir, viniera pronto, para poder cenar, aunque fuese un poquito tarde, y dormir tranquilamente.

»Al volver á la antecámara, ya sentimos extraordinario ruido al exterior, y en Palacio turbación, perplejidad, azoramiento, miedo.»

II

«Por aquí, por aquí—nos dijeron señalando las salas cuyos balcones dan á la plazuela llamada *la Cacharrería*, y allá nos fuimos mi amiga y yo, deseosas de ver y gozar las escenas que se preparaban, presumiendo, no sé por qué, que éstas no habían de ser tumultuosas, ni menos sangrientas. Sonaron algunos tiros ¡ay qué miedo!; advirtieron por allí que eran disparados al aire, más en son de fiesta que de hostilidad, y el murmullo de voces que subía de la plazoleta no parecía en verdad resuello de revolución, sino más bien algo del *¡ah, ah!* con que en los teatros imitan torpemente el bramido de las multitudes furiosas. La noche no era muy clara. Desde los balcones, atisbando tras de los cristales, distinguíamos el hormigueo de bultos obscuros moviéndose sin cesar, brillo fugaz de objetos metálicos, bayonetas, cañones de fusil, chapas de morriones, charreteras. Se intentaba, sin duda, la formación ordenada, y no era fácil lograr tal intento. En los vivas, que á poco de llegar los sublevados á la plazuela empezaron á oirse, alternaba la Reina con la Libertad, uno y otro grito proferidos con igual ardor, de lo que deducíamos que nuestras vidas, así como las de las Reinas, no corrían peligro alguno. Revolución que aclama á las personas que encarnan la autoridad, no viene con mal vino. «Puede que ahora—observó mi amiga,—salgan esos infelices con que han armado toda esta tremolina para pedir aumento de paga, lo que me parece muy justo, porque ya sabrá usted que ya no les dan más que nueve cuartos, de los cuales ocho son para el rancho. Reconozcamos que el soldado español es la virtud misma, pues *por un cuarto* diario consagra á la patria su existencia, *por un cuarto* se somete á los rigores de la disciplina, *por un cuarto* nos custodia y nos defiende hasta dejarse matar. No creo que en ningún país exista abnegación más barata. Pero ya verá usted cómo estos desdichados vienen pidiendo algo que no les importa, algo que no ha de remediar su pobreza. Verá usted cómo se descuelgan reclamando más libertad... libertad que no ha de hacerles á ellos más libres, ni tampoco menos pobres. Alguno habrá quizás entre ellos que crea que la Constitución del 12 les va á dar cuarto y medio.»

»Otra dama que se nos agregó, esposa de un General que ha hecho su brillante carrera hollando alfombras palatinas (no te digo su nombre: es feíta la pobre; tan poco agraciada, que todo el mundo cree que tiene talento... y el mundo se equivoca), nos aseguró que el escándalo que presenciábamos era obra del masonismo; que los soldados de la Guardia no entendían de Constituciones, ni sabían si la libertad se comía con cuchara ó con tenedor, y que se sublevaban porque las logias les habían repartido dinero. Cuatro días antes habían llegado de Madrid doce mil duros... Mi amiga la interrumpió para decirle que no creía en esos viajes de las talegas. Yo fuí de la misma opinión. Pero ella insistió, asegurando lo de los miles como si los hubiera contado. Lo sabía por la doncella de una camarista, que tenía un novio cabo de Provinciales. El domingo anterior habían salido de paseo, y él la convidó á merendar en la Boca del Asno, y le mostró piezas columnarias, de esas que tienen dos globos y el letrero que dice *más allá*... Dijo á esto mi amiga, revistiendo su socarronería de exquisitas formas, que con tales señas no podía ponerse en duda la venalidad de los sargentos sediciosos, y yo me ví precisada á expresar la misma opinión, añadiendo que en ningún caso es conveniente que las logias tengan dinero. Las tres hubimos de maravillarnos de que, poseyendo el Rey y la Grandeza los mayores caudales de la Nación, sean todas las revoluciones contrarias á la Monarquía y á la Aristocracia. Por fuerza tiene que haber gran cantidad de moneda oculta, repartida en muchos poquitos entre la masa enorme de gentes ordinarias, obscuras y aun descamisadas que hormiguean en ciudades y aldeas.

»Bruscamente apartaron nuestra atención de estas filosofías á lo mujeril, el aumento de ruido en la plaza y en la entrada de Palacio, la estrepitosa sonoridad del himno de Riego, cantado por mil voces, y el movimiento que advertimos hacia la escalera principal. Pronto vimos que subían los jefes de las compañías sublevadas. San Román y el Duque de Alagón salieron á recibirles. No olvidaré nunca el breve, picante diálogo entre los generales palatinos y los jefes que tan desairado papel representaban en aquella comedia. «¡Pero ustedes..!.» «¡Mi General, nosotros...!» y no decían más. Escribían un poquito de historia con estas palabras premiosas, acompañadas de un expresivo encoger de hombros. Uno de ellos pudo al fin explicarse con más claras razones: «Nosotros no nos sublevamos... los sargentos de todos los cuerpos son los que se sublevan... ¿Qué habíamos de hacer? Hemos tenido que seguirles para evitar el derramamiento de sangre.» Y Alagón repetía: «¡Pero ustedes!...» «Mi General—se aventuró á decir el comandante de Provinciales,—creemos que dejándonos llevar de esta corriente irresistible, prestaremos un servicio á la Reina... Sin nosotros, sabe Dios á dónde llegaría el movimiento...»

San Román, pálido, dando pataditas, estampa viva del azoramiento y la perplejidad, creyendo que era su deber incomodarse para decir las cosas más sencillas, desplegó toda su cólera en estas palabras: «Pues ahora van ustedes á manifestar á la Reina... eso, eso... á explicarle las causas del escándalo».. y eso... eso... que ustedes se han dejado llevar, se han dejado traer, para evitar mayores males... y eso... el derramamiento de sangre.»

»Más sereno Alagón, como hombre de trastienda y con más conchas que un galápago, les invitó á pasar á la presencia de Su Majestad, con el fin de darle conocimiento de lo ocurrido y de reiterarle su firme lealtad y adhesión. Adentro fueron todos, y los de fuera seguían desgañitándose con el himno, cual si lo hubieran aprendido en viernes. Poco duró la conferencia de los jefes con la Gobernadora. Al verles salir, acompañados de un Conde y un Duque, no pudimos menos de observar que si ridícula era la situación de la oficialidad dejándose mover de la indisciplina de los inferiores, más ridículamente desprestigiados resultaban los generales, cuyo papel quedaba reducido al de introductores de las embajadas que los sediciosos enviaban á la Reina.

«Que suba una comisión, una comisión de las clases...—decía San Román:—veremos qué piden... Que suban seis.» Opinó Alagón que era excesivo este número. Bastaba, según él, que subieran uno de Provinciales y otro de la Guardia... todo lo más tres: un tercero por los granaderos de Caballería... En esto reclamaron á mi amiga de parte de la Reina. A mí se me llamó poco después, y entré con otras dos señoras en el comedor pequeño, donde estaba Su Majestad disponiéndose á cenar antes de recibir á la comisión de los amotinados. No podía disimular la ilustre señora su turbación, su miedo ante aquel problema que el pueblo le planteaba, y que tenía que resolver pronto y con entereza, sin que la ayudaran ministros ni próceres. Creo que desde las tremendas noches de Septiembre del 32, en aquel mismo palacio, cuando se vió sola junto al Rey moribundo, y enfrente la intriga de los apostólicos, no se ha visto Doña María Cristina en trance tan apretado como el de Agosto del año que corre. Quería comer, y lo dejaba por hablar y hacer preguntas atropelladas; queriendo decir algo importante, interrumpía los conceptos para comer precipitadamente sin saber lo que comía. Probó de una sopa, picó de un asado, tomaba la cuchara cuando debía coger el tenedor... Y en su exquisita amabilidad y hábito de corte, para todos tuvo una palabra grata, equivocando personas y nombres: eso ni que decir tiene. Advertí su rostro un poco arrebatado; á cada instante se pasaba la mano por la frente... ¡y qué frente aquélla más bonita!... ó miraba en derredor, fijándose, más que en las personas, en los huecos que éstas dejaban al moverse. ¿Qué buscaba? Sin duda lo que no tenía ni podía tener: un hombre, un Rey.

»Vestía la Reina de blanco con sencillez soberana. Ordinariamente Su Majestad come muy bien. Aquella noche, un tanto tempestuosa para la Corona, la inapetencia, la nerviosa ansiedad del primer tripulante del bajel del Estado, revelaban que no era insensible al malestar del mareo. Verdad que los tumbos del barquito eran horrorosos: la caña del timón había venido á ser irrisoria, como la que le pusieron á Cristo en su santa mano. Tan turbada estaba la Señora, que nos preguntó muy sorprendida que por qué no cenábamos, sin reparar que no cenábamos porque no nos servían. La servían á ella sola. Pronto echó de ver su inadvertencia, lo que fué causa de endulzar con un poco de risa forzada los amargores de la situación. Algo dijo la Reina, no lo entendí bien, de que luego cenaríamos chicos y grandes con formalidad, si la revolución nos dejaba llegar á media noche con vida; y de aquí tomaron pie los presentes para bromear un poco, mientras seguía por dentro de cada uno la tumultuosa procesión.. Ni aun en aquel caso se eclipsaba la sonrisa ideal de María Cristina; sonrisa que era como un astro siempre luminoso en medio de tales tristezas. Los hoyuelos lindísimos de su cara, el repliegue de aquella boca, no tienen semejante, ni creo exista en humanos rostros un anzuelo tan bien cebado para pescar corazones. Cuantos españoles han visto á esta Reina se sienten dominados por su atractiva belleza. Es, creo yo, entre todas las testas coronadas, la única que posee el secreto del estilo gracioso, con preferencia al grave, para la expresión de la majestad.

»Como anunciara el Duque que los sublevados habían elegido ya su comisión, y que ésta esperaba la venia de la Soberana para presentarse á ella, se discutió en qué departamento del Palacio se recibiría tan singular embajada. No por humillar á los sargentos, sino por alejarse lo más posible de las estancias donde se sentía el temeroso bullicio militar y el insufrible sonsonete del himno, dispuso la Reina recibir á la comisión en una de las salas del archivo, que están en la parte del Norte, lo más desamparado, triste y recogido de la casa. Te daré una idea de la estancia en que se efectuó el imponente careo entre pueblo y Rey, que, según dicen, ha de cambiar la faz del país... (Puede que varíe la cara nacional; el alma poco variará...) Es el archivo una pieza larguísima, como de doce varas, con la mitad de anchura, rodeada toda de armarios de madera rotulados, que supongo estarán llenos de papeles del Patrimonio, los cuales tengo para mí que no servirán para nada. El cielo raso del techo se ha caído en algunas partes, mostrando la armadura y tillado; el suelo está cubierto por esteras de las más ordinarias. Los muebles son una mesa de nogal y otra de mármol, arrimada á un lado como un trasto que estorbaba en otra parte y lo han metido allí, donde también estorba. Elegida esta pieza para parlamentar la Corona y la Revolución, llevaron un sitial para la

Reina, dos grandes candelabros con bujías, y creo que nada más. Pusieron guardias de Alabarderos en todo el trayecto desde la escalera hasta el archivo; en la puerta de éste dos guardias de Corps, y un número grande de ellos en la pieza inmediata. Preparado todo, se dijo á la plebe armada que podía pasar.

»Formaban la diputación de los sublevados dos sargentos. El soldado que entró con ellos creímos que venía representando la clase de tropa; después supimos que, movido de la curiosidad, la cual debía de ser en él tan grande como su frescura, se había colado, agregándose á los sargentos sin que nadie le dijera nada. Así andaban las cosas aquella noche. En la escalera les recibieron el Duque de Alagón y el general San Román, que después de mandarles dejar las armas, les echaron la correspondiente exhortación á la prudencia, no como autoridades inflexibles, sino como compañeros, pues se había borrado toda jerarquía, aunque los signos de éstas permanecieran adornando las personas, sin más valor que el que podrían tener los botones y ojales de la ropa. Dijéronles que miraran bien lo que decían ante la augusta persona de la Reina; que doblaran ante ella la rodilla y le besaran la mano respetuosamente, y que si Su Majestad, siempre bondadosa, les recomendaba que se retiraran á sus cuarteles, lo hicieran calladitos y sin ningún alboroto. A esto dijo uno de los sargentos con bastante firmeza: «Mi

General, si no hemos de poder manifestar á la Señora las causas de esta revolución y lo que pide España, excusado es que entremos.» Á este golpetazo de lógica, nada pudo contestar el jefe de la guarnición. El Duque añadió: «Sí, sí, entrad... Su Majestad quiere veros y que le digáis las razones de haber dado vosotros este paso, sin que nadie os lo mandara... Entraréis; ¡pero cuidado, cuidado...! No nos deis una noche de vergüenza, ni nos pongáis en el caso de...» Lo demás no se oía... Precedidos de los generales, acompañados, escoltados más bien por los jefes de Provinciales y de la Guardia, avanzaron de sala en sala los dos sargentos y el soldado intruso. El nombre de éste no lo supimos; los de los sargentos nos los dijeron ellos mismos á la salida: el uno se llama Alejandro Gómez y tiene veintidós años; el otro Juan Lucas y dos años más de edad. Ya ves qué pronto y con qué poco trabajo han entrado en la Historia estos dos caballeros: ¡Alejandro Gómez, Juan Lucas! ¿Qué significa esto? te pregunto yo. ¿Cómo se entra en la Historia? Y tú me responderás que en la Historia, como en todas partes donde hay puertas, gateras ó ventanillos, se entra... entrando.»

III

«Cuando llegaron á lo que en aquel caso era sala de embajadores, los tres emisarios de la Revolución iban tan azorados y temerosos, que se habrían alegrado, creo yo, de que les mandaran volver á la plazuela. El lujo de Palacio, para ellos sorprendente, desconocido; las personas graves, de alta representación social, que á su paso veían; la idea de encontrarse pronto frente á la Majestad representada en la hermosa Reina, toda gentileza, elegancia, superioridad por donde quiera que se la mirase, les abrumaba, les hacía temblar como reos míseros. Te aseguro que el soldado tenía cara de tonto; pero que no lo era, bien lo probaba su audacia. Y no hubo entre los palaciegos que les recibían ó entre los jefes que les acompañaban uno á quien se le ocurriera decir: «Pero tú, soldadillo, ¿qué tienes que hacer aquí? ¿Quién te ha llamado, quién te ha dado poderes para llegar en comisión nada menos que al pie del Trono?» Esto te probará cuán azorados andaban aquella noche los grandes y los medianos. La ola que subió tan súbitamente les privaba de todo sentido.

»De los sargentos, el Gómez era sin duda el más despabilado: arrogante muchacho, de color moreno encendido, vivos los ojos. Lucas parecía menos listo. Miraba al suelo: su papel político le agobiaba como un remordimiento. Por fin, entraron en el archivo silenciosos. Y al ver á la Reina, rodeada de tantas personas de categoría y de la alta servidumbre, quedáronse como encandilados, tan cohibidos los pobres, que sus jefes tuvieron que cogerles del brazo para hacerles avanzar á lo largo de la sala. Detrás y á los lados del sillón regio estaban el Sr. Barrio Ayuso, Ministro de Gracia y Justicia, el Marqués de Cerralbo, el Alcalde de la Granja, Sr. Ayzaga, y varias damas. San Román y Alagón se situaron á derecha é izquierda de Su Majestad. Hincaron la rodilla los tres representantes de la Revolución y besaron la mano de la Gobernadora, que desde aquel instante pareció recobrar su serenidad. Abriendo camino á las explicaciones, la Reina les electrizó con la sonrisa primero, y después con estas cariñosas palabras: «Hijos míos, ¿qué tenéis? ¿qué queréis? ¿qué os sucede?...» La contestación de ellos tardó un mediano rato, que á todos pareció larguísimo. Los sargentos se miraban uno á otro, como diciéndose: «habla tú;» pero ninguno de los dos rompía. Tuvo la Reina que repetir su pregunta, y al fin, el comandante de Provinciales mandó al Gómez con gesto imperioso que contestase. En voz muy baja, balbuciente, rectificándose á cada sílaba, dijo el sargento algo muy extraño, que no parecía tener congruencia con la pregunta. Interpretando las cortadas expresiones del joven militar, como se interpreta una borrosa inscripción, ó como se lee una carta rota, cuyos pedazos no están completos, resultaba poco más ó menos el siguiente concepto: «Señora, lo que nosotros pedimos á Vuestra Majestad es que conceda á la Nación *aquello... aquello* por que nos hemos batido en el Norte durante tres años, *aquello* por que han perecido la mayor parte de nuestros compañeros.»

»La Reina interpretó al instante en el sentido más conforme con sus ideas las inciertas demostraciones del militar, que, en su rudeza, quería ser delicado evitando la palabra poco grata á los Reyes, y el pobrecillo no tenía bastante dominio del lenguaje para poder emplear eufemismos hipócritas. Pues bien: la señora Reina se aprovechó de la turbación del soldado para sostener que *aquello* era ni más ni menos que los legítimos derechos de su hija la Reina de las Españas Doña Isabel II.

»Vimos entonces en el rostro del sargento la rápida iluminación que da el hallazgo del concepto apropiado á las ideas que se quieren expresar. «Sí, Señora—dijo:—nos hemos batido por los legítimos derechos de nuestra Reina; pero también creíamos que peleábamos por la Libertad.» Viendo la Gobernadora que no le valía la evasiva, extremó su bondad para decir: «Sí, hijos míos: por la Libertad, por la Libertad.» Animándose Gómez con su primer éxito, se atrevió á responder: «De la Libertad se habla mucho; pero no veo yo que la tengamos.» Expresó entonces la Reina una idea de las que más han usado y manoseado los *estatuistas:* Libertad es que tengan fuerza las leyes; que se respete y obedezca á las autoridades constituídas. Al oir esto, despabilóse súbitamente el sargento, y en tono decidido, dueño ya de su palabra y de su asunto, salió con esta retahila que habría sido fácil ajustar á la música del himno famoso: «Entonces, Señora, no será Libertad el oponerse á la voluntad de todas las provincias para que se *ponga* la Constitución; no será Libertad el desarme de la Milicia Nacional en todos los puntos donde está pronunciada; ni la persecución de liberales, como está sucediendo hoy mismo en Madrid; ni será tampoco Libertad el que vayan al Norte comisionados á proponer arreglos y tratos con los facciosos para concluir la guerra.»

»Iba tomando un carácter poco grato la conferencia, que casi picaba en disputa, y la Reina, un tanto nerviosa, la exacerbó asegurando que lo dicho por Gómez no tenía nada que ver con la dichosa Libertad, y que por su parte desconocía las persecuciones de liberales y los pronunciamientos de la Milicia Nacional. Ya notaban todos que el sargentito no se mordía la lengua. San Román estaba de veinticinco colores, y Alagón de uno solo: su palidez era intensa, su silencio absoluto. Gómez no perdía ripio: allí fué contando por los dedos las capitales pronunciadas, particularizando á Zaragoza, y, por último, se dejó decir que si Su Majestad no sabía lo que pasaba en el Reino, era porque le ocultaban la verdad. ¡Amigo, ésta fué la gorda! Sonó un murmullo en toda la sala. La Reina dejó de sonreir; el ilustre concurso estimaba irreverente y absurda la conferencia, que únicamente el miedo podía consentir. ¿Y quién era el guapo que la suspendía? ¿Quién mandaba á los sargentos retirarse con las compañías al cuartel? No había más remedio que hacer de tripas corazón. Los sublevados tenían la fuerza: cuanto miraban delante de ellos no era más que una debilidad ostentosa. Creciéndose más á cada instante, el sargento de veintidós años declaró respetuosamente, en nombre de sus compañeros, y juzgándose intérprete de miles y aun de millones de españoles, que para devolver la tranquilidad á España y evitar el derramamiento de sangre, *se hacía indispensable* que Su Majestad *mandase publicar* el Código constitucional del 12, pues no era otro el motivo de la insurrección.

»Tragando un poquito de saliva, quiso probar la Gobernadora los efectos de su graciosa sonrisa para reducir y aniquilar á su contrario, el cual, si nada representaba por sí, por la masa humana que tenía detrás adquiría proporciones gigantescas. «¿Pero tú conoces la Constitución del 12? ¿La has leído?—le dijo; y él contestó impávido que en ella había aprendido á leer. Prodújose en todos los presentes un movimiento de sorpresa, de hilaridad, y la Reina mandó traer el libro de la Constitución. No fué preciso salir de la estancia, pues ya lo tenían allí preparado. El Sr. Barrio Ayuso, Ministro de Gracia y Justicia, era de los que creían que aquella grave situación se dominaba con triquiñuelas, y entre él y la Reina habían armado una: la oportunidad de ponerla en práctica no tardó en llegar. Abrió María Cristina el venerable librote, y leyó el art. 192, que previene han de ser tres ó cinco los Regentes. «¡Según eso—exclamó Su Majestad, —sois vosotros los que queréis traer á Don Carlos al Trono! *(Asombro é indignación de los sublevados.)* Sí, vosotros, pues por esta Constitución no puedo ser yo la Regente del Reino ni tutora de mis hijas, y eso por vosotros; que tantas pruebas me habéis dado de adhesión.»

»El efecto de este argumento fué desastroso en los inocentes revolucionarios, y las caras de triunfo que ponían los palaciegos al oir á su Señora acabaron de desconcertarles. Miráronse por segunda vez uno y otro sargento, como diciéndose: «ahora sí que estamos lucidos,» y el Sr. Barrio Ayuso, reventando de vanagloria por el éxito de su pasmosa zancadilla, reforzó las palabras de la Soberana con otras hinchadas y obscuras, de jurisprudencia constituyente, con las cuales creía llevar á su último extremo la confusión y apabullo de los sublevados. El Alcalde Sr. Ayzaga, que en el curso de la conferencia había demostrado su parcialidad, apoyando con mímica expresiva cuanto decía una de las partes, y poniendo morros de burla y menosprecio siempre que hablaba Gómez, se creció con el triunfo de la Reina, y quiso acabar de hundir á la desdichada comisión, interrogando al pobrecito soldado que en ella desempeñaba un papel mudo, pues aún no se le había oído el metal de voz... «Y tú, vamos á ver—le preguntó, entre las risas de los circunstantes,—¿qué razones tienes para querer la Constitución del 12?» Como el soldado, estupefacto y hecho un poste, no contestara, repitió el otro la carga. «Te pregunto, fíjate bien, que por qué te gusta á ti la Constitución.» El soldado miró al techo, como los chicos que no se saben la lección, y respondió al fin con no poco trabajo: «La quiero, la queremos... porque es mejor.»

»Ya iba picando en sainete la histórica escena: la inocencia del soldadillo había puesto fin á toda seriedad, y de ello se aprovechó el Alcalde para estrecharle y confundir más á sus compañeros de armas. «Pero, hombre, explícate mejor: dí á Su Majestad en qué te fundas para creer que esa Constitución que ahora defiendes es mejor que otra cualquiera.» Tanto le apremiaron, que el pobre chico se arrancó con sus razones. «Pues yo no sé... lo que sé es que el año 20, en mi pueblo, que es la Coruña, para servirles, estaba libre la sal *(Risas)* y libre el tabaco.»

»Y con estas candideces se regocijaban más los primates allí congregados sin acordarse de que á pocos pasos de la estancia real, donde tales simplezas oían, se apiñaba inquieta y displicente una muchedumbre armada que pedía la Constitución del 12, sin que ninguno de los sediciosos supiera justificar su deseo con razones de más substancia que aquélla expresada por el soldado: *que era mejor*.

»Explícame esto, tú que sabes tanto. ¿Cómo se forma el sentimiento popular, casi siempre irresistible? ¿Quién enseña á las multitudes á querer ardientemente una cosa, sin saber decir por qué la quieren? ¿Cómo es que la sinrazón popular, cuando es persistente y honda, tiene siempre razón? Explícamelo tú, que sabes de estas cosas... Pero no: ahora no me expliques nada, porque no tendría yo cabeza para enterarme de tu sabiduría, como no la tengo, ni ojos, ni tampoco mano, para seguir escribiendo. El sueño me rinde. No puedo más. Me permitirás que termine aquí esta carta, y no me reñirás por suspenderla en lo más interesante. Mañana seguiré, tontín; mejor dicho, empezaré otra, pues ésta quiero que salga en el correo que parte del Real Sitio al amanecer. Más no la terminaré sin decirte que en la presente confirmo y ratifico cuanto en otras te manifesté respecto á mi tolerancia y deseos de transacción. No sólo no pongo ya el veto á tu frenesí amoroso, sino que para evitar mayores males te incito á que vayas en seguimiento de tu Aura. Sí, niño, sí: ¿tú lo quieres? pues sea. Como reventarías si no la encontraras y la hicieras tuya, tómala, te lo permito. Quiero que despejes esa incógnita de tu destino. Si he de decirte la verdad, ya me va interesando también á mí esa pobre joven, tan traída y llevada por parientes y tutores, oprimida y explotada por gentes mercenarias. Es muy triste no tener padres, ¿verdad? Mira tú, por ésto sólo, por ser huérfana tu novia, he principiado yo á encariñarme con ella. Y es de poco tiempo acá la transformación de mis sentimientos con respecto á tu Aura. Debo esta mudanza á la señora de que te hablé... ¿ya no te acuerdas? la que te ha visto y no te ha visto; la que te conoce y no te conoce; la que... Vamos, niño, tengo mucho sueño. Hasta mañana.»

IV

«¿En qué habíamos quedado?—decía la dama invisible en su carta del 15 de Agosto.—¡Ah! ya recuerdo. Quedaron cual atontados palominos los tres individuos que representaban á la Revolución. El Gómez, no obstante, se rehizo y sacó de su cacumen un argumento que revelaba mayor agudeza de la que esperaban Reina y cortesanos. Asimilándose con rápido instinto las marrullerías del Ministro allí presente, propuso que se mandase publicar la Constitución con la cláusula de que quedase en vigor toda ella, menos el artículo referente á la Regencia. A esto replicaron que no era posible extender el decreto sin que se reuniera el Ministerio para refrendarlo. Ante obstáculo tan insuperable, la única solución era que los sublevados se fueran calladitos al cuartel, con el mayor orden, satisfechos con la promesa que les hacía la Señora de presentar en la próxima reunión de Cortes un proyecto de Constitución, que había de ser muy buena, mejor todavía que la de Cádiz.

»Conformes en ello los tres militares, dudaban que sus compañeros se aplacaran con tal expediente, y no querían volver á la plazuela temerosos de ser mal recibidos. Entablóse una discusión larguísima y fastidiosa entre el Ministro, el Alcalde, Alagón y San Román de una parte, y de otra, el sargento Gómez, pues Lucas no hacía más que asentir con cabezadas á cuanto el otro decía, y el soldadillo había renunciado cuerdamente al uso de la palabra... Por último, los señores primates, maestros en pastelería sublime, que era su única ciencia, discurrieron amansar la fiera con una Real orden en que la Gobernadora manifestaba al general San Román su voluntad de adoptar nueva Constitución con el concurso de las Cortes. Allí mismo la redactaron, y á los sargentos, crédulos y respetuosos, no les pareció mal. Así lo manifestó Gómez, añadiendo la duda de que con tal emoliente se diesen por satisfechos los sublevados. Pronto lo sabrían, pues con la venia de Su Majestad bajaban á manifestar á sus compañeros el resultado de la *junta*, en la que se habían empleado tres horas: ya era más de la una cuando salieron á la *Cacharrería*, donde impacientes aguardaban pueblo y tropa, roncos ya de cantar el himno. Al punto, según oí contar, fueron rodeados de sargentos y oficiales que ansiosos les preguntaban si traían ya el decretito firmado por *el Ama*. La noticia de que no traían más que una Real orden dilatoria, les sacó de quicio. San Román mandó dar un toque de atención, y obtenido el silencio preparóse á leer el *papel mojado*, empleando antes como vendaje el recurso de los vivas. ¡Viva la Reina! ¡Viva la guarnición de La Granja! ¡Vivan los vencedores de Mendigorría! Las contestaciones fueron calurosas, y el General creyó dominar la situación. Arrancóse á leer, y no bien hubo llegado á la mitad del documento, oyó un murmullo, y luego el grito de *¡Fuera! ¡fuera!* En fin, que el hombre no tuvo más remedio que guardar su papelito; y como sonaran disparos al aire, dió media vuelta y se metió en Palacio.

»Todo lo que fuera ocurría repercutió bien pronto en las apartadas estancias donde aguardaba María Cristina, desesperanzada ya de que el conflicto se arreglase fácilmente con arbitrios engañosos y evasivas oficinescas. Sin ejército ni Gobierno que apoyaran su dignidad y sus prerrogativas, no tuvó más remedio que darse por vencida, y contestando con desdeñoso gesto á los palaciegos que aún veían términos de acomodo, ordenó que volviese á subir la comisión de sublevados. Sin duda pensaba que los primates que en tal trance la habían puesto con su abandono y desgobierno, merecían la bofetada que el pueblo les daba con la blanca y blanda mano de su hermosa Reina. Adelante, pues, con el pueblo, que era en suma el burro de las cargas, el sostén de cuanto allí existía, el defensor de los derechos dinásticos, el único guerrero que guerreaba, el único político que dirigía, con rudeza y desatino, eso sí, pero con fuerza. ¡Viva la fuerza, sea la que fuere! debió decir para sus adentros la graciosa dama, que plebe y Trono no habían de reñir por una Constitución de más ó de menos.

»Aquí lo tienes ya bien explicado todo. Subieron los sargentos, cerca ya de las dos de la madrugada, y manifestado por ellos que la guarnición no se satisfacía con la Real orden, se pensó en extender el decreto. El Alcalde, Sr. Ayzaga, que no cabía en sí de mal humor y despecho, fué encargado por la Reina de redactarlo. Nada de esto presencié yo: me lo contó mi amiga en la antecámara, donde nos habíamos refugiado, rendidas de fatiga y de hambre, todas las personas que ya no tenían alientos para presenciar la fastidiosa escena histórica. Considerábamos que la página era interesante; pero ya nos aburría y deseábamos volver la hoja.

»Allí nos dió un poco de parola D. Fernando Muñoz, que se mostró indignado, primero contra la Guardia, después contra el Gobierno, por no haber previsto suceso tan escandaloso. Ya él se había quejado de que la guarnición del Real Sitio era escasa, y hecho ver al Ministro que estaba maleada por las logias: á esto nos permitimos oponer una observación que me parece irrebatible. Si hubieran mandado más tropa al Real Sitio, la Revolución se habría hecho quizás con mayor escándalo y transgresión más violenta de la disciplina. Después de todo, no habían pasado las cosas tan mal: «Ay, mi señor D. Fernando—le dijo mi amiga, demostrando su profundo conocimiento de España y de los españoles,—dé usted gracias á Dios por haber tenido aquí tan sólo á la Guardia Real, que con otros cuerpos, más tocados del maleficio revolucionario, no sabemos lo que habría ocurrido. Lo que había de acontecer, acontece con el menor daño posible. Y si no, vea usted cómo está Madrid, enteramente entregado á la anarquía. Barricadas, tumultos, muertes, atropellos. Pues aquí, donde parece que se desenlaza el drama, todo queda reducido á una revolución *di camera*, ni más ni menos. Con una escenita de ópera cómica, hemos transformado la política, nos hemos divertido un poco con las gansadas del soldado intruso, y hemos visto que la Monarquía no ha perdido el respeto del Ejército. ¡Ay de nosotros, el día en que ese respeto falte!» No se dió á partido tu tocayo con estas razones, y agregó que la revolución *di camera* no podía formar estado, como hecha por sorpresa, violentando el ánimo de la

Señora; que nada adelantarían los sublevados del Real Sitio si en Madrid se mantenía el Gobierno *en sus trece*. Ordenes se habían dado ya para que resistiera Quesada á todo trance el empuje de las turbas, ya fueran de milicianos, ya de plebe turbulenta, y Quesada era hombre con quien no se jugaba. Ya le conocían los patriotas: de él se esperaba el triunfo de la legalidad, de los buenos principios de Gobierno. Si el pueblo quería nueva Constitución, manifestáralo por las vías derechas, por sus representantes naturales. Tanto mi amiga como yo creímos oportuno expresar nuestra conformidad con estas rutinas, puesto que de rutinas vivimos todos, cada cual en su esfera, y los Reyes más que nadie.

»Las tres eran ya cuando firmó Doña María Cristina el decreto mandando promulgar el *divino Código*, y se retiró á sus habitaciones, dándonos las buenas noches con amable sonrisa. Llegó la hora de que celebráramos la feliz terminación del conflicto, comiendo alguna cosa, y así lo hicimos. Mi amiga me ofreció aposentarme, pues no era prudente que saliéramos tan á deshora los que vivíamos fuera de Palacio. A las cuatro todo estaba en silencio, y la tropa se había retirado á sus cuarteles. Contáronnos al siguiente día que al bajar de nuevo San Román con el decreto, los sublevados prorrumpieron en vivas y mueras, estos últimos dirigidos principalmente contra la camarilla, sin mencionar á nadie. Algunos dudaban que fuese auténtica la firma de la Gobernadora; pero les tranquilizó sobre este punto un tal Higinio García, escribiente de San Román, el cual *dió fe* de que no había engañifa en la firma y rúbrica de Su Majestad. Agregóse Higinio á los sublevados. Resultó que también era sargento, y desde aquella ocasión ha continuado funcionando como uno de tantos cabezas de motín. Me dicen que fué con veinte soldados y un oficial á Segovia *para hacer allí el pronunciamiento.* Todos estos trámites son fastidiosos, ¿verdad? Las juntas, la proclamación, los actos de entusiasmo con lápida de mal pintado lienzo; la continua y mareante cancamurria del himno, quizás con alguna estrofa y estribillo nuevos, debidos al numen de cualquier patriota versificador; los abrazos en medio de la calle; las congratulaciones de los ilusos que creen entramos en una era de felicidad: todo esto aburre, y si pudiéramos escondernos en el último rincón de España para no verlo ni oirlo, ¡qué bien estaríamos!

»Consecuencia de aquella mala noche en Palacio, viendo cómo se escribe, mejor dicho, cómo se hace la historia, fué un dolor de cabeza que ayer y hoy me ha retenido en casa sin poder dar mi paseo de costumbre. Desde mi balcón ví anteayer la jura en la plaza, con asistencia de toda la guarnición de gran gala, y mucho paisanaje, prodigando unos y otros, pueblo y tropa, las demostraciones de júbilo. Creo yo que la política no se hace con sentimientos, sino con virtudes, y como no tenemos éstas, poco adelantamos. El acto de la jura fué muy vistoso, con profusión de damasco rojo y amarillo en el adorno del tablado que se armó frente al Ayuntamiento. En esto llevamos ventaja á Madrid, donde no se ven más que percales indecentes para festejar los grandes sucesos. Tocó la música el himno, *por variar*, y los vivas atronaron el espacio cuando se descubrió la lápida, en cuya pintura puso sus cinco sentidos un tal Monje, encargado en el teatro de aviar las luces y de embadurnar los telones. Esmeróse el hombre en la artística obra, poniéndole unos veteados que imitan mármoles con gran propiedad; en la línea inferior hay un león amarillo muy incomodado, con una garra en la bandera española, otra en una rama de laurel, y la feroz vista clavada en el libro de la Constitución, como si lo estuviera leyendo y enterándose bien de lo que dice para contárselo á la leona. En medio campean las letras «¡Viva Isabel II y la Constitución!» ¡Con qué gana daban los vivas y con qué ardor eran contestados por la multitud! Gritaban hasta los chiquillos, y las nodrizas, y las criadas de servir. ¿Qué pensarán de todo esto? Allí queda la lápida, que ya hoy empieza á tener buches, y se ven hincharse y deprimirse con el viento los mármoles que en ella figuró el artista. Pronto las lluvias otoñales la pondrán hecha una sopa, y el león se convertirá en perro de aguas, y el libro de la Constitución quedará totalmente inservible. Durante el invierno colgarán girones descoloridos, y quizás encuentren abrigo los pobres pájaros bajo el lienzo roto, y allí fabricarán sus industriosos nidos, para que no pueda decirse que todo aquel aparato es enteramente inútil.

»Tu amigo Hillo fué ayer á Madrid, por acuerdo mío, con objeto de agenciar algo que á tí se refiere. No te digo lo que es, ni hay para qué decirlo por ahora. Desde allá te escribirá tu Mentor, que no desea otra cosa que servirte y hacerte grata la vida. Por su gusto iría contigo; pero yo no le dejo por ahora. Tu carta última me informa de que estás bien de la herida, y de que ésta no inspiró nunca ningún cuidado; dices que te asisten los mismos ángeles... Necesito más pormenores. Cuéntale á D. Pedro lo que él y yo ignoramos, pues no ha de faltarte tiempo para escribir, á no ser que con tantos mimos y con ese sibaritismo en que vives se te haya embotado la voluntad.

»Quedamos en que te traes á tu Aura. Falta sólo que te la den. Como eres tan poco comunicativo, no sé si te agradaría que alguien hablase de este asunto al Sr. Mendizábal. Explícate, hombre; habla: pide por esa boca. ¿También te enfadas porque cambio ahora los papeles, trocándome de tirana en sierva? ¡Si ahora eres tú el tiranuelo!

»Ya principian á decir que Córdova no vuelve al Norte. Cualquiera que sea su sucesor, llámese Oráa, Rodil ó Espartero, tendrás una eficaz recomendación para que te den todo el auxilio que necesites en tus románticas empresas. No te maravilles de esto: vivimos en el país de las recomendaciones y del favor personal. La amistad es aquí la suprema razón de la existencia, así en lo grande como en lo pequeño, así en lo individual como en lo colectivo... Y este descubrimiento, ¿no vale nada? Es verdad, ¿sí ó no? ¿Qué tienes que decir?»

V

Conforme leía, Calpena daba cuenta á los visitantes de la casa de Castro de lo substancial de estas cartas, ó sea de aquella parte que era ó había de ser histórica. Reuníanse allí por la noche media docena de personas de lo más granadito del pueblo, y charlaban de política, inclinándose los más á los temperamentos medios ó incoloros. El general lamento era que España tenía todo lo bueno que Dios crió, menos gobernantes que supieran su obligación, resultando que con unos y otros siempre estábamos lo mismo. Alguno de los tertulianos respiraba por el régimen absoluto, pero en la forma antigua, patriarcal, no con las ferocidades que se traían los adeptos de Don Carlos, y dos tan sólo, menos aún, uno y medio casi, eran resueltamente liberales, también con mesura y templanza, renegando del faroleo continuo de la Milicia nacional y de los desafueros de las logias. Excusado es decir que todos los concurrentes á la plácida reunión poseían bienes raíces, y aun adquirirían muchos más cuando pasara el escrúpulo de comprar las fincas de los conventos. Aburríase Fernando en la tal tertulia de medias tintas, de una opacidad tristísima en las ideas, y si no estuvieran allí Demetria y Gracia, le sería intolerable la sociedad de aquellos señores tan bien entonados. Más grato que la tertulia había venido á ser para él rezar el rosario con las niñas, Doña María Tirgo, D. José y la servidumbre. Rezando, su mente vagaba por ideales esferas, donde veía resplandores místicos ó profanos, á veces filosóficos, y hermosas imágenes, todo más bello que las opiniones grises y deslucidas de los notables de La Guardia.

Pasada la Virgen de Agosto (fecha de la fiesta y feria del pueblo, que aquel año, por motivo de la guerra, fué de muy escaso lucimiento), pudo Calpena salir á la calle, cojeando un poco. D. José María le acompañaba casi siempre, y le mostraba lo notable de la villa, dándole frecuentes descansos, ora en la botica de Montenegro, ora en la tienda de Sacristán, para concluir en la iglesia, en la cual le fué enseñando todo lo que en ella había: altares, cuadros, sepulcros, ropas y vasos sagrados. Tan minuciosa prolijidad empleaba en la descripción y en la historia de cada objeto, que fueron precisas cinco largas tardes para que D. Fernando se enterase de todo. Ni en la Catedral de Toledo ni en San Pedro de Roma tardara más un *cicerone* de conciencia en mostrar antiguas riquezas. Y eso que las obras de arte de la parroquia de La Guardia no eran cosa del otro jueves. La última tarde, cuando Calpena no ignoraba ningún detalle cronológico ni artístico, y conocía los santos de todos los altares como á personas de su intimidad, le metió D. José en la sacristía, y obsequiándole con vino blanco y bizcochos, se dispuso á comunicarle cosas de la mayor importancia.

«Aquí solitos, Sr. D. Fernando—le dijo, sentados ambos en viejísimos sillones de cuero,—quiero poner en su conocimiento un delicado asunto referente á la casa de Castro, y no sólo me mueve á ello el deseo, casi estoy por decir la obligación, de enterarle de tal asunto, sino mi propósito... yo soy así... mi propósito de consultarle acerca del mismo.

—¿De qué se trata, Sr. D. José María?—dijo Calpena, comenzando á asustarse por el tonillo misterioso que tomaba el clérigo. —¿Qué ocurre?

—No ocurre nada de particular, señor mío—replicó Navarridas aproximando más su sillón:—el caso es sencillísimo, aunque nuevo en esta juvenil generación de la familia de Castro. Tratamos de casar á Demetria.

—¡Ah!... no creía, no sabía... no sospechaba—dijo balbuciente el joven, mirando á un lienzo antiquísimo, colgado en la pared frontera, y en el cual, entre las negruras del óleo secular, se distinguía la cara de un santo de sexo indefinido.—Es muy natural... sí, señor... casar á Demetria.

—Ya ve usted. Mi hermana y yo venimos poniendo en ello de un mes acá nuestros cinco sentidos, que son diez sentidos... La chica anda ya en los veintiún años. Es, como usted sabe, una rica mayorazga, la más rica de este término. Conviene, pues, buscarle marido; pues aunque ella no necesita de ayuda de varón para el gobierno de su hacienda, no es bien que la poseedora de estos estados permanezca soltera. Para la felicidad de ella, para su equilibrio, vamos al decir, así como para lustre de su nombre y de su casa, conviene que la niña tenga esposo. ¿No piensa usted lo mismo?

—Exactamente lo mismo,—respondió el joven, que volvió á mirar al santo; y ya en aquel punto, ó porque entrase más luz, ó porque sus ojos se habituasen á la penumbra, ello es que le pareció mujer, es decir, santa y bonita.

—Celebro que sea usted de mi parecer. Pues un mes llevamos María y yo en este negocio, y creo que nos aproximamos á un resultado felicísimo, pues el punto delicado de la elección de esposo está casi resuelto.

—¿Y quién es... ¿se puede saber?... quién es el venturoso mortal á quien se cree digno de poseer tal joya?

—Tiene usted razón: joya es de gran precio la niña, y mucho tiene que valer el que se la lleve... Ahí estaba la dificultad: elegir un hombre que si no igualase en prendas á Demetria, se le aproximara; vamos, que fuera de lo más selecto entre los jóvenes del día. Pues sí, señor: hemos encontrado ese *rara avis*.

—¿Puedo saber quién es? ¿Acaso le conozco?

—Espérese usted un poco. Como me consta el interés vivísimo con que usted mira cuanto á mis sobrinas se refiere; como no puedo olvidar que ha sido usted el espíritu valiente que las redimió de aquel endiablado cautiverio de Oñate; como sé todo esto...

—Acabe usted por Dios.

—Como sé todo esto, y me consta la gratitud que las niñas le tienen y lo mucho que estiman su caballerosidad, su hidalguía, su... en fin, que usted debe saberlo antes que nadie. Pero el asunto es reservado; queda entre los dos... Pues decía... ya... á ello voy; decía que después de mucho discurrir mi hermana y yo, y de pasar revista á los linajes y circunstancias de todas las casas ilustres de veinte leguas á la redonda... mi hermana... para que usted lo sepa... es muy fuerte en linajes y en historias de familias... decía que al fin nos fijamos en la noble casa de Idiáquez. ¿La conoce usted?

—No, señor... ese apellido me suena... pero no... no conozco.

—Los Idiáquez son una rama de la antiquísima casa de Lazcano, que viene á enlazarse por sucesivos entroncamientos con los

Palafox y con los Gurreas de Aragón, de la estirpe del Rey Católico; con los Borjas y Pignatellis, con los...

—Pero en puridad, Sr. D. José María, ¿quién es el novio?

—El novio, señor mío, es y no puede ser otro que D. Rodrigo de Urdaneta Idiáquez, Conde de Saviñán y de Villarroya de la Sierra, el cual tiene su casa señorial en la renombrada villa de Cintruénigo; hijo de Don Fadrique, ó D. Federico, lo mismo da, de Urdaneta, ya difunto, y de Doña Juana Teresa de Idiáquez y demás hierbas, pues si fuera á designar todos los apellidos, no acabaría en media semana.

—Bien; me parece muy bien,—dijo Calpena, volviendo á mirar la pintura, que ya no le pareció santa, sino santo, y bastante feo. Fijándose más, vió que á los pies tenía una corona, como si la despreciara, y en la mano una calavera, que antes le había parecido un queso con ojos.

—Como usted comprende—añadió con gravedad D. José María,—teniendo en cuenta todas las partes del individuo, no hemos reparado principalmente en su alcurnia, que es altísima, ni en su lucida riqueza, sino en sus virtudes, las cuales son tantas, al decir de la fama, que no hay lenguas que puedan elogiarle como se merece. Su edad es de veintiséis años, su presencia gallardísima, su rostro hermoso, espejo de un alma noble, sus acciones señoriles, su lenguaje comedido y muy galán... en fin, que parece haber venido al mundo adrede para emparejar con esta sin par niña, cuyos méritos conoce usted. Hace días que María y yo, por medio de una discretísima correspondencia, venimos tratando de este matrimonio, que esperamos bendecirá Dios, concediéndole numerosa prole.

—Según eso—dijo Fernando sin ocultar su asombro,—¿no conocen ustedes al candidato?

—Le conocemos y no le conocemos. El año 21 ó 22, con ocasión del destierro de D. Beltrán de Urdaneta... ¿No ha oído usted nombrar á D. Beltrán de Urdaneta?

—¡Yo qué he de oir nombrar á ese señor!

—Pues es en estas tierras más conocido que la ruda. Decía que con motivo de su destierro por trapisondas políticas, residió aquí la familia como unos ocho meses. Rodriguito era entonces un chiquillo precioso: diez ú once años todo lo más. Demetria tenía seis, si mal no recuerdo. Las dos familias intimaron: el niño y la niña no se separaban en todo el día, fraternizando en sus juegos infantiles. Recuerdo que en aquella Navidad les hice un nacimiento en la misma habitación donde usted mora. Lo que yo gozaba con ellos no es fácil imaginarlo. Desde entonces, me dió el corazón que aquellos dos seres tan graciosos y angelicales habían de juntarse, con el tiempo, en santa coyunda. D. Beltrán, abuelo de Rodrigo, y D. Fadrique, su padre, salían con Alonso á cacerías interminables. Verdad que desde entonces no hemos vuelto á verles; pero mi hermana, que entabló cordial amistad con Doña Juana Teresa de Idiáquez, ha seguido sosteniendo con ella correspondencia tirada; mi cuñado Anselmo de Tirgo tuvo en arrendamiento, por no sé cuántos años, la propiedad de los Urdanetas que llaman *Mojón de los tres Reyes*, y fué de los que ayudaron á desempeñar la casa, que vino muy á menos por las imprevisiones y larguezas desmedidas del D. Beltrán.

—Y Demetria, ¿tampoco ha vuelto á ver al D. Rodrigo desde que jugaban juntos y usted les hacía los Belenes?

—No han vuelto á verse, no señor.

—¿Y se ha enterado de que quieren ustedes casarla?

—Se lo hemos dicho, naturalmente; y como es tan discreta y sesuda, nos ha contestado que agradecía mucho el interés que tomábamos por ella; que, en efecto, tiene noticia de las virtudes y méritos del Sr. Don Rodrigo, y que accederá á ser su esposa, si, después de tratarle en esta edad del discernimiento, le encuentra digno de concederle, con su mano, su corazón.

—Muy bien contestado, Sr. D. José. En todo revela su entendimiento superior.

—Los informes que tenemos del ilustre joven, fidedignos, tomados en fuentes diversas, convienen en que es un dechado de grandes y nobles cualidades; perfecto caballero, que cuida de conservar intacta la dignidad de sus mayores; de tan intachable conducta en lo moral, que nadie podría echarle en cara ni aun aquellas transgresiones leves que tan disculpables son en la juventud; grave en su trato, en su lenguaje comedido, llano con los humildes, digno entre los poderosos sus iguales, formal en sus tratos, esclavo de su palabra, señor en sus actos todos; enemigo de juegos y pasatiempos que no conducen más que al pecado; desconocedor de todos los vicios, amante de todas las virtudes...

—Diga usted de una vez que es santo y acabará más pronto.

—Pues nos han contado de él rasgos que casi elevan su virtud á la categoría de santidad, sí, señor. Para poder restaurar la hacienda de Idiáquez, que, como antes he dicho, quedó maltrecha con los despilfarros de D. Beltrán y del D. Fadrique, nuestro Rodrigo se consagró en cuerpo y alma á la práctica del orden, de la regularidad administrativa, imponiéndose á la edad de veintiún años una economía implacable, que no sólo significaba la privación de todos los goces de la juventud, sino que le imponía una estrechez de vida más propia de padres del yermo que de caballeros de este siglo. ¡Mire usted que es virtud!

—O necesidad... según como estuvieran las cosas.

—Virtud, digo, porque no era para tanto, señor mío. Verdad que en esto le ayudaba su madre Doña Juana Teresa. Esta sí que es una santa. Ella fué quien le enseñó la economía prodigiosa, gracias á la cual han sacado adelante los intereses, conservando casi todos los bienes raíces. Otro rasgo de virtud es que jamás se le ha oído á D. Rodrigo una palabra mal sonante, pues hasta para reñir á un criado que falta á su obligación, emplea formas corteses. Sus pensamientos son siempre limpios; su vida de una pureza ejemplar. Actos de religiosidad y cristianismo se cuentan de él á millares, señalándose principalmente por el rigor piadoso con que ayuna toda la Cuaresma, sin hacer gala de ello, y por su devoción á la Virgen... En el gobierno de su hacienda, lleva las cuentas de frutos y gastos con una prolijidad minuciosa, de modo que no se le escapa un maravedí, y en la casa, con tal sistema, todo marcha á maravilla... Con que vea usted por qué caminos de Dios vienen á unirse los que atesoran las mismas cualidades. ¿Qué ha de resultar de esto, señor D. Fernando, más que la misma perfección, y por ende la felicidad suprema?

—Pues si me permite usted una observación, Sr. D. José María, y me promete tenerla por sincera y leal, allá va. Si el D. Rodrigo es tal y como usted me le pinta; si hay completa fidelidad en ese retrato, yo me atrevo á declarar, porque así lo pienso, que Demetria no ha de gustar de su novio cuando le trate.

—¡Por Dios, Sr. D. Fernando...!

—Esta es mi opinión, Sr. de Navarridas. Apréciela usted como quiera. Puede que me equivoque; puede resultar que el D. Rodrigo no sea enteramente igual al retrato que us-

ted por referencias hace, pues no le trata hoy ni le ha visto desde que él era niño. Y también digo que si, retocando la pintura, le quita usted algunas de esas virtudes eminentes, tal vez sea más grato á la niña.

—¿Qué dice usted...? ¿Más grato á la niña cuanto menos virtuoso...?

—No depende el atractivo personal de las virtudes exclusivamente, señor mío. Claro que las virtudes algo significan; pero no son ellas solas las que hacen al hombre agradable, propicio al amor. No sé si me explico bien. Usted es un santo. Si este grave asunto se ha de decidir entre santos, tendré que inhibirme, porque yo no lo soy. Sujeto á las debilidades humanas, creo poder juzgar de cosas de amor, de simpatía, mejor que usted. Y perdóneme esta franqueza, mi buen amigo.

—Sí que le perdono... usted me confunde. Tengo al Sr. Calpena en gran estimación y le coloco entre los primeros caballeros del mundo, conocedor de la sociedad y del corazón humano... Por lo que usted me ha contado, poniendo en mí su confianza, sé que tiene motivos para dar lecciones al más pintado en lo tocante á los afectos entre hombre y mujer. Puede que esté en lo cierto... Pero como nada ha de hacerse sin que preceda el trato de los novios, y mi sobrina, según su gusto y parecer, es la que ha de decidirlo en definitiva, esperemos. Dentro de poco tiempo serán las vistas, pues aquí ha de venir el D. Rodrigo con su madre y su abuelo D. Beltrán, y entonces se sabrá si...

—Todo eso me lo contará usted, porque yo he de marcharme pronto. Mis asuntos apremian, y no estaré en La Guardia cuando se celebren las vistas, precursoras de esto que parece matrimonio de reyes.

—¡Sí que lo parece!... ja, ja...—dijo gozoso Navarridas.—Aquí tenemos nuevo ejemplo del casorio de Isabel de Castilla con Fernando de Aragón. Veremos unidas dos casas poderosas, Castro-Idiáquez ó Idiáquez-Castro... *Tanto Monta.*»

VI

En esto entró Doña María Tirgo, que había pasado toda la tarde con otras amigas suyas en el camarín de la Virgen, desnudando á ésta de las ropas de gran gala que le pusieron para la fiesta, y vistiéndola con el manto y túnica que usaría la Señora hasta el Adviento. No bien entró la dama, la informó su hermano de lo que acababa de revelar al amigo de la casa; y como añadiese nuevas observaciones laudatorias de la parentela ilustre de los Idiáquez y Urdanetas, tuvo que corregirle Doña María, mostrando tanta suficiencia como fácil memoria: «Por Dios, José María, todo lo trabucas. El entronque de D. Rodrigo con los Iraetas no es por los Idiáquez, sino por los Asos de Sobremonte, que proceden de una sobrina carnal del propio San Ignacio de Loyola. Los Garros, que también tienen parentesco con los Tirgos, son los que enlazan la rama de los Idiáquez con los Javierres y los Aragón, por el casamiento de Doña Justa de Garro Idiáquez con D. Alonso de Gurrea, de donde vinieron Mariquita y Luisita, una de las cuales casó con D. Calixto de Borja, biznieto de un hermano del siervo de Dios, San Francisco. Siempre confundes esta familia con los Palafox, que son de otra cepa. Doña Juana Teresa es Palafox por su madre, no Gurrea, prima hermana de los Marqueses de Lazán. Ya sabes que Pepito, el de Robustiana Palafox, casó con una señora de los Gonzagas de Italia, prima segunda del glorioso San Luis; y la Rosita... ¿te acuerdas de Rosita, la de Alcanadre, que tuvo aquel pleito famoso con los Tirgos? Pues la Rosita era viuda de un Pignatelli; casó después con Jacinto Palafox, sobrino del padrastro de su primer marido, y en terceras nupcias con Gurrea y Azlor, emparentado con la casa de Aragón...

—Yo no sé cómo mi hermana—dijo festivamente D. José María,—tiene cabeza para desenmarañar esa madeja de entronques y parentescos... Pero dejemos esto para otra ocasión, y vámonos á casa, que las niñas nos estarán esperando.»

Salieron de la iglesia, agregándose en la puerta las dos señoras que con Doña María habían vestido á la Virgen, y tomaron por calles y plazuelas la dirección del palacio de Castro-Amézaga, marchando delante Navarridas con las de Alava (que así se llamaban las señoras, primas ó sobrinas en tercer grado del célebre general de Marina de aquel nombre), y detrás Calpena con Doña María. «No debe usted darse por entendido con las niñas de este negocio del casamiento. A Demetria le hemos dicho que nadie sabe una palabra de nuestro plan. Á usted le parece bien, seguramente. Como mi hermano está un poco ido de memoria, habrá olvidado decir á usted que D. Rodrigo es caballero del hábito de Santiago. Pero no le elegimos por eso, ni por los dos condados, sino por sus virtudes, ¡ah!... Según me ha dicho Demetria, usted nos deja pronto. Quiera Dios que cuando vuelva por aquí les encuentre casados.

Creyó entender Calpena, por el tonillo de Doña María, que no deseaba la permanencia del huésped en la casa mucho tiempo más, y se apresuró á darle gusto, diciendo que, por lo apremiante de sus quehaceres, pensaba partir dentro de dos ó tres días.

«Sí, sí, no sería prudente ni delicado retenerle á usted. Lo que yo digo: por más que no lo manifieste, se comprende que está aburrido en este poblacho, donde no hay sociedad para una persona como usted, tan alta, acostumbrada á las pompas de la Corte y al trato de otra clase de gente.»

Replicó Fernando que el trato de las familias de Castro y de Navarridas era para él gratísimo, y aseguró que no había conocido nunca sociedad mejor.

«Vamos—dijo Doña María presumiendo de agudeza,—no se nos haga usted el chiquito. ¡Si de nada le vale á usted ocultarnos su condición elevadísima! Yo estoy en el secreto, porque lo que saben las sobrinas lo sé yo... No nos engaña el Sr. D. Fernando con su modestia.

—Me confunde usted, señora, suponiendo que soy lo que no soy.

—Cuando salía usted herido de Salvatierra, en la galera, y venían detrás mis dos sobrinas en otro carro, bien se acordará... se agregaron dándoles escolta, dos oficialillos muy simpáticos, Serrano y Alaminos (mi memoria prodigiosa me permite recordar los nombres). Pues Alaminos y Serrano, charlando con las niñas, les dijeron que, según la pública voz, es usted de un origen muy encumbrado. Las razones que tendrá para no revelar ese origen, usted las sabrá. Sólo digo que esas cosas no pueden ocultarse, sobre todo á las personas de fino olfato, como una servidora de usted. La sangre, la cuna, la educación saltan siempre á la vista, señor mío, y en usted está el mejor ejemplo de lo que digo, pues en su conducta, en su menor palabra, en su mirar, en el gesto más insignificante, se conoce que viene usted de muy alto... No, no, si no le pido revelaciones... Cada cual sabe lo que debe callar...»

No quiso Fernando entrar en largas discusiones con la dama, y creyó más discreto dejaría en aquel error, que tal vez no lo sería. Si él no sabía nada, lo más prudente era callarse siempre que tal tema le tocaran. En el gran patio de la casa encontraron á Demetria y Gracia con varias señoras amigas, tomando la fresca: Gracia y otras de menor edad jugaban á las cuatro esquinas. La mayorazga, sentada en el corro de las personas graves, que acababan de tomar chocolate, no quitaba los ojos de la puerta, esperando ver entrar á cada instante á sus tíos con D. Fernando. Algo se habló de labores de campo, por iniciativa de las señoras de Alava, propietarias muy fuertes; Demetria dijo que ya había concluído de trillar las cebadas, y que la cosecha era mediana en cantidad, pero el grano superior. En éstas y otras conversaciones se hizo de noche; retiráronse las amigas; á poco de subir D. Fernando á su cuarto, entraron Demetria y Doña María Tirgo, y la primera empezó á reñirle porque se había vuelto muy correntón, y no hacía caso de las advertencias de D. Segundo. «¡Pero si ya está bien!—dijo la de Tirgo. —No le riñas, hija, que harta paciencia ha tenido el pobre. Mira que aguantarse tres meses y días en este lugarón, entre gentes rústicas... sí, hija, pongámonos en lo justo; no le des vueltas: somos rústicas, y el señor D. Fernando está acostumbrado á una sociedad más refinada que la nuestra.

—No, si no digo nada. Comprendo que debe marcharse... Y á propósito: aquí tiene ya su ropita, D. Fernando. Va usted á salir

de aquí hecho un señorito de pueblo. ¡Y que no se reirán poco de usted cuando le vean tan elegantón! Van á creer que este corte es de la moda de Londres, y preguntarán: ¿pero qué tijeras son esas, hombre, que te han cortado esas prendas admirables?»

Fernando se reía mirando la ropa, y ella continuaba sus donosas chanzas: «Ya, ya va usted bien apañadito. Le van á tomar por un alumno del Seminario de Tarazona que vuelve de vacaciones.

—Pues la ropa, búrlese usted todo lo que quiera, parece muy bien cortada. Mañana me la pondré para que usted la vea, y quizás varíe de parecer.

—Sí, sí, lo mismito que la que dejó usted en Madrid. Lástima que no le hayan hecho también fraque las sastras de acá, para que lo luzca en las recepciones palaciegas cuando vuelva á la corte... ¡Ah, qué cabeza! se me olvidaba lo principal. Ha venido esta tarde en busca de usted un capitán de Infantería, que ha llegado de Madrid.

—¿Cómo se llama? ¿Trae cartas?

—No me dijo su nombre. Le trae á usted otras veinte onzas, y carta. Las pataconas no ha querido dejarlas. Díjome que volvería; la carta aquí está.

—¡Pero si en el tiempo que lleva en casa, ya es la tercera vez que le mandan veinte onzas! —exclamó Doña María Tirgo.—¡Ay! en cuanto coja aire por esos mundos, adiós mi dinero. Bien, hijo, bien: no se prive usted de ningún gusto de los que dan tono á la verdadera grandeza; derroche y triunfe, que por lo visto hay por allá una mina inagotable.

—Sí, señora, inagotable—afirmó Calpena, siguiendo el bromazo, que para las damas no lo era:—soy muy rico, soy muy grande, soy el niño mimado del destino...

—No, no lo tome á broma—dijo Demetria. —Muy grande, sí, y nosotras unas pobres palurdas; pero es al propio tiempo tan delicado, que no nos deja conocer la diferencia entre usted y nosotras: diferencia por la clase, por la educación, por la ilustración...

—Si eso me lo dijera otra persona, crea usted no se lo perdonaría. Pero usted está autorizada para todo, hasta para llamarme fatuo, que fatuidad grande sería en mí creer en esa desigualdad.

—Pues me callo, señor... En fin, no le quitemos tiempo, que querrá leer la carta de su amigo.

—La leeré después.

—No, ahora, que nosotras nos vamos. Y si no ha de venir á rezar el rosario, dígalo para no esperarle.

—¡Pues no he de ir! ¡Y poco que me gusta á mí rezar el rosario con la familia!

—Pero que no pase lo de la otra noche,—indicó Demetria entre severa y jovial, delicada fusión de tan distintos matices en las luces de sus ojos.

—¿Qué pasó la otra noche?

—Pues nada en gracia de Dios. Que dijo que iba al rosario, y nosotras allá esperándole un cuarto de hora, con el primer Padrenuestro en la boca.

—Pues vamos ahora mismo. Después leeré la carta.

—No, no—dijo Doña María cogiendo por un brazo á su sobrina y llevándosela.—Déjale, déjale... No le marees.

—Voy en seguida.»

Pasó rápidamente la vista D. Fernando por la carta de Hillo, enterándose de lo más substancial, con ánimo de leerla entera después del rosario y la cena. Así lo hizo. Al acostarse, tuvo conocimiento de todo lo que el buen presbítero le decía, y que en extracto á continuación se refiere:

«Aquí me tienes desde el 14 que vine á ciertas comisiones y encarguillos de la *Gobernadora* (no me refiero á nuestra Soberana, hija de Partenope, sino á la reina sin corona que á tí y á mí nos gobierna, y bien puedes dar gracias á Dios de que así sea), los cuales aún no han tenido cumplimiento por lo trastornado que está todo en esta villa, á quien los retóricos llamamos *Ursaria*, y que debiera llamarse hoy *Babilonia la chica*. ¡Qué barullo, Dios mío, qué espantosa confusión, no diré de lenguas, pues todos hablan lo mismo, pero sí de ideas y de voluntades! Por la mañana andan á tiros milicianos y soldados; por la tarde salen cantando el himno. Los ministros, con su Sr. Istúriz al frente, no saben qué hacer. A La Granja, donde yo dejé la revolución bien guisada, acudió Méndez Vigo, Ministro de la Guerra, con ánimo de sofocar el movimiento. No llevaba tropas: llevaba dinero, que es, según dicen, la *summa ratio* de estas subidas y bajadas de constituciones; pero nada pudo conseguir. Ahora me dicen que hoy ha vuelto Su Excelencia acompañado de los sargentos triunfadores; entró en Madrid el representante del ejército, llevando en su propio coche al sargento Gómez, uno de los héroes del día; ha sido un espectáculo edificante el paso del General por San Vicente y Caballerizas, hasta Ministerios, donde se han apeado. Si esto no es una casa de locos, no sé yo lo que es, mi querido Fernando.

»La Milicia Nacional, derrotada y desarmada en todas partes, conserva la posición que ganó en los Basilios, arrojando de allí á los *peseteros* que defendían el convento. El Gobierno, tan pronto se cree vencido y se dispone á sucumbir ante el magistral *engaño* de los sargentos, como se *encampana*, *escarba*, *humilla*, pretendiendo restablecer con un buen *hachazo* el principio de autoridad. Pero éste ¿dónde está? ¿Quién es el guapo que lo tiene? Si se confirma que Méndez Vigo y el Sr. Gómez, sargento de Provinciales, han traído del Real Sitio varios decretos firmados por la Reina destituyendo á no sé qué ministros y nombrando otros, ¿dónde se ha metido el principio de autoridad? ¿Lo tienen Gómez, Lucas y García, lo tienen las logias, ó no lo tiene nadie? Me inclino á creer esto último... Y vamos á otra cosa, pues entiendo que más que las noticias de este inmenso Carnaval en que vivimos, te interesará saber que por el capitán D. Teobaldo García (no tiene nada que ver con el esclarecido sargento del mismo nombre) te mando otras veinte onzas, por encargo de quien tiene esto y mucho más para subvenir á tus necesidades. Confiamos en que á la tolerancia de arriba corresponderás tú, desde tu posición inferior, con una conducta ajustada á la razón y á los buenos principios. No sabes tú bien lo que te perderías si así no lo hicieras. El sentido de tu última carta, aunque breve, substanciosa, me da esperanzas de que te veremos formal y comedido. Sientes el hastío de los actos irregulares; ansías la paz de la conciencia, el reposo del ánimo. Muy bien: ya estás en el buen camino...

»Se transige con Aura, á pesar del origen no muy ejemplar de tu dama. Pero no hemos de ahondar demasiado en los fundamentos de cosas y personas, porque haciéndolo, la vida sería imposible. Ello es que vivimos en plena revolución. En proceso revolucionario está la sociedad, y lo mismo puede decirse de las familias y de las personas. El pueblo va ganando la partida: hoy avanza un paso, mañana otro, y los viejos alcázares se desploman. La Nación transige con los sargentos, acepta de ellos *la traída de la Constitución*. Pidamos á Dios que no salgan luego los cabos trayéndonos otra. En tu esfera has hecho la revolución, y de arriba viene la soberana voz que te dice: «Paciencia; aceptemos los hechos consumados.» Recoge, pues, á tu Aura; pero no pienses en que se te ha de consentir otra cosa que el matrimonio religioso y legal. Revolucionarios somos; pero *no tan calvos*, amigo mío.

»Y cuanto más pronto decidas ese punto capital, mejor, querido Fernandito. Si, como dices, ya estás curado de tu herida, abandona las delicias de esa Capua, y vete á tu negocio. Con las onzas recibirás el salvo conducto, y en un paquete separado esta carta, y las dos que presentarás á D. Juan Bautista Erro, el Mendizábal del absolutismo, y al general Maroto; ambos te facilitarán tus diligencias en el país carlista. Ya verás que son bastante expresivas. Me ha dicho hoy Iglesias que aquí se consigue todo con buenas amistades. Pero yo veo que el pobre poco adelanta con llamar amigos á las tres cuartas partes de los españoles; de donde colijo que el abuso de los bienes es siempre un mal muy grande. Me asegura Nicomedes, invariable en su inquietud y en el anhelo de nuevas posturas, que esta revolución sargentil es un modelo del género, pues ha realizado una eficaz y provechosa mudanza por los medios más breves y pacíficos, sin derramar sangre inocente. Cree él que las naciones extranjeras nos han de copiar esta receta sencilla y familiar de los pronunciamientos, que hace inútiles las altas jerarquías de la milicia y la política. Allá veremos.

»Concluyo con una noticia que he adquirido esta tarde por feliz casualidad, pues tal ha sido mi encuentro con el Sr. Maturana cuando yo volvía de recoger las onzas. Sabrás, amado Telémaco, que D. Ildefonso Negretti ha caído en desgracia en la Corte absolutista, por habérsele descubierto chicoleos epistolares con Mendizábal, á quien escribía cosas que no debieron ser del agrado de aquellos fantasmones. Interceptada la correspondencia por la Comisaría carlista de correos, fué reducido á prisión el culpable, y lo habría pasado muy mal sin la protección que le dispensa el Infante D. Sebastián. No pudo decirme Maturana dónde se encuentra hoy. Tú lo sabrás pronto.

»Viene el Sr. D. Teobaldo á decirme que no sale hasta mañana, y aprovecho la dilación para endilgarte un par de pliegos más esta noche, con referencias del giro que van tomando estas humoradas del Carnaval político, y con algo de lo que á tí pueda interesarte.—*Vale.*»

VII

«¡Lo que te has perdido!—continuaba el buen clérigo.—No un día, sino dos, se ha retrasado en su marcha el Sr. D. Teobaldo, lo que me permite notificarte que hoy tempranito hizo la Reina su entrada en Madrid.

¡Vaya una ovación! ¡Qué calurosos vítores, qué delirio, qué derroche de flores, todo al compás del himno! Lo presencié en Caballerizas, y te aseguro que me conmovió la sincera alegría popular. Todas aquellas mujeres, que como locas gritaban, ¿qué idea tendrán de la Constitución del año 12? Y si no tienen ninguna idea, un sentimiento ya tendrán; algo es algo. Ese sentimiento indefinido viene siendo la energía que mueve toda la máquina social y política; pero ¡ay! andaremos mal si no se traduce pronto en ideas, en hechos pacíficos, pues no vive un país con el solo alimento de entusiasmos y cantatas. Hoy está todo Madrid *colgado*, que así expresamos el ornato de balcones con abigarrados lienzos, banderas, ó colchas donde no hay otra cosa; y esta noche tendremos lo que llaman iluminación, que es un gran derroche de cabos de vela y lamparillas en los edificios públicos y particulares. Su Majestad parecía muy satisfecha: las niñas, monísimas, saludaban con sus enguantadas manecitas, y el pueblo tan satisfecho. He visto á muchos abrazarse en medio de la calle. Luego me dijeron que esperaban que bajara el pan, y que todos los empleos se darían á los que *profesan el patriotismo*. Pues aún falta lo mejor, chiquillo. Dos horas después de la entrada de la Reina, hicieron la suya los sublevados de La Granja, encarnación del principio de Libertad, ahora triunfante, y aquí fué el repetir las ovaciones con más ardor y franqueza, porque el respeto de los

Reyes siempre cohibo un poco en la manifestación del júbilo. Uno de los corifeos, el Higinio García, venía á caballo detrás del general Rodil, con su uniforme tan majo que daba gusto verle. Oí decir que el caballo es prestado, y que él se ha erigido en plaza ecuestre, ó en caballero del orden civil, sin que nadie se lo mande. Lo cierto es que su buena presencia, su vistoso uniforme, y la circunstancia de venir *á la verita* del General, como figura importante de la Milicia, le señalaron más á la admiración del pueblo, y para él fueron los grandes aplausos y los vivas más calurosos, tocándole menor parte al Alejandro Gómez, que marchaba en su puesto en la compañía de Provinciales. Oí decir en los corrillos que el autor de todo el fregado era Gómez, y que á él debía la patria regenerada mayor servicio que al Higinio; pero que éste sabía ponerse en lugar más visible, y apropiarse los plácemes y obsequios de que el otro era merecedor. Se aseguraba, como cosa hecha, que á los dos les van á nombrar comandantes del resguardo, sin darles ascenso en el cuerpo á que pertenecen, porque esto no ha parecido á todos muy regular. Ya ves que no carecen de modestia los pobres, y se contentan con bien poca cosa, pues si en proporción de lo que han hecho se les premiara, los dos á estas horas debieran ser ya generales. O hay lógica ó no hay lógica, amigo mío. No me negarás que llevando las cosas con rigor, si por el criterio de la aplicación de la Ordenanza les corresponde la pena de muerte, por el de los hechos consumados les corresponde la gracia del generalato. Esto es claro como el agua.

»En el trayecto por el interior de Madrid, pues fueron á parar al cuartel del Pósito, los vítores y palmas llegaban al delirio, y luego que quedaron francos de servicio Gómez, García y Lucas, cayeron sobre ellos bandadas de los patriotas más pudientes, y les convidaron á comer de fonda y á fumar buenos puros del estanco. Entre tanto, no quiero decirte la quina que habrán tragado á estas horas Istúriz, Galiano, Saavedra y los agarrados á ese Ministerio, que vino al mundo con la intriga que puso en el arroyo á nuestro bonísimo D. Juan Alvarez. ¡Y qüe no echaban pocas roncas esos caballeros, ni se daban poco tono con su *suprema inteligencia!* Quisiera saber lo que piensa de todo esto tu amigo el Sr. Rapella, muñidor que fué del Gobierno de Istúriz, pues él llevaba y traía los recaditos al Pardo. Olózaga lo cuenta muy bien. Como que él descubrió el embuchado en la Puerta de Hierro, y por no escandalizar ni dar un mal rato á la Reina, taparon... Pero pronto se descubrió el pastel, y si una intriga de *opereta* derribó á Mendizábal para entronizar á su amigo Istúriz, éste cae á su vez ignominiosamente por un enredijo de *entremés con tonadilla.* La Historia de España, que hasta hace poco gastaba el coturno trágico, paréceme que se aficiona á la comodidad de los zapatos de orillo, ó al desgaire de la alpargata.

»¿No sabes? Ya tenemos Ministerio nuevo. D. José María Calatrava lo preside, según acaba de decirme Nicomedes, que ha entrado como una exhalación, y volvió á salir como una centella. Díjome los nombres de los demás Ministros; pero se me han ido de la memoria. Paréceme recordar que en Gobernación entra Gil de la Cuadra, y en Guerra el general Rodil. De lo que estoy bien seguro es de que tenemos de Capitán General de Madrid á D. Antonio Seoane, en sustitución de Quesada, á quien los patriotas han tomado aborrecimiento, y le llaman *liberticida* y qué sé yo qué. Luego empezarán los cambios de personal. Nicomedes cuenta con que le harán jefe político. Espronceda ocupará un alto puesto, y tu antiguo jefe Oliván se ganará el ascenso que le corresponde en estos cambios revolucionarios, cuando vienen con mansedumbre. Te diré, además, que el bruto de Ibraim ha dado pruebas estos días de la elasticidad de su estómago de buitre, pues ha estado de servilleta prendida en todas las comilonas con que obsequia á los sargentos *libertadores* la dislocada juventud de *Tepa* ó de las *Tres Cruces*. Y para señalarse más, después de hartarse bien, larga unos brindis hinchados y chabacanos, que son la risa de sus oyentes. Serrano el tísico los repite, y tan bien remeda la voz y el tonillo andaluz, que es morirse de risa. No creo, como consta en las *rapsodias ibraizantes* de Serrano, que el capellán comparase á Gómez con Julio César; sí creo la imagen de que la Constitución ha venido en un carro triunfal, de que tiraban Gómez y García, y lo de que la Constitución será en España el Cuerno de la Abundancia. De mí sé decirte que sólo siento ser sacerdote, porque mi estado religioso me impide atizar un par de morradas á ese ganso, por haberme dicho en Abril último la mayor mentira que de humanos labios ha salido desde que hay mundo... Pues ayer tarde me aseguró que D. José Landero y Corchado le ofrece una canongía, y se me ha metido en la cabeza que se la van á dar. España está loca. Su manía consiste en hacer verosímil lo absurdo.

»Y la mía, querido Fernando, pues también yo estoy algo loco, es que regularices tu vida, y no nos des más sofoquinas. Si he de decirte la verdad, soy menos indulgente que la señora incógnita, y creo en conciencia que las transacciones y tolerancias deben limitarse á la autorización de tus amores, siempre que les des el giro matrimoñesco que exige el decoro. Si fuera yo el tirano, te fijaría un plazo para recobrar tu novia y unirte con ella en santa coyunda, dando con esto por cerrado el ciclo de tus aventuras caballerescas, y obligándote á volver acá, donde hallarías casa y medios de vivir pacífica y holgadamente.

»No puedo ocultarte que mi mayor deseo es que la señora incógnita me mande á tu lado. Se lo he propuesto, y con mucha delicadeza me ha contestado negativamente. Te reproduciré sus propias palabras, que están bien fijas en mi memoria: «Quiero probar si ejerzo ó no verdadera atracción sobre él; si mi autoridad, expresada con dulzura, es un lenguaje inteligible para su corazón. Como esta prueba no sería eficaz sin libertad, se la concedo y aguardo. Quiero que venga al bien, á la paz, á mi cariño, con espontaneidad y efusión; no atraído por maestros ó empujado por rodrigones. El sistema de la vigilancia, del espionaje, de la previsión, me dió un resultado desastroso: ha sido la derrota del régimen absoluto. He de probar ahora el régimen contrario: la libertad. Triunfaré si consigo de su albedrío lo que no logré desplegando, al uso despótico, todo el lujo de medidas autoritarias y policiacas. No, no... Marchemos, como dijo el otro, por la senda constitucional. Yo legislo y no gobierno... Le marco á Fernando los caminos que creo conducentes á su felicidad, y cruzadita de brazos espero.» ¿Qué te parece? Cuando esto me dijo, no pude menos de lanzar un ¡viva la libertad! con toda mi alma, y aun creo que canté un poco el himno.

»Pues bien, amadísimo Fernando: Pedro Hillo, tu mejor amigo, se permite decirte, por vía de consejo, que no abuses de la libertad. Aborda tu asunto por las vías derechas; preséntate al Sr. Negretti, y pídele á la niña; tómala, y vente corriendito para acá por el camino más corto y por los medios de locomoción más veloces. Créeme á mí... Tu viejo amigo no te engaña. Ya sabes, derecho al bulto, y *fijándote en la rectitud*. No hagas *pases de telón,* ni *cambiados,* sino exclusivamente *naturales.*

»Vaya, ¿qué me das si te digo una cosa? Pues aunque no me des nada te la diré, para alumbrar con viva luz el camino que piensas seguir. Si te presentas al Sr. Negretti y le pides la niña como caballero leal, la niña es tuya... Ea, ya lo sabes. Cuando Hillo te lo dice, por algo será, tontín... Con que vete pronto en busca de tu desenlace, y no te pese encontrarlo desabrido y sin peripecias; que los dramas son muy bonitos en el teatro ó en la Plaza de Toros; pero en la vida.... líbrete Dios.»

Reanudada la tarea epistolar por la noche, decía D. Pedro: «Hoy he tenido el honor de hablar con una persona dignísima, en un tiempo respetada y admirada por tí; después... ¡Ah! pillo, ya me has comprendido; ya sabes que el sujeto á que me refiero es D. Juan Alvarez Mendizábal. Le he visto hoy por tercera vez desde que estoy en Madrid. ¿Creerás que me ha llevado á su casa un asunto político? Nada de eso, chiquillo: hemos hablado de cosas privadas, sin perjuicio de tirar un par de chinas al Gobierno. Hombre más amable y servicial que este Don Juan de Dios, no creo que lo haya. Estoy contento de él. No creas, se acuerda de tí, y te tiene por muy despierto y simpático. ¿Qué tal? ¡Y luego dirás...!

»*Ultimatum:* cuidarás de tenerme al corriente de los puntos donde resides, caminos por donde vas, *et reliqua.* Esto es indispensable. Si el despotismo vive en las tinieblas, ó sea en la ceguera de la opinión, la libertad requiere luz, mucha luz. Fuera misterios; el régimen pide que estén las ollas destapadas para saber lo que se guisa. Dos veces por semana me escribirás, dando cuenta de tus pasos, y especificando los lugares á donde debo dirigirte mis cartas. Niño de mi corazón, que vuelvas pronto. Con el alma en un hilo, te espera tu viejo Mentor.—*Pedro Hillo.*

»*Epílogo.*—Corre la voz de que han asesinado al general Quesada. Ello ha sido en Hortaleza, donde buscó más bien descanso que escondite el animoso general vencido: averiguado su paradero por las turbas rencorosas, le acosaron hasta dar con él, matándole villanamente. ¡Y creíamos que la revolución *de opereta* venía embolada! Me cuenta Nicomedes que este crimen estúpido, inútil, indisculpable, perpetrado á sangre fría después de la fácil victoria del pueblo, es obra de una pandilla de *jamancios,* algunos de los cuales estaban en el Saladero cuando nos encerró allí la señora incógnita por nuestros pecados. Frecuentaban en noches de tumulto las reuniones de *Tepa.* Tú les conocerás. Lamentan hoy los revolucionarios que cuatro sinvergüenzas canallas hayan desvirtuado la bonita leyenda de este movimiento popular, que empezó con la tenacidad, hasta cierto punto simpática, de los urbanos, y concluyó con el audaz golpe, hasta cierto punto caballeresco, de los sargentos de la Guardia Real. Pero yo veo que si no hay función sin tarasca, no puede haber motín sin coces. Desconfía de la revolución que se pone guantes, porque entorpecida de las manos, te *acaricia* con las patas. Ea, no más. Adiós.»

VIII

Esta y las anteriores cartas de tal modo perturbaron el espíritu del Sr. de Calpena, que no dormía con sosiego, asaltado de pensamientos contradictorios. No poco le inquietaba la noticia del disfavor de Negretti en la corte de Carlos, y como no había contestado el tal á tres cartas que Fernando le llevaba escritas durante su largo encantamento en La Guardia, era lógico suponer que ya no estaba al servicio del Pretendiente. ¿A dónde se dirigiría para dar cumplimiento á la empresa en que no sólo su amor, sino su honor y su dignidad estaban empeñados? Este problema se le presentaba, pues, obscuro y dificultoso. Por otra parte, dábanle ánimo ciertas expresiones vagas de la incógnita, y las reticencias, algo menos nebulosas, del buen Hillo: indudablemente se había influído con Mendizábal para que éste recabara de Negretti el consentimiento, desenlace trivial de la comedia de costumbres moralizadoras. Las visitas de Hillo á D. Juan Alvarez no podían tener otro objeto. Todos

los caminos se le franqueaban al enamorado joven, y se le abrían las puertas de su ventura con áureas llaves; querían trocarle su drama emocional y caballeresco en cuento infantil, de esos en que sale un hada benéfica que en un dos por tres lo arregla todo graciosamente. ¡Fácil y cómodo final! Pero tanta dicha era por punzantes dudas acibarada. ¿Dónde estaba Negretti? Si Mendizábal sabía su residencia, ¿cómo Hillo no tuvo la previsión de averiguar dato tan importante para comunicarlo á su Telémaco? Y si D. Juan Alvarez no lo sabía, ninguna eficacia podía tener su noble mediación.

Analizando estas dificultades, pensaba en Rapella, que á fuer de intrigante y entrometido farsantón, habría sido el más útil guía en tal laberinto. Pero ignoraba el paradero del siciliano, á quien dos veces había escrito sin obtener respuesta. Probablemente había desempeñado su comisión política, y vuéltose á Madrid, á Nápoles, ó al quinto infierno. En medio de estas confusiones, sentíase agitado el buen Calpena por un sentimiento de calidad desconocida, que despacito y por lentos avances se le iba metiendo en el corazón, en aquellas regiones de él que hasta entonces permanecieron vacías. ¿Qué podía ser más que el afecto puro y hondo de la señora incógnita que le llamaba, que le atraía, cual si le estuvieran tirando, tirando, de un hilo misterioso, el cual era más fuerte mientras en mayor tensión lo ponían? ¡Y qué instinto tan seguro el de la invisible al aplicar á su protegido el tratamiento de la libertad! Si por el sistema de la tiranía policiaca no logró hacerse querer, el nuevo régimen establecía la feliz concordia entre el pueblo y la autoridad, en cierto modo de derecho divino. Fernando la quería ya; pensaba en ella en sus insomnios; trataba de darle fisonomía y visible sér en su imaginación, y á ratos anhelaba ardientemente aproximarse á ella, maldiciendo airado la prolongación del misterio. ¿Por qué no se le revelaba de una vez para siempre? ¿Por qué ignoraba él lo que Hillo sin duda sabía ya? ¿Había alguna poderosa razón para perpetuar el juego de máscaras? ¿Se enojaría la divinidad si él resueltamente se aproximaba y con cariñosa mano arrancaba el velo? No: era lo más prudente dejar que la dama tapase y descubriese, según su deseo y conveniencia, pues la oportunidad de un acto de tal naturaleza sólo ella podía apreciarla. Lo que indudablemente persistía en el ánimo de Calpena, bien mirado el problema por todas sus facetas y aspectos diferentes, era la resolución de obedecer á su gobernadora en cuanto le ordenase; obediencia que debía de ser el signo más claro de gratitud por haber ella transigido en el magno negocio de los amores. Pues la Corona aceptaba lealmente el principio democrático, el pueblo sumiso celebraba firme y honrada alianza con el Trono. ¡Feliz concordia, que es el sueño de las naciones! En España no es sueño, es pesadilla, y al despertar de ella duelen los huesos.

Señaló por fin D. Fernando, entrado Septiembre, un día que debía ser término fatal de su encantamento, pues ya su vida en La Guardia no era descanso, sino ocio. Aún insistía Demetria en que no estaba bien curado de *su patita coja*, y le incitaba á esperar á la época de la vendimia; pero él, estimando delicadamente estas insinuaciones como dictadas de la cortesía, no se dió á partido, y dispuso todo para su marcha. Como nada debe ocultarse, sépase que recompensó á los servidores de la casa con tan desusada largueza, que por mucho tiempo perduró en La Guardia la fama de la generosidad del caballero Don Fernando, á quien tenían por uno de los mayores potentados del mundo. A D. José María de Navarridas dió también na buena pella para que la repartiese entre los pobres del pueblo, y tuvo además la feliz idea de hacer sus visitas á cada una de las casas que conocía, sin olvidar las más humildes, lo que acabó de fijar en el ánimo del vecindario la opinión de la hidalguía y verdadera grandeza del huésped de Castro.

Y se alegraba éste de haber dispuesto tan en sazón su partida, porque según le dijo una tarde el cura, llevándole aparte con misterio, pronto debían de llegar á La Guardia los Idiáquez y Urdanetas, hijo y madre, que venían á vistas con aparatoso séquito de criados. También vendría el abuelo paterno del D. Rodrigo, D. Beltrán de Urdaneta; pero este señor, muy anciano ya, aunque todavía templado y entero, no haría más que tomar descanso de un par de días en La Guardia, para seguir despues hacia el valle de Mena, donde vivía su hija Valvanera, casada con uno de los ricos Maltranas, y madre de numerosa prole. No sentia malditas ganas Calpena de encontrarse con aquella familia, á pesar de la aureola de virtudes de que la rodeaba el bonísimo Navarridas, y se alegraba de llevar dirección contraria, para no topar con ellos en el camino. Venían de Oriente los Idiáquez, como los Reyes Magos, y él se iba hacia Miranda de Ebro (Occidente).

El día de la partida, avanzado ya Septiembre, fué para todos muy triste. Habiendo determinado el viajero salir á la caída de la tarde, revelaron todos su pena á la hora de comer con una inapetencia desusada en aquella casa. Habían regalado las niñas á D. Fernando un caballo hermoso, con los mejores arreos que daba de sí la industria del país; fineza que agradeció, como es de suponer, en tales circunstancias, prometiéndose corresponder á ella con otra superior en cuanto llegase á Madrid. Y como manifestara deseos de tomar á su servicio, para llevársele, al mozo de la casa de Castro llamado Sabas, uno de los que acompañaron á las niñas en el viaje á Oñate, accedió Demetria gozosa, y el hombre, ya maduro, de probada lealtad y diligencia, no vaciló en admitir la propuesta, pues no había para él mayor gusto que emplearse en el cuidado y servicio de tan noble caballero. Las cuatro serían cuando abandonó D. Fernando la ilustre morada de Castro. Multitud de personas fueron á despedirle. Las niñas, con Doña María Tirgo, D. José Navarridas y el Sr. de Crispijana, bajaron de la villa al camino, y al llegar á éste se apeó D. Fernando para seguir todos á pie un buen trecho, pues la tarde estaba fresca y convidaba á dar un paseito. Hablaron, como es de rúbrica en estos casos, de la próxima vuelta. «Ya, ya: ¡si seremos tan tontas que creamos que vuelve por aquí! Deseando está él perdernos de vista,» decía Demetria. Y Navarridas: «No, mujer, no digas tal. ¿Pues no ha de volver? Me lo ha prometido, y las promesas de caballeros de esta calidad son como una escritura ante notario...» «Sí, sí, fíese usted de escrituras ni de promesas.» Y Gracia: «También á mí me ha dado palabra de volver, y si no vuelve, no tiene él la culpa, sino la novia, que le atará á la pata de una silla.» Y Doña María Tirgo: «Dejadle, tontuelas, que ya sabrá él lo que tiene que hacer. Venga ó no venga, cuando ande por esas cortes y en esas grandezas, se acordará de estas pobres aldeanas, que se han esmerado en hacerle la vida agradable.» Calpena sentía un nudo en su garganta; deseaba poner fin á la despedida, que se iba haciendo en extremo patética, y no sabía ya qué decir, ni con qué tonos y actitudes expresar la emoción vivísima que le embargaba. Dió el alto D. José María diciendo: «Vaya, de aquí no pasamos,» y el viajero apresuró la escena final. Dejóse abrazar por el cura; apretó con efusión las manos de las niñas y de Doña María, y añadiendo pocas y oportunas palabras, montó á caballo y se alejó al paso, volviendo atrás la vista. Gracia y Don José María lloraban. Demetria, un tanto descolorida, conservaba su hermosa serenidad, mordiéndose los labios. Le vió alejarse con tristeza grave. Doña María agitaba su pañuelo.

Picaron espuelas amo y escudero, y al llegar á la vuelta del camino donde perderían de vista á la noble familia, se pararon para darle el último adiós. Las dos niñas y la señora azotaban el aire con sus pañuelos; Navarridas repetía estas demostraciones con su paraguas en una mano y el sombrero en la otra... Y ya no se vieron más.

A la hora y media de camino, D. Fernando, que iba cabizbajo y melancólico, sintió un súbito anhelo de volver atrás. Tan repentino fué, y al propio tiempo tan vivo, que maquinalmente paró el caballo, y preguntó á Sabas: «¿Dónde estamos? ¿Cuánto hemos andado?

—¿Qué, señor, se ha olvidado algo? ¿Tenemos que volvernos?

—No, es que... En efecto, se me olvidó algo; pero no me hace falta. Sigamos.

—Se está tan bien en la casa de Castro, señor, que siempre que uno sale, cree que se deja algo en ella. ¿Y qué es lo que se deja? La querencia, señor, la querencia de casa tan buena.»

ndo silencioso, y con
bras continuó largui-
, ya de noche, apro-
a, entablaron amo y
iálogo:
ue se nos va pasan-
spedida... las despe-
muy penosas, y más
de personas tan bue-
en fin, ya que avan-
ino, y vuelven á po-
eza mía los pensa-
ni viaje, te diré que
te á mi servicio, ade-
das, otras razones...
larás que anoche, ha-
te carlista, donde pa-
penalidades, dijiste,
erribles, ya joviales,
mí la única luz que
ad que me rodea.
ue pueda ser luz de
cuerdo.
aron de Vizcaya dos
abían servido hasta
stranza carlista; que
yo, y que marchó á
e Miranda, de donde
la razón de que yo
Necesito hablar con
e misma, si es po-
ue para eso, y nada
es conmigo.
que vino de allá, es-

capado, corrido, muerto de hambre, y sin ganas de volver, es Bonifacio Gay, primo y compadre mío, y ahora está con su familia en Leciñana del Camino, á legua y media de Miranda.

—Pues allá nos vamos.

—Si el señor tiene prisa, con seis horas de descanso en La Bastida será bastante para el ganado. Si salimos al alba, llegaremos á Miranda entre ocho y nueve. Tomamos un bocado, y á la hora de comer caemos en Leciñana.

—Perfectamente... ¿Estás bien seguro de que tu primo trabajaba en la Maestranza?

—Donde hacen las balas, sí, señor. Es herrero y fundidor, y entiende de toda suerte de artificios, verbigracia: norias, relojes, molinos y chocolateras. Diez meses se ha llevado trabajando para la facción, y visto que no había *de aquí*, y que sobre no pagarle le acusaban de masón, se escabulló y con mil trabajos pudo llegar á Salvatierra, de donde tomó el camino de su pueblo, pasando por La Guardia el jueves, como dije á Su Merced.

—Quisiera tener alas para llegar de un vuelo á ese lugar—dijo Fernando, picando espuelas,—pues cuando se me mete en el alma la curiosidad, no sé lo que es paciencia, y quisiera convertir las horas en minutos.»

La conversación de los jinetes saltaba de tema en tema: la guerra, la paz, las cosechas, y fueron á parar al punto de partida de su jornada. «¿Qué estarán haciendo ahora en la casa de Castro? Se habrán puesto á cenar. De seguro se preguntan unos á otros: —¿En dónde estarán ya D. Fernando y Sabas? ¿Habrán llegado á La Bastida?...» La vida no es más que esto, señor—dijo el escudero,—y ella y la muerte son lo mismo: unos que se van y otros que se quedan... unos que vienen y otros que están, porque vinieron antes, los cuales un día les tocará también ser... *idos*. Todos, señor, fuimos *venidos*, y seremos *idos*.»

Nada les ocurrió en La Bastida, digno de referencia; nada tampoco en Miranda, á donde llegaron al siguiente día. Vieron mucha tropa ociosa; no había operaciones; el ejército del Norte aguardaba que sus generales tuvieran un plan. Todo el interés de la guerra lo absorbían entonces las atrevidas expediciones de Gómez y de D. Basilio. El primero se paseaba por las Castillas y Extremadura como por su casa, y el segundo regresaba á las Provincias después de haber asolado la Rioja, Soria, y corrídose por el riñón de Castilla hasta muy cerca de La Granja.

Sin detenerse en Miranda más que lo preciso para dar pienso y descanso á las caballerías, continuaron Calpena y Sabas su marcha, hasta parar en Leciñana del Camino, lugar misero rodeado de arideces, no lejos del Ebro y al pie de la sierra de Turiso. Con tan buena suerte y tan á punto llegaron, que no hubo necesidad de indagaciones para encontrar al Sr. Gay, pues en las primeras casas del pueblo dieron con él, á la puerta de un herradero, en ocasión en que con otros hombrachos se ocupaba en calzar unos mulos. «Bonifacio—le dijo su compadre, sin más ceremonia,—venimos en tu busca, porque este caballero noble quiere plática contigo.»

Un tanto receloso y huraño en los primeros momentos, después franco y comunicativo, Gay, que era un hombre membrudo, como de cincuenta años, la cabeza blanqueada por canicie precoz, las manos ennegrecidas por la forja, dió los últimos martillazos en la pezuña del animal, y mandando traer un jarro de vino, entró con su compadre y el caballero en la única pieza vividera de la herrería. Atizándose tragos de mosto, respondió á las preguntas de Calpena con estas ó parecidas expresiones.

IX

«¡Que si conozco al Sr. Negretti!... ¡Si era yo el obrero que más quería D. Ildefonso, y á D. Ildefonso le quería yo como á mi padre, por más que seamos los dos de la misma edad, año más, año menos! Y no se hallará otro, lo digo yo, que mejor entienda de todas las mecánicas del mundo, así como no le hay de tanta conciencia para el trabajo, pues á cuanto sale de sus manos ó de las manos que obedecen su idea, no hay que ponerle pero... Es lo que el señor dice: tal hombre no cuadra en el servicio de aquella gente y de aquel Gobierno tan eclesiástico. Tanto á él, como á todos los demás que no éramos de Guipúzcoa, nos traían entre ojos, y como por la influencia del *sacerdocio*, que allí siempre está de centinela, había entre nosotros tantos soplones y cuenteros, pronto empezaron á decir si D. Ildefonso era masón *volterano*, que si no confesaba, que si tal... Hasta que un día, allá por Julio, hallándonos en Durango, los mequetrefes de la Comisión que son los registradores de cartas, todos ellos muy aclerigados, legos de convento, mandaderos de monjas y *viceversa*, salieron con la gaita de que D. Ildefonso se carteaba con ese Ministro de Madrid que les ha limpiado á los frailes el santo pesebre... Justo, el Sr. Mendizábal. Resultado: que al maestro le llevaron preso á Tolosa, por delito que llaman de *ilesa majestad*. Salió á su defensa el Infante D. Sebastián, diciendo al Rey que cerraba la Maestranza si le quitaban al hombre que más valía en ella y que mejor hacía las cosas. Resultado: que le soltaron; pero no le dejaban vivir, y á donde quiera que iba le seguían dos ó tres *iscariotes*, y el hombre andaba tan aburrido, que hasta perdió las ganas de comer. Por aquellos días nos pusieron un comandante nuevo de director de talleres. Era una acémila muy aclerigada, que no entendía jota de nuestro oficio. Había sido seminarista, ordenado de menores; después sirvió en las guerrillas de Guergué, y en la Corte tuvo padrinos de la camarilla frailuna que le hicieron capitán de golpe y porrazo; y como el Rey es así, que no ve más que por los ojos de cuatro cebones que están siempre gruñendo á su lado, aún pensaba que andaba corto en su carrera el tal Gorostia, en lengua de ellos *acebo,* y hágote comandante de ingenieros. Pues una mañana estábamos trabajando como locos para terminar unas granadas, cuando el tal comandante le dijo al maestro que aquello estaba mal: trabáronse de palabras, y D. Ildefonso, que es hombre de malas pulgas, de mucho pundonor, y tiene las manos de hierro, de tanto andar con él, le arreó una bofetada tan tremenda que le puso patas arriba, echando espumarajos por la boca. No le quiero decir á vuecencia la que se armó. Resultado: que á D. Ildefonso le metieron preso otra vez, y venga consejo de guerra, y vengan papeles... El hombre, cargado, dijo que se marchaba, y que la culpa tenía él por haberse metido al servicio de cosa tan desatinada como es la facción...

»Pues hay más, señor. Luego empezaron á buscarnos camorra á mí y á otros dos castellanos. Que si éramos de la cáscara amarga, masones ó perdularios ateos. Yo no hacía caso, y seguía en mi trabajo. Pero un día me acusó un chico de Eibar de que yo habia dicho no sé qué cosa de la Virgen... de esas expresiones que uno suelta sin pensar, cuando no le sale bien un trabajo, ó cuando á uno le salta una brasa á la cara y le quema... pues de esas cosas que se dicen: total, nada. ¿Pero Señor, yo, buen cristiano siempre, cómo había de hablar mal de la Virgen? Y aunque algo dijera, es un suponer, no por eso deja uno de ser apostólico romano, al igual de ellos. Siempre he sido devoto de Nuestra Señora. Aquí, colgada de mi pecho, llevo, mírela usía, la medalla de la Pilarica, que me puso mi madre... Pues nada, que allí salió el capataz, uno de Lezo, que le llaman Choriya, de esos que se comen los santos, y amenazándome con un martillo, dijo que yo merecía que me atravesaran la lengua con un clavo ardiendo, por haber hablado de *peinetas*, nombrando á la Virgen; y yo le respondí que las *peinetas* eran para él, y tres más. Resultado: que me castigaron, y vino un capellán á echarme predicaciones, y lo mandé también á donde me pareció. Por esto, y porque á uno no le pagaban, resolví marcharme, y una noche me escapé con otros dos mozos, que también son de acá. No más, no más facción. Buen chasco nos habíamos llevado, pues creímos que allá ganaríamos un jornal lucido, por ser aquello Reino *pretendiente;* pero nos salió la cuenta fallida, porque allí no hay más que miseria, malos tratos, y desconfianza de todo el que ha mamado leche castellana, como yo, que en tierra de Burgos, donde mismamente estampó sus patas el caballo de Santiago, vine al mundo. Resultado: que hemos vuelto acá sin un maravedí, ladrando de hambre, y ahora nos vemos en nuestra tierra mal mirados por haber servido á ese pavo acuático, que antes cegará que verse Rey de las Españas.

»A eso voy, sí, señor... Ya, ya entiendo que lo que le interesa conocer es todo lo que yo sepa al tenor de la familia del Sr. Negretti. Voy á eso: bebamos otro poco, que esto da la vida. Una de las razones por que deseaba volverme á mi terreno, era el no ver tasado el vino, que allí se lo daban á uno por medida, y harto de agua, mientras que aquí lo bebemos de lo mejor sin pensar en que tiene fin... Pues voy á lo de la familia. Una sola vez vi á Doña Prudencia y á la sobrina. ¡Carachis, qué guapa es; vaya un golpe de ojos! Oí decir que en Madrid un señor príncipe estuvo loco de amores por ella, y que los padres de él, por quitarle de que se casara, le encerraron en una torre, donde se arrancó la vida; que á ella, para que se le pasara la ilusión de su príncipe, la trajeron acá, y qué sé yo qué más historias... ¡Ah! ya me acuerdo: que la niña, á quien llaman Doña Laura ó cosa así, es rica, pues su padre le dejó mucha pedrería fina de diamantes y topacios amarillos; pero que tenía más *opulencia* el príncipe su novio, el cual sólo en tierras había de heredar media España y una porción de islas de mar adentro. No sé, señor: cosas que dicen los criados, y que serán

mentira, pienso yo... Ví á la tía y sobrina en Elorrio; luego se fueron á Bermeo, y ya no sé más sino que D. Ildefonso iba allá los sábados para volverse los lunes. De su paradero hoy, no puedo decirle sino que cuando se retiró del servicio de la facción se fué á Bilbao, donde vive la familia de Prudencia. No he vuelto á ver al Sr. Negretti, ni he tenido de él más noticias que lo que decía éste ó el otro de mis compañeros, hablar por hablar...

—Haga usted memoria, Sr. Gay —dijo Fernando gozoso por lo que sabía, ansiando saber más,—y cuénteme todo lo que oyó, sin omitir nada, ni aun lo que charlaban sus compañeros sin conocimiento de causa, por presunciones ó conjeturas.

—Ahora voy... Antes diré á usía una cosa que se me había olvidado. Por dos veces me preguntó el Sr. Negretti si yo conocía algún chico de confianza para mandarlo de propio, con carta de interés, á La Guardia, y yo le contesté que á ninguno conocía, como era la verdad. Digo esto, porque como el señor viene de La Guardia, y según parece ha estado allí tres meses largos, calculo yo si aquello que me preguntó el maestro tendría que ver con la persona de vuecencia.

—Indudablemente, el mensaje, carta, ó recado era para mí; pero si al fin lo despachó Negretti, no llegó á La Guardia.

No puedo asegurar á usía que D. Ildefonso llegara á mandar el propio; pero se me antoja que sí, porque había en Durango un tuerto recadista que iba por los pueblos con un niño Jesús pidiendo para el santuario de Iciar, y en aquellos días le vimos vestido con la ropa vieja de Negretti, y nos dijo que iba á dar la vuelta de Alava con su santirulico; después no le vimos más.

—Tampoco pareció por allá ese mensajero. Siga, siga, que aún le queda mucho en la memoria.

—Sigo. Pues en Durango dijeron que Doña Prudencia se veía y se deseaba para resguardar á la niña de tantísimo pretendiente como la acosaba, por el aquél de su hermosura... ¡Carape, qué boca de cielo, qué gancho! Un capitán de barco la vió, y quedó enamorado. Dos más de Bermeo, y un coronel carlista, la pidieron para esposa; pero ella diz que á ninguno hacía caso, motivado á que no podía echar de su pensamiento al príncipe difunto. De esto hablábamos los amigos de D. Ildefonso, y uno de nuestra pandilla llamado *Bachi guzur (Bautista el embustero)*, chico de mucha idea, á quien da el naipe por inventar cosas, nos decía: «Yo me pienso que el príncipe no se ha muerto, y que á ella le han dicho la mentira de la defunción para desenamorarla, porque así conviene á la familia; y apostaría yo á que el serenísimo galán anda de la zeca á la meca disfrazado, buscándola, al modo de lo que pasa en las historias inventadas, que á mí me parecen verdad; y creo que nada de lo que rezan los libros es mentira, ó que las mentiras son verdades que se miran por el revés.» Nada, señor: con estas habladurías nos entreteníamos á la salida del trabajo, y uno decía peras, otro decía higos, y pasábamos el rato... En fin, señor, creo haber declarado á vuecencia todo lo que sé. Si algo más me viene á la memoria, se lo diré esta tarde, en el presupuesto de que no se vaya hasta la noche ó hasta mañana.

—Quisiera partir ahora mismo... yo soy así... ¿Cree usted que encontraré en Bilbao al Sr. Negretti?

—Seguro... Y si él no está, estará la familia, de contado. No tiene usía más que preguntar en Bilbao por la casa de los Arratias. Cualquier chico de las calles le dará razón. Es allí por la Ribera. No tiene pérdida.

—¿Y esos Arratias son...?

—Hermanos de Doña Prudencia. Tienen barcos que andan en la mar.

—Vamos, son armadores.

—Y comerciantes, que traen del Norte duelas, bacalao y toneles de una bebida que llaman *cerveza*, más amarga que los demonios; y arman también barcos chicos para *la pesquería del escabeche*... Si no estuvieran allí D. Ildefonso y su esposa y sobrina, los Arratias le darán razón cierta de dónde moran.»

Consultado Gay acerca del camino más corto y más seguro para ir de Leciñana á la capital de Vizcaya, manifestó que aunque lo más derecho era tomar la vuelta de Orduña, no le aconsejaba tal camino, por estar toda aquella parte plagada de facciosos. «Tú ya sabes—dijo á su compadre.—

Te vas derechito por esta orilla del Ebro, hasta Trespaderne, y allí tiras para arriba, á esta mano. ¿Sabes la Sierra del Gato? Pues la vas faldeando. Pasas por Cebolleros, Villacomparada y Villamezán, y ya estás en tierra de Mena. De allí á Valmaseda es como andar por una calle. Total, que puedes llevar á *vuecencia* en cuatro días, con descanso.

No paraba mientes en ningún peligro don Fernando, que sin oir otra voz que la de su esforzado corazón, ansiaba lanzarse hacia el cumplimiento y remate de la empresa, por tan desgraciados accidentes entorpecida. Su espíritu de nuevo se inflamaba en la querencia de los actos maravillosos, en todo aquello que rompiese los moldes de lo común. ¡A Bilbao por Aura! Tal era su divisa, y ya se le hacían lentas las horas, pausados los minutos que tardara en realizar algún descomunal esfuerzo por la idea y fines que tal emblema expresaba.

Ocurría esto un miércoles. El jueves por la noche entraban en Trespaderne, á punto que salía un destacamento de fuerzas cristinas, y no tardaron en informarse de que una partida que había bajado del puerto de los Tornos, y otra que anduvo por Peña Complacera, se juntaban en San Pelayo, punto muy principal del valle de Mena, para recorrer aquellos pueblos y llevarse cuanto encontraran. A todos los trajinantes que iban en tal derrotero encarecía el alcalde de Trespaderne la conveniencia de que se detuvieran dos ó tres días hasta que la situación se des pejase. Insistía Calpena en continuar al siguiente día su camino; pero tales razones le dió Sabas, apoyado muy cuerdamente por el alcalde, hombre tosco y de buen sentido, que hubo de resignarse, pataleando, á una corta espera, que aseguró no pasaría de veinticuatro horas. La realidad, no obstante, impuso mayor detención, y hacer acopio de paciencia. El mesón ó parador en que se habían instalado era de lo peor del género, similar de las famosas ventas manchegas: la única estancia que ofrecía relativa comodidad ocupábala Calpena; y no sabiendo éste qué hacer en el largo aburrimiento y plantón fastidioso, pidió tintero y pluma, pues desde que salió de La Guardia le había entrado una viva comezón de escribir. ¿A quién? A los tres puntos cardinales de su afecto: al Norte, Negretti y Aura, los amigos de La Guardia al Este, al Sur los de Madrid. La náutica rosa de aquel corazón no tenía Occidente... Como la querencia del Sur había tomado en él extraordinaria viveza, por el camino redactó mentalmente multitud de cartas dirigidas á la misteriosa deidad que le protegía haciéndole suyo en el presente y en el porvenir. En posesión ya de los avíos de escribir, se dijo, preparándose de papel: «Lo primero á *ella*...» Pero con toda su aplicación, no pudo pasar de la primera línea: «Mi señora desconocida...», fórmula que varió hasta lo infinito, sin encontrar la más apropiada. «Señora incógnita, mi muy amada protectora...» Y luego de encontrada la fórmula, ¿qué le diría? En estas perplejidades, mirando al papel, mordiendo las barbas de la pluma, encontróle Sabas, que subió á decirle presuroso: «Ahí está ese señor... Oiga las voces que da, y el ruido que arman sus criados y caballerías. Es el viejo Urdaneta, D. Beltrán de Urdaneta, ¿sabe, señor? el abuelo del Don Rodrigo que esperaban en La Guardia con toda su familia... Verá qué viejo más salado. Va también hacia Mena, donde está su hija, casada con el mayorazgo de Maltrana.

X

—¡Al demonio tú y D. Beltrán! Me has asustado. Creí que se trataba de otra persona. ¡Si yo no conozco á ese viejo, ni le he visto en mi vida!

—Pues ahora tendrá por fuerza que verle y que tratarle, porque es parroquiano antiquísimo de este mesón, y en él para desde el siglo pasado, siempre que va y viene. Como el único cuarto decente es éste, él tiene costumbre de ocuparlo: el mesonero le ha dicho que se acomode aquí con el señor, que también es persona de la Grandeza de España.

—No quiero—dijo Calpena, á quien molestaba en aquella ocasión hacer conocimientos.—Me iré á un pajar, y que venga ese D. Beltrán ó D. Cuerno á ocupar su aposento.»

Y cuando se levantaba, decidido á escabullirse antes que el nuevo huésped llegara, ábrese la desvencijada puerta y penetra un simpático y noble anciano, de buena estatura, algo rendido al peso de la edad, de afable rostro y modales finísimos, revelando en todo el alto nacimiento y el refinado trato social. «Perdone usted, señor mío, esta invasión de su aposento. La edad nos da privilegios bien tristes. No quiero, no, desalojarle... no faltaba más. Me atrevo á proponerle que, pues en nuestro *hotel* no hay más que una estancia, la compartamos los dos como buenos amigos. Ni usted me estorba, ni yo he de estorbarle; y sabiendo ya con quién he de vivir veinticuatro horas, sólo añado que es para mí gran satisfacción la compañía de persona tan principal.»

Correspondiendo Fernando á la cortesanía del insinuante viejo, propuso retirarse dejándole toda la pieza, para mayor comodidad y desahogo; á lo que contestó D. Beltrán que por ningún caso lo aceptaría. «Respondo de que á poco que nos tratemos, mi compañía no ha de serle á usted desagradable, pues á mí, que hoy le veo por primera vez, me encanta ya la suya.» A un movimiento de sorpresa interrogativa del joven, dió respuesta con estas palabras: «No nos conocemos y nos conocemos, Sr. de Calpena, porque ha de saber usted que vengo de La Guardia, donde he dejado á mi nuera y á mi nieto, y en las veinticuatro horas que allí me detuve, no han cesado aquellas buenas personas de hablarme de usted. El cura Navarridas y las niñas de Castro estiman á su huesped en todo lo que vale. Ya sé, ya sabemos todo... por qué serie de accidentes fué usted á parar allí, el servicio que prestó á las niñas, su conducta valerosa, gallarda... Y como al propio tiempo sé que D. José María le habló á usted de mí, démonos por recíprocamente presentados, y tengámonos por amigos de larga fecha... digo, larga no, porque es usted casi un niño.»

Decía esto, tomando asiento, después de despojarse de su abrigo de viaje. Sin dar tiempo á que Fernando le expresara su agrado por tantas amabilidades, le dijo, reparando en el papel y tintero: «Si estaba usted escribiendo, puede seguir. Tome la silla, y pues no hay otra, yo me pasearé en el domicilio común mientras usted escribe.

—No, señor: sólo por matar mi aburrimiento pensé escribir... pero ahora que tengo compañía tan grata, quédese para mañana la escritura...

—Pues si usted no escribe, le propongo que nos vayamos á la cocina, donde tenemos un buen fuego, y estaremos muy bien. Siempre que paro aquí, me paso las horas junto al hogar, en compañía de estas gentes sencillas y honradas, y de los gatos y perros. Ya me conocen hasta los animales.

—También á mí me gusta engañar las horas en las cocinas de los pueblos, mirando las llamas del fogón, sintiendo el hervir de los pucheros, y echando un párrafo con los aldeanos. Vamos, vamos, Sr. D. Beltrán.

—Deme usted el brazo, joven, que no me hace gracia, á mis años, tomar medida á estas desvencijadas escaleras. ¡Qué recuerdos tiene para mí esta casa! No le exagero á usted si le digo que he parado en ella unas sesenta veces. La primera, no hace nada de tiempo... el año 780, yendo con mi padre á una cacería, invitados por mi pariente el Condestable, el padre de Bernardino Frías, á quien usted conocerá; la segunda, cuando llevamos á mi hermana á profesar en las Franciscanas de Medina de Pomar; la tercera... ni me acuerdo ya. Por aquí pasé para llevar á mi hija Valvanera á sus bodas con Maltrana, y á casa de mi hija voy también ahora. La fecha de aquel casamiento es de las que no se olvidan. En este parador, cuando íbamos á Villarcayo, nos dieron la noticia de la batalla de Bailén... En fin, pasé también el 28, huyendo de las bandas apostólicas, y había pasado el 23, por evitar un encuentro con las tropas de Angulema. Ibamos hacia la frontera Osuna y yo, el Duque viejo (padre de estos chicos), Pedro Alcántara y Mariano, y tuvimos que dar un largo rodeo para tomar un barco que salía de Santoña, y nos llevó á La Rochelle... En fin, mi vida es muy larga, y en ella no faltan peripecias.»

Tomaron posesión del mejor banco de la cocina, junto á la mesa de castaño, y D. Beltrán anunció alegremente que había mandado asar un cordero y preparar ajilimójilis.

«Esta llaneza—dijo gozoso,—me encanta; estas comidas elementales y primitivas son mi delicia. O esto, ó los refinamientos de la cocina parisiense. Y en cuanto á la sociedad, ó la más alta, ó la de estos infelices, reforzada por los gatos y perros, que ya tiene usted aquí, buscando mis halagos.»

En efecto: uno de los dos michos de la casa, se le había subido en el brazo, y el otro se rascaba contra sus piernas. Dos magníficos lebreles le hacían la guardia á un lado y otro de la silla.

«A mí, Sr. D. Fernando—continuó,—no me dé usted términos medios. O los palacios resplandecientes de lujo, ó esta humilde cocina. Y en cuestión de bello sexo, que siempre fué una de mis más caras aficiones, ó las damas encopetadas, ó estas gallardas bestias campesinas... Que nos traigan vino blanco, que aquí lo hay superior. Chica, llévate esto, y dile á Ginés que si no tiene vino blanco, que mande por él inmediatamente á casa de Sopelana.

—Lo hay, señor Marqués—dijo la moza,—y ahora mesmito se lo traigo.

—Pues date prisa, que aunque no me atiendas á mí por viejo... (¿Tú sabes lo que dijo Carlos V... no este Carlos V, sino el otro?... Luego te lo diré...) Pues si á mí no me atiendes, porque soy un pobre vejestorio inservible, no harás lo mismo con este caballero tan guapo.

—A fe mía, que lleva usted bien sus años, Sr. D. Beltrán—dijo Calpena.—Conserva usted su agilidad, su buen humor, con las prendas todas del caballero de raza.

—¡Oh! no, amigo mío: ya estoy muy acabado; ya no soy ni sombra de lo que fuí. Verdad que no me falta la cabeza, y discurro como en mis mejores tiempos; pero la vista se me va. Hay días en que no veo tres sobre un burro, y si sigo así, pronto quedaré ciego. Esto me aflige, porque me he propuesto llegar á los noventa. Respecto de mi edad, habrá usted oído mil leyendas. Hay quien cree que he cumplido el siglo, y que me rebajo... Patraña: hace lo menos diez años que renuncié á ese inocente coquetismo.

—No representa usted—dijo Calpena queriendo halagarle,—arriba de setenta... setenta y dos todo lo más.

—¡Ay, qué lisonjero y qué *bon enfant!* No, hijo... aumente usted un poquito, y llegue hasta los setenta y ocho. Sí señor: yo vine al mundo en la noble ciudad de Olite, en 1758. Eche usted una mirada á todo lo que comprende el espacio entre esa fecha y este pícaro 36. Sí señor, en 1758: le llevo once años á Napoleón y á Wellington, que nacieron el 69; Mozart era más viejo que yo en dos años, y Schiller un año más joven. Goya, mi amigo, el pintor celebérrimo, me llevaba doce años, y yo le llevo nueve á D. Manuel Godoy. Como Napoleón, otras celebridades que ya se han muerto, Beethoven, Moratín, Talma, eran mucho más jóvenes que yo...

—¡Qué prodigiosa memoria!

—No diga usted memoria; diga usted años. Cuando uno va de capa caída, se entretiene en ajustar estas tristes cuentas, en comparar vejeces... Consolemos, yo mis cansados años, usted los suyos verdes, con este vinito blanco... ¡Ah, señor de Calpena! habrá usted pasado en la casa de Castro una temporada agradabilísima...»

Ponderó Fernando con frase entusiasta las excelencias de la vida en aquella señoril y opulenta mansión, y al panegírico que hizo de sus habitantes, asentía D. Beltrán entornando los ojos y paladeando el vino.

«Sí, sí... las niñas son dos ángeles, Demetria un prodigio, Navarridas un santo, tan cariñoso, tan servicial... aunque á veces el exceso de su amabilidad resulta un poquitín enfadoso, ¿verdad? Y en cuanto á Doña María Tirgo, que es otra santa, otro prodigio, otro ángel, no dudo que le habrá mareado á usted más de la cuenta, hablándole de linajes, su ciencia y su manía.

—Algo me hizo ver la señora de sus conocimientos genealógicos: por ella estoy bien enterado de la nobleza de los Urdanetas é Idiáquez. De los entronques con las primeras casas de Aragón y Navarra resulta que llevan ustedes sangre de mil y mil varones insignes, y de santos gloriosos.

—Sí, sí: no falta parentela ilustre por los cuatro costados—dijo gravemente D. Beltrán, con cierto desdén de buen tono hacia las humanas grandezas.—También nos va-

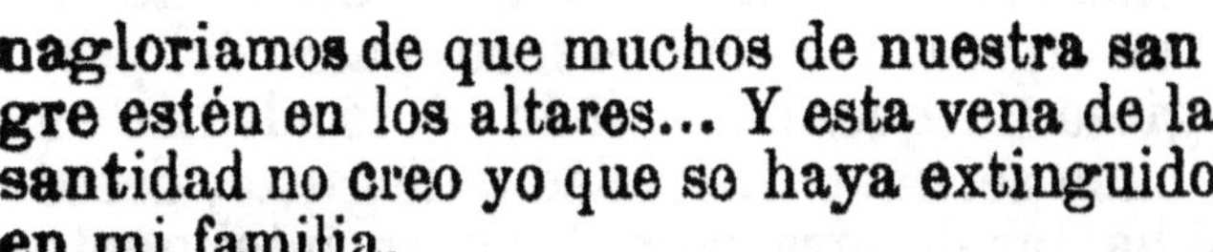

nagloriamos de que muchos de nuestra sangre estén en los altares... Y esta vena de la santidad no creo yo que se haya extinguido en mi familia.

—También supe por Doña María y su hermano—prosiguió Calpena,—el proyecto de enlazar familia tan ilustre con la también noble y poderosa de Castro-Amézaga, casando á su nieto de usted, el Sr. D. Rodrigo, con ese espejo de las doncellas, Demetria, de quien sólo con nombrarla creo hacer el más cumplido elogio.

—Oh, sí: la niña es una monada, y da gusto verla jugando á la administración.

—Pues, por lo que me han dicho, para encontrar quien en virtudes y mérito pueda igualar á tal niña, han tenido que pedir un esposo á la casa de Idiáquez.

—Sí, sí...—murmuró D. Beltrán indiferente, pensativo, dejando correr su mente por espacios distantes.

—Y sólo en ella se ha encontrado un varón digno de tal hembra.

—Sí, sí...

—No puede usted figurarse los encarecimientos que de su señor nieto de usted, Don Rodrigo, me han hecho los hermanos Navarridas.

—Sí, sí... La fama no hay quien se la quite... Posee cualidades, indudablemente, grandes cualidades... ¿Qué duda tiene?... Juicioso, grave, reposado... cumplidor de todos los preceptos...»

Grande fué la sorpresa de Calpena ante

la frialdad de D. Beltrán en aquel asunto, pues esperaba todo lo contrario: que al noble anciano se le caería la baba en demostración de su orgullo por ser dos veces padre del prodigioso Marqués de Sariñán. Notó además en el buen señor contrariedad ó disgusto, deseo de hablar de otra cosa. Su cara inteligente habíase alargado; parecía más viejo, por la desaparición de la sonrisa que le rejuvenecía. Dos suspiros hondos salieron de su pecho.

Sentíase Calpena devorado de abrasadora curiosidad, y anhelando satisfacerla, se dijo: «Aquí hay algún secreto, quizás discordias de familia. ¿Qué será? He de tirarle de la lengua á este vejete para poner á prueba su discreción.» Pensando así, no cesaba de observar á Urdaneta, que en aquel instante hablaba paternalmente con un pobre aldeano. No había visto nunca Fernando rostro tan expresivo, de tanta movilidad y viveza, máscara de consumado histrión que *interpreta* las agudezas y marrullerías así como las benevolencias seniles. De todo había en la cara de D. Beltrán, finamente aristocrática, de líneas un tanto angulosas ya, por causa de la vejez. Calpena recordaba las imágenes que había visto de Voltaire, de Talleyrand, del abate L'Epée.

Las horas se deslizaron plácidas en la cocina, gozando D. Beltrán las delicias de su popularidad en aquellas tierras. No cesaban de entrar aldeanos á saludarle, y él, dando á besar su mano, á todos les trataba con afabilidad exquisita de gran señor que sabe mantenerse en su puesto, mostrándose bondadoso y familiar con los humildes. Admiró Fernando la gracia y flexibilidad con que adaptaba su lenguaje al de aquellos infelices, y pudo observar que no era todo buenas palabras, pues cuando alguno de los visitantes se condolía de su precaria situación, echaba mano D. Beltrán á su culebrina de seda verde, y allí era el salir de monedas. Para los chicos llevaba siempre provisión de cuartos, que profusamente repartía. A pesar de pertenecer el noble anciano á lo que podríamos llamar el *siglo de las tabaqueras*, no había gastado nunca rapé. El contemporáneo de Napoleón, de Haydn y de Luis XVIII, anticipándose al siglo siguiente, fumaba, y de su repuesto de buenos cigarros puros y de papel, liados en una vejiga olorosa, participaba todo el mundo, chicos y grandes. A este rumbo y gallardía, arte supremo de ser aristócrata en medio de la plebe, que poseen tan pocos, debía su popularidad en todo el país, desde Zaragoza á las Fuentes del Ebro, y desde el Pirineo al Moncayo.

Despachado entre nobles y villanos un sabroso cordero con ajilimójilis, trató Calpena de sonsacar á D. Beltrán alguna revelación que aclarase el punto obscuro que aquél había creído ver en la familia de Idiáquez-Urdaneta; pero el sagaz viejo esquivaba el bulto, sin soltar prenda. Cuando subían á su aposento para recogerse, D. Beltrán, apoyándose en el brazo de Calpena, dijo á éste: «¡Ay, querido! me acuerdo en este momento de que existe una razón poderosísima para que no durmamos los dos en el mismo cuarto. No se me había ocurrido antes... ¿No adivina usted lo que es?... Pues que ronco estrepitosamente... toco la trompa y el violín, imito el trueno y el gallo... según me han dicho, que yo no me oigo... y con mis ronquidos no podrá usted pegar los ojos en toda la noche.

Fernando replicó que no le importaba, aunque, la verdad, no le hacía maldita gracia la música, que con programa y todo le anunciaba su amigo. «No, no—añadió éste,—no consiento que duerma usted aquí. ¡Buena noche le voy á dar!... ¡Sabina, Gervasia, chicas!...»

Acudieron á sus voces el mesonero y las mujeres de la casa, y D. Beltrán, que allí no pedía, sino mandaba, les dijo: «Chicas, dejad vuestra habitación á este caballero. Podéis, por una noche, dormir las muchachas con Sabina, y tú, Ginés, bien lo puedes pasar en la cuadra. Accedieron aquellas pobres gentes á lo que el prócer disponía, y Urdaneta, mientras su paje le desnudaba, ya preparado el lecho con buen abrigo, bromeó con D. Fernando: «La solución no ha podido ser más oportuna. Ventajas para mí: que no estaré cohibido, y podré desplegar toda mi orquesta, seguro de no tener público. Ventajas para usted: que no oirá mis acordes, lo primero; lo segundo, que siendo á mi parecer sonámbula una de las mozas, la más bonita por cierto, es fácil que se le meta á usted en el cuarto á media noche... Vaya, divertirse... Querido, hasta mañana.»

XI

Lo que menos pensaba D. Fernando, al entrar en el cuarto que le dispusieron, era que aquella misma noche y por inesperado conducto había de conocer algunos hechos que le descifraban el enigma de la familia de Idiáquez.

«Señor—le dijo Sabas cuando entró á prestarle servicio de ayuda de cámara,—si no tiene mucho sueño le contaré los chismorreos de la casa de D. Beltrán, que me ha estado refiriendo su espolique Tomé, el cual habla por siete, y se pirra por sacar á relucir las... cosas de sus amos.

—Cuéntamelo, por Dios, aunque ello sea tan largo que no acabes hasta mañana, y procura que nada se te olvide de esas hablillas de tu amigo, sin reparar que sean mentira ó verdad.

—Pues sabrá su merced que este vejete salado y su nieto D. Rodrigo están á matar. D. Beltrán ha sido toda su vida un disipador de lo suyo y de lo ajeno; como que no ha hecho más que divertirse y darse buena vida en los Parises y otras tierras de vicio. En cambio, su nieto ha salido tan allegador y de puño tan cerrado, que no hay más que pedir. Vea su merced trocados los papeles: el viejo pródigo y manirroto, como un muchacho que está en la edad del gastar; el chico agarrado á la cuenta y razón, como un viejo que mira por el orden y la hacienda. Me nacieron los dientes oyendo decir que D. Beltrán ha sido y es el primer calavera del Reino, y que se ha pasado la vida en comilonas, cacerías, recreos y larguezas de príncipe, con mucho aquel de buenas mozas, y viajes para acá y para allá. El lujo de su casa y los trenes que tenía daban que hablar, señor. Verdad que otro más generoso y más galán no le hubo: él se divertía; pero lo pagaba bien. Y á su puerta no llegó ningún pobre que se fuera desconsolado. Semejante á D. Beltrán en lo dadivoso, aunque menos caballero, fué su hijo D. Federico, á quien llamaban *D. Fatrique* ó *D. Futraque;* y entre uno y otro dejaron en los huesos la casa de Urdaneta, tan poderosa antes... la cual quedó hecha polvo; y con los restos de ella, y el caudal no grande, pero limpio, de los Idiáquez, ha podido Doña Juana Teresa, Marquesa de Sariñán, esposa del *D. Futraque* y madre del D. Rodrigo, amasar una fortunita, que es la que ogaño quieren hijo y madre librar de las manos pecadoras de este vejete... Desde la muerte del D. Federico, la señora viuda y el Marquesito ataron corto al abuelo. Este rezongaba; ¿pero qué remedio tenía más que bajar la cabeza? Cada poco tiempo, gran pelotera en la familia, porque D. Beltrán pedía ocho para sus necesidades y no le daban más que tres. Si corto le ató la señora, más corto hubo de atarle el nieto al llegar á la edad de gobierno, y al hacerse cargo de manejar el caudal. Cada día le daban á D. Beltrán menos *de aquí*, y el pobre señor, con el aguijón de sus vicios rancios, trinaba y se le comían los demonios. Había venido á ser un niño, el niño de la casa, el señorito juguetón y travieso á quien se dan los domingos unas pesetillas mal contadas para que se divierta. A la postre, viendo que no podían hacer carrera de él, y que cuanto más le daban, más pedía, le privaron de emprender viajes, quitáronle coches y caballerías, y hasta le tasaron el tabaco... Tan desesperado se vió el niño anciano, que fué y quiso despeñarse por una gran sima que hay más allá de Cintruénigo; pero... lo dejó para otro día. Y también se fué una noche hacia el Ebro para darse un remojón; sólo que por estar el agua muy fría, no se determinó.»

Lo demás que refirió Sabas, repitiendo los anales transmitidos por el cronista de la casa de Idiáquez, Tomé Torres, quedó bien presente en la memoria de Calpena, que con aquellas noticias se durmió, aplacada la sed de su curiosidad. Cuando se veía D. Beltrán en extremas apreturas, porque sus proveedores le fiaban y no hallaba medio de pagar, tomaba dinero á préstamo, pues por artes del demonio su crédito era grande en aquellos pueblos, y la casa no tenía más remedio que pagar las deudas contraídas por el gran niño, para evitar desdoro y escándalos, resultando de aquí mayores disturbios entre los tres, abuelo, nuera y nieto. Ultimamente, al tratarse en familia el magno asunto de la boda con la mayorazga de Castro, iniciado por Doña María Tirgo, D. Beltrán no intervino para nada. Mostróse después algo inclinado á la oposición; pero su nieto lo estimó como un artificio para obtener dinero, y se mantuvo en sus trece, dejando al anciano que saliese por donde le dictasen sus marrullerías. El venir á La Guardia con la familia, no fué por acompañarla en las vistas precursoras de matrimonio, ni por gusto de visitar á las niñas y á sus tíos, con quienes tuvo siempre amistad. Era que el noble Urdaneta, cuando los de Cintruénigo le sitiaban por hambre, arrancábase como los lobos en tiempo de nieve. Del primer tirón se iba á Villarcayo á que le sacase de apuros su hija Valvanera, esposa de un ricachón: allí pasar solía grandes temporadas explotando á su yerno, hasta que éste y la hija se cansaban, y con buenos modales le reexpedían para Cintruénigo.

Con su servidumbre salieron los tres de la casa señorial y tomaron el camino de La Guardia. D. Beltrán se había procurado algún dinero, no se sabe cómo, y llevaba su tren de costumbre: mula bien aparejada, los criados con las maletas, y cuanto pudiera necesitar un gran señor que viaja por recreo. En La Guardia hicieron alto los Marqueses de Sariñán y el Sr. de Urdaneta, con el objeto que ya se sabe. Alojados en la Rectoral, no faltaron querellas entre el abuelo y el nieto por la eterna cuestión de ochavos; mas todo quedó en la familia, sin que Navarridas se enterara. Instaba éste á D. Beltrán á que se quedase por lo menos una semana; pero el prócer, pretextando negocios apremiantes y el deseo ardiente de abrazar á su hija y nietos *de la otra banda*, dejó los ocios de La Guardia al día y medio de reposo. Cabalgando á los alcances de Calpena por los mismos caminos, reuniéronse en la venta de Trespaderne, donde ocurrió lo que referido queda hasta la noche en que mudaron de cuarto á Fernando para evitarle la desazón de los ronquidos. Durmió tranquilamente el joven, sin que turbase su sueño el sonambulismo de la moza bonita, como anunciado le había D. Beltrán, y por la mañana, cuando Sabas le ayudaba á vestirse, entró Tomé Torres á decirle de parte de su señor que le esperaba para tomar juntos el desayuno.

«¿Y para cuándo—dijo Calpena á su noble amigo, sentados frente á frente en la cocina, tomando chocolate,—para cuándo calcula usted que se verificará la boda?

—¿Qué boda?

—La de su nieto con Demetria. Supongo que de las vistas saldrá la conformidad de ambos...

—O no... ¿Usted qué sabe? Podría suceder que el trato determinara una repulsión, un antagonismo de caracteres... Perdóneme querido Calpena; pero no puedo ser más explícito. El respeto que debo á la familia me veda extenderme más en asunto tan delicado... Y si usted no se ofendiera, le diría que nuestra amistad es muy reciente para que pueda yo ponerle en autos de mis desavenencias con Rodrigo. Mi nieto y yo no congeniamos. Su carácter es radicalmente opuesto al mío... En cuanto á la boda, no pienso intervenir para nada en ella. Allá se entiendan.

—¿Acaso teme usted que D. Rodrigo no sea feliz?

—Quizás... y puesto á temer, no estoy muy seguro de que Demetria alcance la felicidad al lado de mi virtuoso nieto.

—¡Oh! eso es imposible.

—O es usted un inocente, querido Fernando, ó se pasa de listo y pretende de mí que le diga lo que sabe mejor que yo.

—D. Beltrán, ignoro por qué me habla usted de ese modo.

—¿Quiere las cosas claras? Pues allá van las cosas claras. Me equivocaré mucho si no resultara el completo fracaso de los planes de Doña María Tirgo. Soy perro viejo; conozco el mundo, y el corazón de las niñas casaderas no tiene para mí ningún secreto. El fracaso puede venir, ó porque Demetria no guste de mi nieto, ó porque esté enamorada de otra persona.

—¡Oh, no creo...!

—Pues si es usted simple, yo no, á Dios gracias, y ahora sí que lo afirmo resueltamente. Demetria no puede elegir ya. Su corazón pertenece á otro.

—¡D. Beltrán...!

—¡D. Fernando! Advierta usted que habla con setenta y ocho años de experiencia, de observación y conocimiento de las humanas pasiones. Me basta una palabra. un gesto; me basta el tono, el acento de una frase, para comprender lo que pasa en el ánimo de quien la pronuncia... He pasado un día en la casa de Castro. Allí me contaron sucesos, escenas, lances, aventuras... las he oído de boca de Navarridas, que las reviste de su candor. Las he oído de boca de las niñas, que en ellas ponían su alma. No he necesitado más. Salí de La Guardia con la impresión de que Demetria espiritualmente no se pertenece. La pobre niña, sin darse cuenta de ello quizás, ha entregado sus pensamientos y su alma toda á un hombre que no es mi nieto... Ea, no digo más: es usted un gran tuno, si persiste en que yo le regale el oído con mis cuentos de viejo corrido. También usted corre que se las pela. A su edad, sabía yo lo mismo que sé ahora ó poco menos... Y punto final. Hablemos de otra cosa.

—Hablemos de lo que usted quiera.»

Trataron en seguida de la continuación del viaje. Calpena mostró gran impaciencia. D. Beltrán no tenía prisa. Su opinión era que esperaran tres días más, para ir más seguros. Como D. Fernando manifestase el propósito de seguir solo, le dijo quejumbroso: «Lo siento en el alma, porque me inspira usted una gran simpatía. ¡Y yo que iba á proponerle que se pasara unos días en Villarcayo! Verá usted qué agradable familia la de Maltrana. Tengo dos nietas lindísimas.

—No puedo, Sr. D. Beltrán, no puedo detenerme. Créame que lo siento.

—Sí, sí, ya recuerdo: me contó Navarridas que tiene usted su novia en Bermeo, ó no sé dónde... que es un compromiso antiguo, un afecto hondo, un lazo indisoluble. ¿Qué es ello? Alguna pasión de éstas que nos ha traído el romanticismo. Cuéntemelo usted todo. Siento que mis años, y más que mis años, esta ceguera maldita, me impidan acompañarle... asistirle como amigo, ver y admirar á su amada, que me figuro será muy bella.

—Todo cuanto usted imagine, Sr. D. Beltrán, será pálido ante la realidad de esa hermosura pasmosa.

—Mire usted que yo he visto mucho... por delante de estos ojos, que ahora se empeñan en borrarme los objetos, han pasado bellezas verdaderamente soberanas, bellezas celestiales... sublimes.

—Con todo, si usted viera ésta, declararía que antes no había visto nada.

—Hombre, es mucho decir... Me pica usted la curiosidad de un modo terrible.»

Y al expresar esto, el rostro de D. Beltrán se rejuvenecía: se le encandilaban los ojos, medio ciegos ya, y se le aguaban los labios.

«Lo que sí estimaré en grado sumo, recibiendo en ello la mejor prueba de su amistad, es que no nos separemos hasta Villarcayo.

—Si no se detiene usted mucho en el camino, para mí será gran satisfacción.

—Gracias... Y yo le compensaré á usted su esclavitud refiriéndole los motivos de mis discordias con Rodrigo de Urdaneta; seré más explícito en mis apreciaciones acerca del probable fracaso de las vistas de La Guardia; aventuraré algún consejo para que se aproveche de ese fracaso quien debe aprovecharse... ya usted me entiende... En fin, ¿se aviene usted á que vayamos juntos?

—Sí señor; pero no accedo á permanecer en Villarcayo más que horas.

—Bueno... ya se verá eso... Hoy pasaremos aquí el día tranquilamente, charlando de nuestras cosas. Pero, voto á Sanes, no sea usted tan callado, ni me reserve sus afectos, sus planes, sus pasiones con tan extremada discreción. La juventud se ha vuelto ahora más taciturna y sombría que la vejez. Volvamos á los tiempos clásicos, amigo Calpena, y pongamos todos los misterios del alma encima de una mesa y entre dos copas de buen vino.»

Propuso Calpena dar un paseo; pero como el cariz del tiempo anunciaba lluvia, quedáronse, después de una corta salida, al amor del fogón, en la cocina hospitalaria, acompañados de gatos y perros, viendo á Sabina y Gervasia mover cacharros y atizar la leña crujiente.

«Amigo mío—dijo D. Beltrán, refrescando memorias de su mocedad borrascosa,—mi experiencia cree prestar á su juventud un gran servicio, enseñándole con mi ejemplo á poner frenos á la imaginación, á no abandonar lo cierto por correr tras lo dudoso. ¿No me entiende? Pues oiga un poquito de historia personal mía, que se relaciona con la historia del mundo. El año 795 me fuí á París en persecución de una hermosura sorprendente, de esas que parecen hechas por Dios para trastornar á la humanidad, para quitarnos el poquito seso que nos queda después de las revoluciones y degollinas que armamos por las ideas, por el pan ó por el poder...

—Dispénseme, D. Beltrán. Ha dicho usted el 95. Me había contado Navarridas que estuvo usted en París de Secretario de la Embajada el 89, y que presenció parte de la Revolución francesa.

—Es verdad. Lo tomaré desde más arriba. Yo me casé el 87 con una ilustre dama, sobrina del Duque de Granada de Ega; enviudé el 88, al mes de haber nacido mi único hijo Federico; deseando aventar mis penas, pedí á Aranda que me destinase á una Embajada, y en efecto, fuí nombrado segundo Secretario de la de París. Todos los sucesos de la Revolución, desde los Estados Generales hasta Junio del 91, en que el Rey fugitivo con su familia fué detenido en Varennes y llevado prisionero á París, los presencié. Retiróse la Embajada, y casi todo el personal volvió á España, y en España y en mis Estados permanecí yo hasta el 95... Como no es mi objeto contarle á usted aquel incendio terrible, la Revolución, voy á mi cuento, y lo sigo repitiendo que el 95 me fuí á París en persecución de una hermosura sobrehumana, á quien conocí en Zaragoza en casa de mis primos los Condes de Bureta.

XII

—Adelante. Loco de amor fué usted á París...

—En pleno Directorio, hijo mío. ¡Qué distinto de aquel París del 88, tan aristocrático, tan tónico y elegante, en medio de los sustos que ya ocasionaba la Revolución incipiente!... Pero ¡ay! querido, se me ha olvidado un detalle, y tengo que volver un poquito atrás.

—Volvamos... Salió usted de Zaragoza...

—Despreciando un partido de segundas nupcias que me arregló mi buen padre...

—¿Y era hermosa, D. Beltrán?

—Agradable, esbelta, mayorazga riquísima, de familia noble, bien educadita, hacendosa. En fin, una alhaja, querido, incomparable para una vida de descanso, de opulencia prosáica, con probabilidades de larga sucesión, y mucha labranza, recreos de campo y caza... Pero yo no estaba por la prosa. Mi padre quiso sujetarme. Yo me escapé á París, como digo, y aquí viene la moraleja...

—¿Tan pronto? Según eso, la hermosura ideal que usted perseguía...

—Era un fantasma, y los fantasmas hacen la gracia de no dejarse coger. A los tres meses de revolver todo París buscándola, pues la vida y las circunstancias especialísimas de aquella mujer la rodeaban de misterios, la encontré, sí... En una palabra: la que para mí más que mujer era una diosa, la que en España me juró amor eterno, se había casado con un jefe de policía, protegido de Barras.

—¡Demonio! Pues con la policía parisiense no jugaría usted, D. Beltrán, si es que persistió en perseguir á la beldad fantástica.

—Persistí: soy navarro. Cultivando mis antiguas relaciones, y mariposeando de salón en salón, llegué á ser uno de los predilectos en el de Madame de Beauharnais. Por cierto que... No, no olvidaré la noche en que vi entrar por primera vez á un joven militar, melenudo y pálido, de menos que mediana estatura.

—Ya le veo, ya...

—Era un *chico que prometía*. Al poco tiempo, la dueña de la casa, que era una gran coqueta, para que usted lo sepa, una coqueta saladísima, y temible, atroz, enloqueció al *chico de Córcega*. Barras no influyó poco para que se casaran... Pues sigo mi cuento. Conté mi triste historia á Josefina, y Josefina se la contó á Napoleón. A poco de salir éste para mandar el ejército de Italia, la generala Bonaparte dió en protegerme, interesándose vivamente en mi causa amorosa. La hermosura fantástica no tardó en aparecer en los salones de Josefina.

—Y allí...

—Sí; pero ya el espectáculo del libertinaje parisién me había arrancado toda ilusión. La prodigiosa hermosura se me deshizo en humo... no sé cómo expresarlo. La sociedad del Directorio transformó completamente mis gustos. ¿Quiere usted que lo cuente todo? Pues Josefina me agradaba extraordinariamente, y acabó por enloquecerme.

—¿Y se atrevió usted, D. Beltrán?

—¿Que si me atreví? A fe que era la niña asustadiza. Créalo usted: Napoleón era celosísimo, y algunos, no diré muchos, algunos motivos tenía para ser tan escamón... Y ya no le cuento nada más, porque es usted un niño, y los malos ejemplos no convienen á las imaginaciones juveniles, exaltadas. Basta, pues, basta...

—Corriente. Respeto sus escrúpulos. Pero debo decirle que la lección que ha querido darme no encaja en el caso mío: no hay paridad.

—Eso usted lo verá... Mire, hijo, cuando el destino nos pone al pie de un árbol de buena sombra, cargado de fruto, y nos dice «siéntate y come,» es locura desobedecerle y lanzarse en busca de esos otros árboles fantásticos, estériles, que en vez de raíces tienen patas... y corren...—Yo desobedecí á mi destino, y por aquella desobediencia, no he tenido paz en mi larga vida. Créalo: donde no hay raíces, no hay paz. Ea, doblemos la hoja.

—Dobiémosla. Un momento, D. Beltrán... ¿Y no volvió usted á ver á Napoleón?

—Le ví entrar en París victorioso después de Austerlitz. Años después, cuando la guerra de España, volví allá con mi primo Pepe Villahermosa, con Lorenzo Pignatelli y otros. Era entonces Embajador mi primo Diego Frías, que hizo entonces la tontería de afrancesarse. *Don José I* le mandó allí representando á la España napoleónica... ¡triste papel! Gran empeño tuvo mi primo en presentarme al *chico de Córcega* en el apogeo de su grandeza. ¡Y yo le había conocido ciruelo, es decir, novio de la viudita Beauharnais!... Me resistí heróicamente á saludar al verdugo de mi patria.

—¿Y á Josefina?

—Emperatriz, no la ví nunca. Después del divorcio, que, entre paréntesis, le estuvo muy bien empleado, fuí un día á la Malmaison á ofrecerle mis respetos. Pero no se dignó recibirme. Era muy lagarta. Murió á los tres meses de mi visita. Fuí á su entierro.»

Otras anécdotas de su borrascosa vida galante contó D. Beltrán á su amigo, cuidando siempre en sus relatos de poner de relieve lo que sugiriese alguna enseñanza útil al joven Calpena, y esquivando los ejemplos de depravación ó cinismo. Terminaban casi siempre las historias con sabios consejos, mandándole que aplicara á su gobierno ciertas enseñanzas, y que en otras pusiese todo

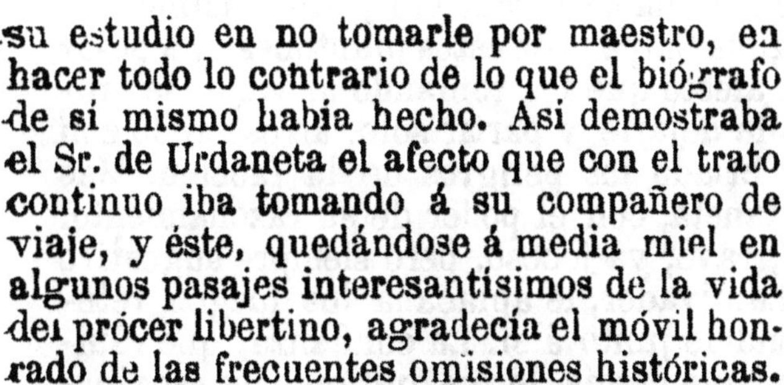

su estudio en no tomarle por maestro, en hacer todo lo contrario de lo que el biógrafo de sí mismo había hecho. Así demostraba el Sr. de Urdaneta el afecto que con el trato continuo iba tomando á su compañero de viaje, y éste, quedándose á media miel en algunos pasajes interesantísimos de la vida del prócer libertino, agradecía el móvil honrado de las frecuentes omisiones históricas.

«No, hijo, no—le decía D. Beltrán, al segundo día, permitiéndose ya tutearle.—Yo he hecho locuras, y no quiero que tú las hagas, no. Eres un chico excelente y muy agudo y entendido. Mereces una vida pacífica y ordenada, por más que sea obscura, y no una vida de ansiedades y tropèzones como la mía. Placeres sin fin he gustado; pero grandes amarguras he tenido que tragarme, y heme aquí al fin de la vida, malquistado con mi descendencia... Esto es muy triste, Fernandito, y no lo deseo para tí.

Y cuando iban de camino (pues al fin se arrancaron del mesón de Trespaderne, despues de dos y medio dias de parada) platicando al paso de la pacífica mula de D. Beltrán, repitió este la parábola del árbol: «No me cansaré de decírtelo, hijo. El que en su camino encuentra un árbol de grata sombra, cargado de fruto, es tonto de capirote si no se planta allí... Si lo desprecias y sigues andando, te expones á no encontrar más que paisajes fantásticos, efecto de eso que llaman miraje. Corres, corres... ¿y qué ves?... pues un magnífico plantío de cardos borriqueros.»

En Villacomparada hicieron otra paradita, que hubo de ser más larga, porque el paso por Medina de Pomar era peligrosísimo. Renegaba Calpena de estos plantones, y á pesar del afecto que iba tomando al viejo, se proponía dejarle y partir solo, arrostrando con su criado los peligros de la facción. Mas Urdaneta, con el poder de su razonamiento, ya grave, ya jocoso, pero siempre sugestivo y cautivador, le aplacaba los fuegos, reteniéndole junto á sí. La confianza, que rápidamente crecía, le fué quitando los escrúpulos de descubrir sus interioridades domésticas, y por fin, una noche, hallándose en la cocina de Villacomparada, se arrancó á decir: «Este nieto mío no sale á los Urdanetas, donde no hubo nunca roñicas. Su madre, que es noble por los Idiáquez, procede, por la línea materna, de los Rodríguez Almonte de Tarazona, que hicieron un gran capital con la usura, y dejaron fama por la miseria con que vivían. A éstos sale mi nieto, en quien verás algo de lo que en la opinión corriente se llama virtud; cualidades buenas en principio, pero que dejan de serlo practicadas con abuso y aisladamente. Sabrás que mi nieto mostró desde chiquitín una extraordinaria capacidad para el arreglo: á los veinte años era un prodigio; á los veinticuatro una calamidad. Si le dejaran, arreglaría el cielo y la tierra, y pondría cuenta y razón hasta en los dones de la Naturaleza. Figúrate que tiene veintiséis años, y ya es calvo... sí, hijo mío: se le cae el pelo de tanto cavilar haciendo

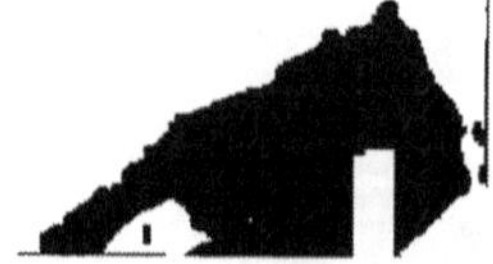

números, y enfilando largas baterías de reales y maravedises. Su calvicie procede también de la sordidez, de la sequedad del entendimiento, donde no han entrado más que los numeros. Su cabeza es hermosa; su rostro correctísimo, con una expresión glacial. La fantasía no existe en él. Es una máquina de hacer cuentas: no se tuerce, no imagina, no sueña, no teme, no desea... Dime: ¿en conciencia crees tú que el no tener ningún vicio equivale á tener todas las virtudes?

—¡Oh! no seguramente. Pero no me pida usted opinión sobre un personaje que no conozco, pues la pintura que usted me hace, con ser muy buena, es pintura, y entre un retrato y su original hay siempre un abismo.

—Es verdad. No quisiera yo decir nada malo de mi nieto... ¡Oh, no!... Quisiera decir mucho bueno... y lo diré, sí; te lo diré, aunque me violente un poco. Rodrigo administra su hacienda como un matemático. Rodrigo es religioso, devoto de la Virgen; cumple con la Iglesia; jamás ha salido de sus labios una blasfemia, ni una palabra mal sonante. Enredos de mujeres nunca los ha tenido... es la misma castidad. Rodrigo no ha tomado nunca nada que no sea suyo: sobre su conciencia no pesa un solo maravedí de propiedad ajena. Rodrigo no dice una mentira ni que le maten; no trasnocha, ni pierde el tiempo en vanas tertulias de holgazanes. Rodrigo no fuma; Rodrigo no bebe; Rodrigo no escandaliza... Con esta pintura, querido, creerás que mi nieto es un santo.

—¡Oh! nunca. Veo cualidades negativas. Todo sér humano tiene su reverso.

—Y el reverso es muy feo... Si te empeñas en que yo desdore mi casa dándotelo á conocer, lo haré... Rodrigo desconoce la compasión; para él la caridad es muy semejante á las funciones administrativas, y se reduce á ir juntando ochavos toda la semana, para repartirlos metódicamente el sábado á los pobres que llaman á la puerta de la casa. ¿Quieres que me alabe un poco? No me gusta alabarme; pero lo haré para que me salga el argumento. Si tuviera yo en este instante las rentas que he perdonado á mis caseros cuando se veían apurados por las malas cosechas ó por otra desgracia, ¡los pobres! sería hoy el primer ricachón de España.

—¿Y su nieto de usted no ha perdonado nunca?

—¡Perdonar!... ¡él! Primero se hunde el firmamento. En fin, querido, permíteme que no diga más. No es decoroso para mí sacar á pública vergüenza los defectos de personas de la familia. Yo he sido un disipador, un pródigo, lo reconozco; pero soy el jefe de una casa ilustre; soy un pobre viejo, un glorioso árbol caído, y merezco, si no que se me ame, al menos que se me respete. Juana Teresa me odia porque siempre he sabido ser noble, y ella no, porque los inferiores, los humildes me llaman á mí D. Beltrán *el Grande*, y á ella *Doña Urraca*. Es tan corta de alcances, que no ha enseñado á mi nieto más que tres cosas: rezar de carretilla, contar dinero y aborrecer á su abuelo... Dos años llevamos de guerra sorda: el pasado rumboso y el presente cominero son incompatibles. Entre la madre y el hijo, rivalizando los dos en crueldad y sordidez, me han reducido á una estrechez humillante... y lo peor es que ponen á prueba mi dignidad, obligándome á pedirles lo que necesito. De aquí las cuestiones, el choque inevitable entre mis apremios y sus negativas... entre mi carácter de noble en decadencia y el de ellos, plebe enriquecida... Yo no puedo menos de ser gran señor... Noble nací, noble moriré... ¿Ver yo una necesidad y no socorrerla? Imposible. ¿Escatimar yo las recompensas á quien me sirve? Imposible. Soy así; me glorío de serlo, y creo que mi piedad es el contrapeso de mis faltas. Me presentaré ante Dios, y le diré: «Señor, he sido un tal y un cual... pero vea Su Divina Majestad estas cositas buenas que aquí traigo en mi haber...» Yo, poniéndome en lo razonable, Fernandito, comprendo que se me tase, que se me sujete á cierta medida, ahora que soy viejo; pero no tanto, no. Ni paso porque mi nieto me trate con esa sequedad administrativa que me envenena la sangre, ni por que trastorne de un modo monstruoso la ley de naturaleza, tratándome como á un niño mal criado, y erigiéndose él en viejo autoritario. Esto es absurdo, esto es repugnante, esto clama al cielo. ¡Yo un niño calavera... él un viejo regañón!... ¿Has visto...? Tanto él como *Doña Urraca* se me suben á las barbas, y me riñen con cierta suavidad más cargante aún que el desabrimiento, con cierta monita y caída de ojos propias de mojigatos... Un día se escandaliza mi nieto porque, no pudiendo desmentir mi natural obsequioso, digo cuatro chicoleos de buen tono á las muchachas bonitas que van á casa. Otro día se me remonta *Doña Urraca* porque he ido tarde á misa, porque me escabullo á la salida de la procesión, ó porque digo que nuestro capellán es un bendito alcornoque... Y luego me atacan los dos juntos, porque me quejo de la poca variedad de las comidas, ó porque no se me dispone toda la ropa blanca que exige mi costumbre de mudarme diariamente; porque hablo de París, ó porque sostengo que lo más bello que Dios ha creado es la mujer; porque me río de los que se mortifican y se dan disciplinazos, y sostengo que Dios no nos ha puesto en el mundo para que nos destrocemos las carnes, sino para que nos demos la mejor vida posible y seamos dichosos; porque doy mi ropa en mediano uso al veterinario, al maestro de escuela, ó porqué me miro un ratito al espejo; porque no quiero arrinconar los retratos de algunas hermosas damas que fueron mis amigas, ó por otras mil y mil cosas inocentes, propias de mi edad, de mi hábito noble, de mi condición generosa... ¿Verdad, querido Fernandito, que soy muy desgraciado en mi vejez, y que merezco otra familia? ¡Ay... la entereza me falta!... Me siento decaer horriblemente; creo que el perder la vista es una forma física de la pérdida de la dignidad... Que me muera pronto es lo que me conviene. ¿Verdad que debo morirme, para no ser humillado, para no padecer...?»

Terminó el pobre anciano sus quejas poseído de viva emoción, que se manifestaba en cortados suspiros, en la humedad de la nariz y de los ojos tiernos, la cual llegó á ser tanta, que hubo de acudir á ella con el pañuelo.

XIII

«Vamos, D. Beltrán, no se aflija—le decía el joven con sincera y honda lástima. Sería usted muy desgraciado si fuera esa su única familia. Pero por dicha suya, tiene á su hija Valvanera...

—Sí, sí... es cierto...—murmuró D. Beltrán sonándose fuerte.—Pero tampoco allá ¡ay! faltan espinas... No es tanto como en Cintruénigo. Cree que Cintruénigo es para mí un Purgatorio anticipado, donde estoy pagando todas mis tropelías contra la moral, querido Fernando... Pero déjales, que también ellos purgarán sus crueldades conmigo... Sí, me las pagan, me las pagan, y pronto. Dios es justiciero, Dios es vengador, Dios da á cada uno su merecido. Me recreo en mi venganza, en el castigo divino... Tú lo has de ver; no quisiera morirme sin verlo...

—¿Y qué hemos de ver?

—¿No caes en ello? Pues las calabazas garrafales que le está preparando la mayorazga de Castro... La chica tiene entendimiento, sabe juzgar friamente las cosas. Imposible que, después de tratarle un poco, deje de ver la sequedad de aquella alma, aquel villano egoismo, aquella sordidez repugnante; y viendo esto, es imposible que le ame, mayormente cuando su voluntad se encariña con otro hombre, en verdad digno de ella. Demetria no es de éstas que se alucinan: no se dejará coger, no, en las redes candorosas de Doña María Tirgo, ni en las astutas trampas de mi *Doña Urraca*... De modo que... figúrate mi alegrón si triunfamos... y triunfaremos... ¡Ah!, ese roñica ha entrado en La Guardia pensando que pronto meterá en sus baterías de números las rentas del mayorazgo de Castro-Amézaga!... No es flojo chasco el que se llevará... ¡Ay! si Dios me concede que vuelvan á Cintruénigo corridos, no me quedaré sin ir á presenciar espectáculo tan delicioso... Créelo: pensándolo, me rejuvenezco.»

A esta última parte de las quejas y resquemores de D. Beltrán, no prestó Calpena toda su atención, porque le distraía un sujeto harto enigmático que momentos antes se había sentado junto al hogar, y no cesaba de mirarle con fijeza impertinente. No era la primera vez que le veía, pues al entrar en Villacomparada se les apareció por delante caballero en un gallardo burro; luego se puso á retaguardia, y fué siguiendo la caravana, acomodando al paso de ésta el andar de su pollino. No era el tal de aspecto desapacible, ni sus trazas las que suelen caracterizar á la gente sospechosa. Represenba veinticinco años lo más, y era su estatura garbosa y aventajada; su rostro más bien hermoso que feo, aunque ceñudo y lleno de obscuridades; su vestimenta y calzado de hombre rudo, huésped de las alturas pedregosas más que de los valles amenos: zamarra y botas altas, boina, todo de un gris terroso. Si llevaba armas, no se le veían. No hablaba con nadie; consumía fuertes raciones de carne y vino, y comiendo y bebiendo, ó sin más ocupación que hurgar el fuego con su vara, empleaba casi todo el tiempo en mirar á D. Fernando, haciéndole objeto de un enfadoso y cansado estudio. Naturalmente, viéndose tan mirado, Calpena le observaba también; y como nada advirtiese por donde pudiera descubrir el motivo de aquel examen descortés, aprovechó las cortas ausencias del sujeto para indagar quién era. Los mesoneros no supieron darle razón. Por el habla pareciales vizcaíno: si llevara armas, creerían que era cazador. No le habían oído hablar con nadie más que con el burro, al cual debía querer como á hermano, pues á menudo daba una vueltecita por la cuadra para verle comer y acariciarle el lomo.

Por la noche, mientras cenaba, observó Calpena que el del asno, sentado á la mesa pequeña con otros dos, persistía en mirarle, como si le estuviera retratando. Ya le cargaba tanto aquel tipo, que estuvo á punto de acercarse á él y pedirle explicaciones. Pero consultado el caso con D. Beltrán, advirtióle éste que lo más propio de personas principales era no parar mientes en tal hombre, ni cuidarse de él para nada. «Porque ahora resultará que él puede quejarse de la misma impertinencia por parte tuya, pues mirando á ver si miran, ello es que los dos se provocan, y confunden en una sola necedad sus necedades respectivas. Cambiemos de asiento, y así le tendrás á la espalda... Pues á mí también me mira... Voy á echarle un saludo con la mano... ¿Sabes que más que de cazador tiene trazas de chalán ó tratante en caballerías? Verás cómo después de tanto mirar, se sale con la gaita de que le compremos su burro.»

Al siguiente día, caminando los viajeros hacia la sierra, pues por alejarse de Medina de Pomar, donde andaban á tiros cristinos y facciosos, tuvieron que dar un largo rodeo, se les apareció de nuevo el caballero del borrico, que casi juntamente con ellos entraba en la venta de Villalomil. «Oye—dijo Don Fernando á su criado,—hazme el favor de llegarte á ese hombre, y con cualquier pretexto averigua quién es, qué demonios busca por aquí, y cómo se llama; y si consigues entrar en confianza con él, le preguntas que por qué me mira.» Cuando cenaban los señores, entró Sabas á manifestar á su amo el resultado de sus investigaciones, el cual, contra su voluntad y diligencia, era enteramente nulo. Preguntado había, sí, todo cuanto preguntar puede un hombre que sabe su oficio de preguntón; pero el otro no respondía más que un marmolillo. «Es mudo, señor.» Observó á esto Calpena que él le había oído hablar con su burro y con el mesonero de Villacomparada. «Pues entonces, señor, sordo es—afirmó Sabas:—más gritos que yo le he dado, no le daría el pregonero de mi lugar, y no se enteraba ni chispa.»

Riéronse, y no se habló más del asunto hasta dos días después, hallándose en los altos de Medina, con un tiempo horroroso de agua, viento y nieve, que les obligó á guarecerse en unas cabañas de Recuenco. Despejado un poco el cielo, aprovecharon una clara para seguir su camino en busca de mejor pueblo donde alojarse, y no habían andado media legua cuando divisaron burro y caballero, por vanguardia, saliendo de un bosque. Como á distancia de un tiro de fusil anduvo toda la tarde el desconocido, y al llegar al llano que hay cerca de Valmayor, empezó á dar carreras muy lucidas de una parte á otra, cual si quisiera ofrecer á los caminantes una verdadera función de jineta borriquil. Admiraban aquellos las airosas carreras del asno, sus desplantes y corvetas, y celebraron la destreza con que lo manejaba su extravagante caballero. Más adelante viéronle parado junto á unos pastores. Como era indudable que hablaban, ya fuese con palabras, ya por señas, mandó D. Fernando á su escudero que se adelantase para pedir informes de sujeto tan extraño.

«Y que le proponga que nos venda el burro—dijo D. Beltrán,—que bien merece se le dé diploma de nobleza, elevándole á la categoría de caballo de orejas grandes.»

Volvió Sabas al poco rato con las referencias que le dieron los pastores. No sabían más sino que el tal era bilbaíno y que solía venir por aquellas tierras á tratar de cortas de maderas para las ferrerías. A consecuencia de una enfermedad de la cabeza, se había quedado sordo; y aunque no era mudo, como lo decía todo en vascuence ó en un castellano de perros, costaba Dios y ayuda entenderse con él. Le llamaban *Churi*.

Con esto, que no era poco, hubo de contentarse D. Fernando, creyendo que el señor aquél no estaba bueno de la cabeza. En Valmayor encontraron los viajeros mejór acomodo, y no les vino mal, porque arreció el temporal de duro toda la noche, y fué una suerte que no les cogiera en despoblado. Tres ó cuatro días tuvieron que permanecer allí, pues los caminos quedaron intransitables, y la glacial temperatura convidaba á no abandonar la proximidad del fogón. Reíase D. Beltrán de ver á su amiguito tan descontento, y gozoso le decía: «No te apures, hijo, que ya llegaremos, ya llegarás á donde te llama tu locura. Te advierto que no siempre estriba nuestra felicidad en llegar pronto á donde queremos ir, como dice un refrán; que yo sé por experiencia cuán venturoso es llegar tarde en multitud de casos, tarde, sí, y cuando ya las cosas no tienen remedio.» No sólo sentía Calpena contrariedad y disgusto por los entorpecimientos de su viaje, sino tristezas hondísimas, motivadas por causas que no sabía desentrañar. Encontrábase ya demasiado lejos de la señora invisible; veía muy agrandado el espacio entre su persona y la desconocida y amante deidad protectora. Tantos días sin saber de *allá* le inquietaban, le entristecían, ennegreciendo horrorosamente la impresión de su soledad en el mundo. Una noche de espantosa ventisca, aburrido y desalentado, sin que lograsen sacarle de su melancolía los cuentos galantes y las festivas anécdotas de D. Beltrán, llegó hasta sentir miedo de seguir avanzando hacia Vizcaya. Casi delirante, pensó que debía volverse. ¿A dónde? ¿á La Guardia, á Madrid? Ni él mismo podía determinar á dónde le llamaban sus recónditos anhelos. La mañana calmó su confusión, y despejado su cerebro, volvieron á dominar los antiguos planes y propósitos. Adelante, pues, con la orgullosa divisa: *A Bilbao por Aura.*

Estaba de Dios que en vez de disminuir acreciesen los estorbos que así la Naturaleza como los hombres oponían al generoso anhelo de D. Fernando, porque no bien abonanzó el tiempo y se secaron los caminos, viéronse detenidos los viajeros por un tropel de gente que en dirección opuesta corría: aldeanos, mujeres, familias enteras, con sus animales, carros, provisiones y aperos de labranza. Eran meneses fugitivos, que abandonaban sus hogares amenazados por la facción. El pánico de que venían poseídos no les permitía precisar las noticias que daban. A muchos interrogó D. Beltrán, sin sacar en limpio más que el hecho indudable de que los carlistas ocupaban parte del valle de Mena, y seguían avanzando, como con intento de cruzar la provincia de Burgos. Quién afirmaba que componían la expedición seis batallones mandados por Zaratiegui, con muchos caballos y artillería; quién que eran la mitad de la mitad, pero los bastantes para asolar y revolver toda la comarca. Entre tanta gente, hubo algunos que conocían á D. Beltrán, y le dijeron: «Señor, vuélvase, y no piense en ir á Villarcayo. Su familia se ha refugiado en Espinosa de los Monteros.»

No necesitó Urdaneta saber más para volver grupas, siguiéndole Calpena de malísimo talante. Desandado el camino, como á unas dos leguas encontraron tropas cristinas, las cuales les anunciaron que en Medina de Pomar no había ya facciosos, y que allí podían refugiarse con toda seguridad, añadiendo que no tardaría mucho la tropa liberal en despejar todo el valle de Mena hasta Valmaseda, guarneciendo el puerto de los Tornos y Sierra Salvada, á fin de cortar el paso del enemigo á la provincia de Bur gos. Si intentara correrse por las Encartaciones hacia la de Santander, también se le pondrían buenas compuertas en Ramales y Guardamino. Con tantas contrariedades y las repetidas tomas de resignación, había llegado ya Calpena á un estoicismo torvo y displicente. «¿Qué remedio tienes, hijo—le decía D. Beltrán,—más que bajar la cabeza ante el destino, ó hablando cristianamente, ante la voluntad de Dios? Bien podría suceder que esto que juzgas adverso, fuera todo lo contrario: el principio de tu felicidad.»

Y he aquí que Medina de Pomar, histórica villa, les recogió y agasajó rumbosa, pues allí tenía Urdaneta amigos y parientes; y no llevaban cinco días de aquella cómoda residencia, que para D. Beltrán era un descanso y para Calpena una esclavitud, cuando vieron llegar buen golpe de tropas cristinas. Sucedíanse los batallones, que se iban escalonando en los pueblos del valle hasta Villasante; la división de Alaix llegó la primera, con numerosa caballería y trenes de batir; siguió la de Oráa, y por fin, una tarde vieron llegar con su lucido Estado Mayor al General en Jefe del ejército del Norte, Don Baldomero Espartero, que se alojó en el Palacio del Condestable.

«En todo ha de tener suerte este Baldomero—dijo D. Beltrán á su amigo, á poco de verle pasar.—Por traer consigo todo lo bueno, hasta el buen tiempo trae. ¿Cuántos días llevábamos sin ver la cara del sol? Lo menos diez. Pues lo mismo es llegar mi hombre que se abre un gran boquete en la panzaburra de las nubes, y los rayos del sol salen á juguetear en los entorchados del afortunado caudillo. ¿No advertiste que cuando entraba en la plaza, se despejó el cielo y nos vimos inundados de claridad y de un dulce calor? Pues es la suerte, hijo, la suerte de este hombre, que vino al mundo en el signo de *Piscis*, los Peces, por donde ha resultado que es un pescador formidable. Ya le tienes hecho un Tenientazo General, y no por chiripa, sino ganando sus grados en acciones de guerra, batiéndose con arrojo y con éxito; y no es esto sólo, pues en aguas muy distintas de la milicia ha demostrado que es gran pescador. Aquí, donde me ves, soy su víctima, querido Fernando; víctima de la loca estrella de este hombre, que no pone mano en cosa alguna que no le colme de ventajas. ¿Quieres que te lo cuente? Antes de ir á visitarle... ya me vió al pasar... notarías que me saludó muy afable, sonriendo... pues antes de subir á su alojamiento, quiero satisfacer tu curiosidad, y al propio tiempo ofrecerte una saludable enseñanza que espero te sea provechosa... El año 26 vino Baldomero de América con reputación de valiente soldado, y le destinaron á Pamplona, donde yo residía entonces. Pronto nos hicimos amigos. El y otros jefes militares, con diversos señores y señoritos de la aristocracia navarra, matábamos el ocio de la tediosa vida de aquella ciudad en la agradable mansión de un amigo nuestro, segundón de Ezpeleta, donde teníamos una trinca... hombres solos...

—Y allí se entretenían en verlas venir... pasatiempo muy de militares más ó menos gloriosos, y de nobles más ó menos arruinados.

—Tú lo has dicho. Ya me había prevenido Ezpeleta: «No juegues con ese *ayacucho*, que ha traído de América, con la pérdida de las colonias, una racha espantosa para perdernos á los de acá.» Pero yo no hice caso. Dominado por el maldito vicio, una noche nos pusimos á matar el tiempo... En menos de dos horas y media me ganó cuatrocientas onzas... cuatrocientas onzas, querido Fernando, que todavía me están doliendo... Ya ves qué á pelo viene la moraleja. Hijo mío, no juegues, no te dejes dominar de ese vicio insano... Ten mucho cuidado con los héroes; que los afortunados en la guerra no lo son menos en el naipe.

XIV

»Mi desgracia, lejos de enfriar la amistad con Baldomero, la hizo más firme y cordial. Y en vez de mostrarme vengativo, aproveché la ocasión que me presentó el acaso para prestar á mi desbalijador un gran servicio. Nada, que el *chico de Granátula* me debe su felicidad, la mayor y más bella victoria que ha ganado en el mundo. ¿Recuerdas el consejo que te he dado á tí? Pues hallándose Espartero en una situación de perplejidad semejante á la tuya, le dije: «Hijo mío, cuando encuentres un árbol de grata sombra y cargado de fruto, *etcétera, etcétera*...» Como tú, el buen *ayacucho* había encontrado el árbol, y como tú vacilaba, perdido el seso por una hermosura tras de la cual corría sin poder atraparla, una visión ideal... Pero yo, que gusto de encaminar á la juventud por las buenas vías que no supe seguir, no le dejaba de la mano, y en nuestros paseos por la Taconera, ó charlando en la casa donde teníamos la timba, le enjaretaba á cada instante mi sermón fastidioso: «cuando encuentres un árbol, *etcétera*...» Pues el hombre, al contrario de lo que haces tú se penetró de la sabiduría de mi consejo y se sentó á la sombra. El árbol riquísimo es Jacinta Sicilia, rica heredera de Logroño que se hallaba de temporada en Pamplona con su padre, grande amigo mío. Tuve la satisfacción de apadrinarla en su boda con Baldomero, lo que era un doble padrinazgo, porque la saqué de pila: es mi ahijada... Con que ya ves: pensé darte ahora una sola lección, y te he dado dos: la del juego y la del árbol. Mírate en ese espejo; mírate en ese general de fortuna, que hoy tiene cuanto puede apetecer un hombre: la gloria militar y la felicidad doméstica. ¡Qué mujer se ha llevado! No le echa Demetria el pie adelante en lo honrada y hacendosa, y en hermosura

se queda á la zaga de Jacintita, que es, para que lo sepas, una preciosidad.

—Contesto lo mismo que antes, Sr. D. Beltrán... No hay paridad. Este D. Baldomero es el hombre de la suerte...

—Nació en *Piscis:* por eso ha pescado.

—Pues yo debí nacer en *Escorpión*, signo de la desgracia: todo se me dispone al revés de como lo deseo.

—Ríete de cuentos. Es que haces siempre lo contrario de lo que ordena la lógica.

—Dígame: ¿le ordenaba á usted la lógica ponerse á jugar con Espartero?

—En el juego no hay lógica; no hay más que suerte. Y que Espartero la tenía favorable, no puede ponerse en duda. Oye este golpe que me ha contado él mismo. Hallábase prisionero en no sé qué plaza de América y á punto de ser fusilado, cuando por intercesión de una hermosa dama, á quien obsequiaba el gran Bolívar, consiguió que le perdonasen la vida. Escapó como pudo, y estando en Quilca, en espera de un buque que le trajese á España, encontróse mi hombre sin ropa, sin alhajas, sin dinero, en situación absolutamente precaria...

—¿Y qué?... ¿le deparó Dios un árbol?

—Precisamente. Según ha contado más de una vez, encontró en su camino árboles grandísimos que le convidaban á ahorcarse... Pero no lo hizo... Dios le deparó un alemán, sí, un alemanote rico, que iba también buscando barco. Hospedáronse en un caserío, donde no había nada que comer. Buscando por aquí y por allí, encontraron una baraja, y por matar el tiempo y engañar el hambre se pusieron á jugar. ¡Cuando te digo que nació en *Piscis!*... En un par de horas, Espartero le ganó al alemán ¡diez y seis mil duros! Ya ves: ¿es eso suerte ó lógica?

—Es lógica, porque al alemán le quedaría otro tanto, y bueno era partir para que el otro pobre se remediara.

—Puede que estés en lo cierto. En fin, me voy á darle un apretón de manos. Ya habrá pasado todo el barullo de la recepción de autoridades. Espérame aquí, que no pienso entretenerme mucho.»

Fuése D. Beltrán á visitar al General en jefe, y Calpena le aguardó en la plaza charlando con algunos oficiales que conocía. Enteróse de que los carlistas se cernían sobre Bilbao, lo que le puso en grande inquietud, aunque sus amigos, con optimismo juvenil muy propio de la raza, aseguraban que sería cuestión de días el hacerles levantar el cerco. Espartero no se andaba en chiquitas: hombre de formidable empuje, poseía el don divino de infundir á las tropas su bravura y llevarlas como á rastras á la victoria. No era un general de estudio, sino de inspiración, chapado á la española, hombre de arranques, de *cosas,* con el corazón en la cabeza. Las propias ideas le expresó D. Beltrán al regreso de su visita. Los facciosos se disponían á sitiar á Bilbao en toda regla, decididos á perecer ó tomarla. Por segunda vez ponían sus ojos y su alma toda en la valerosa villa, esperando domarla al fin y hacerla suya. Pero el hueso era demasiado duro, y Espartero había jurado que allí se dejarían los dientes. Por de pronto tenía que atender á cortar los vuelos á los facciosos mandados por Sanz, que merodeaban ya en el valle de Mena y querían pasarse á Castilla la Vieja. Desbaratada la expedición, llevaría todo su ejército contra los sitiadores de Bilbao. Los elementos con que contaba eran el valor de sus tropas, su buena estrella y la ayuda de Dios.

«Después de lo que me ha dicho Baldomero—añadió D. Beltrán,—conceptúo, querido Fernando, que no hay locura comparable á la tuya si te empeñas en ir á Bilbao.

—Pues téngame usted por rematado—replicó el joven.—Antes que los carlistas establezcan su línea, he de intentar penetrar en ese pueblo glorioso que ya rechazó un sitio formidable, y rechazará también el segundo... Emprenderé mi caminata hoy mismo; y si no puedo entrar por el valle de Mena, intentaré correrme á la parte de Santander para escurrirme por la costa.

—Por una y otra parte encontrarás peligros invencibles. Ya me aflige la pena, el presentimiento de que no volveré á verte, si persistes en tu disparatado empeño. Yo que tú, me agarraría á los faldones del afortunado General, y correría la suerte del ejército de la Reina. Si éste rompe el cerco, entraría con él, y si no, me quedaría tan fres-

co de esta otra parte, viendo venir los acontecimientos, que es la gran filosofía.»

Objetó Fernando que aguardar á que Espartero entrase á socorrer la plaza, era diferir por tiempo indeterminado su empresa. Decíale el corazón que no debía perder ni un día ni una hora. Al juicioso consejo de que esperara siquiera los días necesarios para recoger en Villarcayo las cartas que de Madrid le escribirían, replicó que si Dios le favorecía en su empresa, tardaría poco en volver satisfecho y triunfante, y que entonces recogería las cartas. Estrechándole más, anuncióle Urdaneta irremisible perdición si emprendía el viaje á caballo con su escudero, en el pergenio de señorito rico que viaja por recreo; y á esto contestó Fernando que él y su criado dejarían los caballos en Medina al cuidado de los servidores de D. Beltrán, y emprenderían su caminata á pie, disfrazados magistralmente. Aún no había agotado el tenaz viejo sus argumentos, y por la noche, cenando, volvió á la carga con estas marrullerías: «¿No sabes, Fernandito? Hablé de ti á Espartero, y me dijo que te conocía... No, no; no te conoce personalmente. Tanto él como Jacinta han recibido cartas de Madrid, rogándoles que se interesen por ti, y que no te permitan hacer locuras. Esto sí que es raro. ¿Quién les ha escrito esas cartas? No ha querido decírmelo. Yo quedé en presentarte á él.

—A la vuelta, D. Beltrán. Por más que usted crea lo contrario, volveré pronto. Al amanecer me pongo en camino. Pasado mañana estaremos Sabas y yo en Bilbao.

—Te apuesto lo que quieras á que no.

—Lo que usted quiera.

—Has dicho que me dejas tu caballo. Pues si antes de tres días estás de vuelta en el Cuartel General, pierdes.

—Y se queda usted con el caballo. Pongo cien onzas encima.

—Cierro.

—Cerrado. Y si dentro de ocho días estoy en el Cuartel General trayendo conmigo lo que voy á buscar, ¿qué me da usted?

—No puedo darte onzas, porque no las tengo. Tuyos son mis dos mejores caballos.

—Cerrado. ¿Gano también la apuesta en el caso de no traer conmigo lo que voy á buscar?

—¿La hembra...? No, no: si no la traes, pierdes. Venga la niña, pues no hay otra manera de acreditar que has entrado en Bilbao. A no ser que traigas su cabeza, ó siquiera su cabellera. Retratos no valen.

—Pues sostengo la apuesta. Tres días para volverme si no puedo entrar.

—Pongamos ocho días para el pro y para el contra. Si vuelves sin ella, pierdes. Si la traes, mis caballos son tuyos, y de añadidura seré tu padrino de boda, siempre y cuando tus ideas sean matrimoniales.

—Lo son... Ya verá qué árbol, D. Beltrán.

—Arbol que va y viene, no tendrá muchas raices.

—Lo veremos. Tenga presente que el padrinazgo es parte integrante de la apuesta.

—Que cerrada entre los dos es como escritura pública. Mis dos mejores caballos y padrino de boda. No hay más que hablar.

—Mi caballo y cien onzas encima.

—¡Cerrado!»

A la mañana siguiente, hallándose Calpena con Sabas en un caserío próximo á Medina tratando de la adquisición de unos vestidos para disfrazarse, vieron al sordo que aparejaba su borrico majo para montar en él. Al verles llegar, dejó el animal atado á un árbol y entró presuroso en la casa; Sabas fué tras él, y le vió de rodillas junto á un arcón, muy atento á lo que con dificultad escribía con lápiz en un arrugado papel. «Señor—dijo el escudero á su amo,—está haciendo palotes, y le cuesta, le cuesta, sin duda porque son palotes vascuences.» Al poco rato viéronle montar en su pollino y partir á la carrera sin mirar atrás. Una mujer se llegó á Calpena, y dándole un papel le dijo que *Churi* había dejado para él aquella escritura, la cual era tan tosca, que á duras penas pudo descifrar Fernando sus groseros trazos. Con dificultad pudo interpretar este concepto: «*Señor Don Fernando: bayga sarri sarri Bilbo.*» «Ese tonto—dijo Calpena, —me recomienda que vaya á Bilbao, y pronto, pronto, pues cosa de prontitud creo quo significan las palabras *sarri, sarri*. Ha querido decírmelo en castellano; pero á la mitad le ha faltado la suficiencia.» Discutieron amo y criado si aquella misteriosa indicación era de amigo ó de enemigo, inclinándose D. Fernando á lo primero. Opinó Sabas que debían andarse con tiento en hacer caso de tal advertencia, que bien podía ser reclamo de ladrones ó de facciosos para armarles una celada en las revueltas del camino. A esto hubo de objetar D. Fernando que no sabía que en ningún tiempo empleasen los bandoleros tales añagazas. Obra de un pobre demente, más que de un malvado, era el tal papelejo, que ni le quitaba las ganas de ir á *Bilbo*, ni á darse prisa le estimulaba.

Cerca de la Nestosa volvieron á encontrarle, sin que mediara entre unos y otros manifestación alguna, y más adelante, mucho más, próximos á Ontón, en la costa cantábrica, cuando se vieron detenidos por una imponente banda de carlistas, apareció de nuevo el sordo. A la ligereza de sus pies debieron Calpena y Sabas, con otros trajinantes que les acompañaban, salvar la pelleja en aquel conflicto, y mal lo hubieran pasado si no buscaran pronto refugio en una estrecha garganta por donde salieron á las Encartaciones. En su veloz huída, pudo Sabas advertir que al sordo le quitaban el jumento. ¿Perdió también la vida? Esto no trataron de averiguarlo, atentos á poner en seguro la propia. Tenaz hasta la temeridad loca, intentó D. Fernando tres días después atravesar la línea por Valmaseda, y allí, con mayor riesgo de perecer, hubo de darse por vencido, retrocediendo al valle de Mena con el pesar de ver frustrado su audacísimo intento. «¡Cómo se va á reir mi amigo Urdaneta cuando nos vea llegar!—decía recorriendo con Sabas veredas y atajos, temerosos aún de ver salir tras de cada mata el odiado fusil del guerrillero carlista.—¡Y cómo se alegrará de haberme ganado la apuesta, pícaro viejo!... ¿Querrás creer que no puedo apartar de mi pensamiento al maldito sordo? ¿Le mataron? ¿Pudiste observar si escapó como nosotros, ó si acabaron allí sus correrías?» «Señor—dijo el escudero,—cuando le quitaron el pollino acometió á los facciosos. O es loco rematado, ó más valiente que el Cid, pues solo la emprendió á patadas y mordiscos con un tropel de ellos. Juraría que en pelea tan desigual le ví caer patas arriba.»

XV

Cierta era la anterior referencia. El desgraciado *Churi*, estimando más la posesión del asno que su propia existencia, embistió á los fieros enemigos que le arrebataron lo que más amaba en el mundo. Alguno de los facciosos le conocía, sin duda, é intercedió para que no le mataran. Le apalearon de lo lindo, dejándole, como observó Sabas, patas arriba. Pero en cuanto los carlistas se desocuparon de él, púsose patas abajo, todo magullado y con los huesos doloridos, y se dejó caer, ó se deslizó gateando por un cantil hacia las rocas donde batía la mar brava, y allí estuvo escondido hasta que, asomando una y otra vez la cabeza entre peñas, adquirió la certidumbre de que los bárbaros iban lejos. Andando con los cuatro remos de costado por los cantos resbaladizos, más parecido á un enorme cangrejo que á un hombre, avanzó todo lo que pudo por la costa hacia el Este, pues los carlistas habían seguido hacia Occidente. Le anocheció cerca de la rada de Berrón. Recogido al amanecer por una lancha de Plencia, desembarcó en Algorta, y de allí salvó en otra lancha la barra, desembarcando al fin sus pobres huesos á la siguiente noche obscura en el propio Desierto. Entró en Bilbao por su pie; en su casa le agasajaron sus primos, padre y tíos, que alarmados estaban ya por su demora, y el primer cuidado fué darle friegas con aguardiente en todo el cuerpo y meterle en la cama, donde sólo permaneció horas, porque su viveza era incompatible con el reposo, y no quería más que correr á enterarse de cuanto en la gloriosa villa ocurría. Era la casa una de las de la Ribera frente á la Merced con tienda famosa de artículos de mar, bien provista de toda clase de aprestos para la navegación de vela. La muestra ostentaba una fragata bastante bien pintada al óleo, navegando á toda vela, sin añadidura de nombre alguno ni especificación de lo que allí se vendía. Los dueños vivían en el entresuelo: el piso bajo estaba ocupado totalmente por el género comercial, hierros, lonas, cabos, y mil objetos tan extraños de forma como de nombre, que la gente de tierra adentro habría creído caprichosos, fantásticos. El olor de alquitrán era como el alma del recinto; y tan connaturalizados con él se hallaban los habitantes de la casa, que les olía mal el aire libre cuando pasaban de la tienda á la calle.

Eran á la sazón dueños del establecimiento los hermanos Vicente, Sabino y Prudencia Arratia, hijos del difunto José María de Arratia, comerciante bilbaino, que murió el 30, dejando un nombre intachable, y restos de una fortuna quebrantada por malos negocios. Cada uno de los tres hermanos necesita filiación propia, por ser los tres caracteres muy significados y castizos en aquella raza tan inteligente como trabajadora.

Valentín Arratia, el primogénito, con cincuenta y tres años el 36, era piloto de altura, y había pasado lo mejor de su vida *rompiendo mares* en América y en el Norte. Mandó primero barco ajeno, después barco propio, del cual fué capitán y armador. El 28 se divorció de la mar salada para dedicarse al comercio de tablazón, que hubo de abandonar al principio de la guerra, refugiándose en el establecimiento paterno. Era hombre al propio tiempo duro y dulce, como el turrón de Alicante, aferrado á un corto número de ideas en el orden social y moral, y con gran caudal de ellas en todo lo referente á la náutica y gobierno de naves. Enviudó de su mujer el mismo año en que le hizo la cruz á la mar. Esta le dejó un reúma que le cogía todo el costado derecho, haciéndole andar escorado, y su esposa le dejó un hijo, que es el *Churi* del burro, y además una ferrería situada en Lupardo, barrio de Miravalles.

Prudencia, á quien se da el segundo lugar por respeto á la cronología, con cincuenta y un años el 36, casó en Eibar con un rico armero. Viuda á los tres años de matrimonio, contrajo segundas nupcias con Ildefonso Negretti, residiendo muchos años en Burdeos y Bayona. Esposa dos veces, nunca fué madre.

Sabino, el más joven de los tres hermanos, estuvo largo tiempo en desacuerdo con sus padres, por haberse casado á disgusto de ellos con una moza de Bermeo, hija de pescadores. Hechas las paces con la familia, vivió algunos años en Bilbao dedicado á la construcción de buques; era un habilísimo carpintero de ribera, y muy fuerte en arquitectura naval, que no aprendió por principios, sino por reglas y módulos de maestros empíricos. De su astillero salieron buques muy afamados, algunos tan veleros, que iban á parar á manos de los tratantes y cargadores de esclavos en el Golfo de Guinea. Era además buen mecánico en todo lo que se relacionaba con el arte naval, y muy entendido en la fundición y forja del hierro. Su mujer, que falleció del cólera, le dejó tres hijos: José, Martín y Zoilo, que el 36 eran unos tagarotes de veintitantos años, y no desmentían la cepa vigorosa de la familia ni su consistente devoción del trabajo.

Lo más admirable en los Arratias era la unión y concordia que entre ellos, desde la muerte del padre, reinaba, haciendo de los tres hermanos y de su prole una verdadera piña. Apretados uno contra otro, sin que ninguno mirase al interés individual, aplicándose todos con alma y vida al bien común, ofrecían gallardo ejemplo de la fuerza que, según el proverbio, es producto de la unión. Se agruparon, no sólo por virtud, sino por necesidad ó espíritu de defensa, pues cuando perdieron á su padre, los negocios de éste iban de capa caída, y no se hallaban en situación más próspera los de cada uno de los hijos. Valentín había tenido desgracia en sus últimas expediciones comerciales, perdiendo en las del Norte lo que había ganado en las de América. El bergantín *Aurra (el niño)* se le quedó en los hielos de Stettin, y sólo pudo salvar parte de la madera de que estaba cargado, el velamen y los instrumentos. La fragata *Victoriana*, construída por su hermano, fué vendida á desprecio para cumplir compromisos comerciales, resultado de una operación demasiado ambiciosa en cacaos de Carúpano y La Guayra. Quedábale después de estos desastres un capitalito que empleó en el comercio de maderas de Riga, el cual habría sido de seguros rendimientos si no viniera la guerra á entorpecer y paralizar las transacciones.

Por su parte, Sabino había tenido también reveses: el tráfico de pescado estaba muerto por la falta de comunicación con el interior, y la ferrería de su hermano, que á su cargo tomó, exigía para funcionar con fruto un gasto considerable, por hallarse en mal estado la turbina y toda la maquinaria. A ello se aplicó con ahinco; mas cuando pudo vencer las dificultades y empezó á trabajar, fué menester dar á los carlistas á bajo precio, por vía de canon, la mayor parte de los frutos de aquella industria. En tanto Negretti, que iba medianamente en la fabricación de armas, fué solicitado para poner sus grandes conocimientos mecánicos al servicio de la causa absolutista. Le repugnaba comprometer su apacible neutralidad política; pero de tal modo le deslumbraron con fantásticas promesas, que al fin cayó en la red, y se ajustó con los agentes de Carlos V, contando con la colaboración de su cuñado Sabino; mas éste, influído por los patriotas de Bilbao, se asustó y no quiso ir á Oñate. Trabajó Negretti solo, primero con éxito y valiosas recompensas; después con dificultades y contratiempos mil, hasta que le salieron envidiosos y enemigos en número alarmante, y acusado de masón, fué perseguido y encarcelado inicuamente.

El fracaso de aquel trabajador tan inteligente como honrado, produjo verdadera consternación en la familia, y les movió más á todos á estrechar la piña ó fraternal agrupación, así para ir á la conquista de la fortuna, como para defenderse de la adversidad. Y conviene advertir, para mayor esclarecimiento de la eficacia de la trinca, que el esposo de Prudencia era para Valentín y Sabino tan hermano como la hermana misma; que á falta de hijos á quienes querer como tales, Ildefonso y Prudencia amaban á los de sus hermanos como si fueran de ellos, y que todos, tíos y sobrinos, hermanos y cuñado, padres é hijos, se confundían en un sentimiento amoroso, que era el aglutinante de aquella humana concentración de fuerzas.

Aunque ya se sabe también, bueno es repetir que antes de establecerse Negretti en el Real de D. Carlos como maestro armero y constructor de proyectiles para la artillería, fué á Madrid llamado por un amigo á quien respetaba, y de aquel viaje se trajo una sobrinita, llamada Aurora, que confiaban á su tutela y protección. Sábese que mientras Ildefonso trabajaba en Oñate ó Durango, la niña residía en Bermeo con su tía Prudencia, alternando en acompañarla Valentín, *Churi* y los hijos de Sabino. Alguien creerá que al agregar á la familia la persona de Aura, mujer de excepcional hermosura, de educación harto distinta de la de los Arratias, algo anárquica en sus pensamientos, antojadiza, nerviosa por todo extremo y poco dispuesta á la subordinación, se introducía en ella un principio disolvente, un disgregador poderoso. Así lo creyó Prudencia en los primeros días de su tutela, que fueron en verdad penosos por el desorden mental y el desenfreno imaginativo en que Aurorita seencontraba. Poco á poco se fué adaptando ésta al modo de ser de los Arratias, y la realidad, el roce continuo con los parientes de su tío, efectuaron en ella como una segunda educación. Algunas molestias ocasionó á Prudencia, en los comienzos de la temporada de Bermeo, el cuidado y disciplina de la joven, y no porque ésta hiciese ó pensase cosas malas, sino porque todo lo que pensaba y hacía era extrañísimo, perteneciente á otro mundo, á otro planeta... También consideraba Prudencia como una calamidad no floja la belleza, no ya humana, sino divina, de la hija de Jenaro Negretti. Hermosuras tan extremadas, cuyo semejante se encontraba sólo en las pinturas, en las imágenes de santos, ó en las estatuas mitológicas, eran, según ella, una aberración dentro de la humanidad. ¿A qué conducía, Señor, que las mujeres fuesen tan rematadamente guapas, más que á producir mil quebrantos y desdichas? Cuantos hombres veían á la moza se volvían locos por ella. Un general carlista que la vió á las dos de la tarde, le escribió á las tres una carta amorosa, y á las cuatro fué á pedirla en matrimonio. Los muchachos no cesaban de rondarle la calle. Los más atrevidos acosábanla en el paseo con requiebros fastidiosos; otros disparaban contra la casa un fuego nutrido de cartitas y amorosos mensajes. Verdad que la hechicera niña, lejos de favorecer estas demostraciones, á todos ponía cara de pocos amigos, y fiel á la devoción sagrada de su amor primero y único, no hacía cosa alguna por donde se la pudiese acusar de liviandad, de inconstancia ni aun de coquetismo. Falta decir que Aura correspondió al cariño de sus tíos con una adhesión intensa, y aunque este sentimiento no llenaba ni con mucho el vacío de su alma, servíale de gran consuelo para soportar la dolorosa ausencia, forma sensible de la muerte, como ésta silenciosa, con lentitudes de tiempo que daban la impresión de la eternidad.

Desde los primeros días de convivencia, lo mismo Ildefonso que su mujer y los hermanos y sobrinos de ésta, respetaron en Aura el conflicto misterioso que la joven se traía consigo, aquella pasión, aquel drama no bien conocido, y del cual el mismo Negretti no tenía más que vagas impresiones ó referencias. La niña se había dejado en Madrid á su enamorado, que era un príncipe ó cosa así; un joven á quien muchos tenían por hijo de potentado, quizás de un Rey, quizás del propio Napoleón. La familia de este nobilísimo joven había gestionado la separación ó el destierro de la enamorada. ¡Qué drama, qué hermosa poesía! Había, pues, traído la niña de Madrid su leyenda, y con ella un inmenso duelo, que respetaron con singular delicadeza los Negrettis y Arratias. Ninguno de ellos trató de desvirtuar la leyenda ni aplicar al dolor los emolientes vulgares. Nadie le dijo: «Olvida eso, que es un delirio, un sueño, una idea...»

XVI

Seguramente no se equivocaba la niña al pensar que gente mejor que aquélla no existía en el mundo. ¡Qué diferencia de Jacoba! No podía desconocer que el cambio de tutela había sido felicísimo, aunque se hubiera efectuado en las circunstancias más tristes de su vida. Había pasado del infierno al cielo: verdad que era un cielo sin Dios, porque éste se le había quedado por allá, en regiones desconocidas, perdido en lontananzas tenebrosas. La temporada de Bermeo fué relativamente grata para la joven, porque allí recobró la salud y adquirió un gran amigo que le rehizo el alma, no combatiendo de frente su dolor, sino suavizándolo con tristezas calmantes, después con melancólicas dulzuras; arrullándola con acentos de vaga poesía; entreteniéndola con juegos y ejercicios muy saludables; templando sus nervios y regalando su imaginación con espectáculos plácidos ó sublimes; asustándola á veces un poquito, como para fortificar su innata valentía: este amigo era el mar.

Instaladas en la casa de Sabino, fué á vivir con ellas Valentín. Los primos alternaban; no había igualdad en el turno, pues

José abandonaba muy de tarde en tarde la ferrería, y Martín apenas se apartaba de la tienda, en la cual ninguno podía sustituirle sin quebranto. Los que más gozaron de los pasatiempos de la villa marítima fueron *Churi* y el hijo menor de Sabino, á quien pusieron Zoilo por su madre, Zoila Maruri. El hijo único de Valentín se llamaba lo mismo que su padre; mas todo el mundo le conocía por aquel apodo. Le vino del nombre de un balandro que tuvo su abuelo, en el cual pasó el chico toda su adolescencia, por desmedida afición á la mar. Fué bautizada la embarcación con el nombre de *Choria* (el pájaro) convertido por el uso popular y las bocas marineras en *Churi*. Era el chico de una rudeza tal, que no pudieron aplicarle á ninguna profesión ni oficio, y se pasaba la vida entre los *chochos* de la ría, remando en chalanas de cuatro tablas podridas, ó lanzándose á prodigiosos ejercicios de natación. Resistía largas horas en el mar, braceando ó tendido de espaldas; y cuando se ofrecía bucear, ninguno de aquellos vagabundos anfibios aguantaba más tiempo en las profundidades. Jamás se logró meter en la cabeza dura de *Churi* ni una fórmula aritmética ni un concepto gramatical. Toda su geografía estaba comprendida entre Machichaco y Quejo; toda su ciencia en el gobierno de una pequeña embarcación de vela, que manejaba con arte singular, gallardísimo, en días de Nordeste frescachón. Taciturno y medio salvaje, su vocabulario era muy escaso; sus ideas no debían de ser luminosas ni abundantes, como no las guardara para mejor ocasión; su voluntad no tomaba otras formas que la de la contumacia en su vivir independiente, y la de una completa inacción en tierra firme. Viendo que no podían hacer carrera de él, la familia se resignó á dejarle en aquel salvajismo y rudeza, tratando de utilizarle en menesteres bajos de los buques de la casa cuando éstos se hallaban en puerto. A los diez y ocho años contrajo unas calenturas tíficas que le tuvieron entre la vida y la muerte. Decían que ésta le tenía ya cogido, y creyéndole pez, le había soltado con media vida en alta mar. Al sanar había perdido el pelo y la memoria, quedándosele la cabeza como un cudón totalmente limpio, sin ninguna aspereza por fuera ni ideas por dentro. Recobrado el cabello al contacto del agua salada, contrajo nueva enfermedad del cerebro, y al término de ella encontróse con que le había vuelto la memoria y se le había quedado por allá un sentido. Su sordera era como la de una campana que pierde el badajo y cae en los hondos abismos del mar. *Churi* no volvió á oir ningún ruido.

Con el don de oir se le fué también la palabra; pero esto temporalmente, porque á los tres meses de quedarse como una tapia, empezó á sacar de su cabeza términos y frases vascuences. Diríase que pescaba con gancho las voces una por una, extrayéndolas como restos de un naufragio. A duras penas reconstruyó una lenta y torpe expresión, mitad éuskara mitad castellana, que usaba para comunicarse con el mundo, reforzándola con señales muy parecidas á las marítimas, y movimientos de maniobra velera, que él solo y sus compañeros de mar entendían.

Lo más extraño en *Churi* fué que la transformación traída por la sordera le hizo menos insociable; la familia pudo retenerle en la casa más tiempo, y aun emplearle en comisiones que nunca había querido desempeñar, como la estiva de maderas en el almacén, y el transporte de mena y carbón en Lupardo. Al año de la sordera, ya se pasaba *Churi* meses enteros sin salir á la mar y aun sin verla, y á los dos años había tomado tanto gusto á la ferrería, que no sabía salir de ella. De la índole de los trabajos que allí se hacían provino la mudanza de sus aficiones, el cambio de lo que hoy llamamos *sport* y entonces no tenía nombre: se aficionó locamente al balandro vivo de cuatro patas; y si el primer día que montó en él estuvo á punto de desnucarse, pronto su terquedad vizcaína venció los rudimentos de la equitación, y al poco tiempo era un centauro asnal. Varios jumentos tuvo, que vendía para comprar otro mejor, y en ellos hacía excursiones á los montes próximos y lejanos para tratar cortas de leña y partidas de carbón vegetal, alimento de la industria ferrera. De este modo el vagabundo había llegado á ser un brazo más, aunque el menos útil ciertamente, en aquella familia de obreros incansables.

También Zoilo había sido de niño aficionado á la mar, como *Churi*, y buceaba en la ría, y se iba lejos, mar afuera, con sus amigos, en una *zapatilla*, sin miedo á los peligros que en costa tan brava ofrece la Naturaleza. Pero su inteligencia, su amor á la familia y el deseo de ser hombre y de ganarse la vida, le moderaban en aquellas infantiles vagancias. Estudió algo de pilotaje; era aplicadillo y muy formal; practicó la carpintería de ribera con su padre; servía también para el comercio, y tenía mucho tesón, amor propio, vagas ambiciones de riqueza y poder. Sano y vigoroso, dotado de un temple acerado y de una naturaleza á prueba de inclemencias, no conocía el cansancio. A los veintidós años gustaba de mostrar su fuerza hercúlea en cuantas ocasiones se le presentaban. En el trinquete era un prodigio; en el trabajo del hierro no tenía igual. Su terquedad vizcaína tomaba en él á veces formas de una paciencia dulce, con la cual soportaba las más rudas tareas sin quejarse, siempre alegre y decidor. A su pujante vigor muscular correspondía su intachable conformación corpórea, de líneas estatuarias, y un rostro atezado, de serena expresión, toda lealtad y nobleza sin pulir. Cuando se reía, hacíalo con alma y vida, sacando enterito el corazón al semblante; no conocía ningún arte social de aquellos que tienen por instrumento la palabra; no usaba el disimulo, ni las perífrasis, ni la ironía. Expresaba con bárbaro candor todo lo que le apuntaba la mente, siendo á veces tan cruda su sinceridad, que la familia tenía que reprenderle y hasta castigarle. En el ardor del trabajo del hierro sus negros ojos echaban chispas, y los resoplidos de su nariz, que se hinchaba respondiendo al énfasis interno, armonizaban con la música del fuego atacado por los chorros de aire. Tenía conciencia de su fuerza física, y ésta era su mayor gala; teníala también de su valor indomable, que también le enorgullecía; pero no sospechaba que era hermoso siempre, y más cuando tiznado y cubierto de sudor domaba la dureza de un metal menos consistente que su voluntad.

Su tío Valentín le llevó á Bermeo para que estuviese al cuidado de la casa y de sus moradoras mientras él pasaba un par de días en Lupardo, y tanto Zoilo como *Churi*, que iba cuando le parecía y se marchaba sin despedirse, se lanzaron á divertimientos de mar. Ambos consideraban á la niña de Negretti como un sér superior, y sentían junto á ella cortedad y hasta miedo. En los primeros días, tuvo Aura más de un acceso nervioso con gran disloque muscular, llanto interminable, gemidos y otras manifestaciones de desorden cerebral ó de histerismo. Los dos chicos, que no habían visto nada semejante en las muchachas que trataban, creían que era aquella dolencia signo de principalidad, achaque propio de los seres de exquisita y refinada complexión, y viéndola sufrir, casi la admiraban tanto como la compadecían. A las dos semanas de esto, y cuando Aurora se iba calmando, Zoilo la incitaba á salir con ellos á la mar, donde podría arrojar todas sus penas para que el agua y el viento se las comiesen. *Churi* no le decía nada: no hacía más que mirarla, sin hartarse nunca; la sordera le aumentaba el uso y los goces de la vista. Cuanto Aura decía, produciale á Zoilo unos accesos de risa no menos bulliciosos que los traqueteos espasmódicos de la hermosa doncella. El otro no se reia nunca. Era por naturaleza refractario á la demostración facial del gozo del alma, y cuando lo sentía, expresábalo cantando, pero muy serio, y desentonando horrorosamente por la falta de oído.

Por nada del mundo dejaría Prudencia que Aura saliese á la mar con aquellos tarambanas. No, no: la niña se embarcaría (pasatiempo muy indicado para su salud) con el tío Valentín. Debe indicarse que Aura, al poco tiempo de residir en Bermeo, llamaba tíos á los hermanos de Prudencia, y á los cuatro muchachones, primos. Pues sí: el tío Valentín, que no quería más que complacerla, en cuanto vino de Lupardo preparó una lancha de las mejores, arreglándola de velamen y de todo lo preciso. Lo que gozó Aurorita en sus excursiones cantábricas, no es para dicho. Más intrépida que los marinos que dirigían la gallarda nave, cuando las mares gruesas con su hinchazón y el viento con su mugido les ordenaban volver, ella pedía que fuesen más allá, siempre más allá. Miraba el rostro impasible de Valentín, viejo amigote del Oceano y de las tempestades, y como no advirtiera en él alteración, quería que el paseo se prolongase. Rara vez dejaba Valentín á su hijo la caña del timón, no por falta de confianza, sino porque retirado de aquellas luchas y otras mayores, todavía gustaba de hacer gala de su pericia. Zoilo llevaba la escota. Entre los dos primos arriaban é izaban la vela en las bordadas, y si á la entrada del puerto era forzoso empuñar los remos, desplegaban en ruda competencia cada cual su vigor de puños, y callados bogaban, atentos á las órdenes del patrón, en quien veían un dominador infalible de todas las fierezas de la mar. Allí no se conocía el miedo: Aura, viéndoles tan animosos, tampoco temía nada. Un día de temporal duro habló Valentín, antes de decidirse al paseo, lenguaje de prudencia. No convenía salir. Asombróse Aura, y más aún al oir que los dos chicos apoyaban el dicho del veterano. Creyó que tenían miedo. «Como es por recreo—indicó Zoilo,—y no por necesidad, hoy no salimos. Si padre te deja ir sola conmigo, te llevo... Yo te respondo de que nos mojaremos, pero no nos ahogaremos.»

Claro que Valentín no había de permitir tan loca aventura. *Churi*, que falto de oído se enteraba de cuanto se hablaba, reprendió á su primo por fachendoso. No se atrevía, no, ni era hombre para tanto. El sí se atrevía, y en embarcación pequeña, mejor: una mano en la caña y otra en la escota... «Lo mismo lo hago yo—dijo Zoilo riendo,—y si quieren verlo...» Aura les aplacó cuando la cuestión iba rayando en disputa, proponiéndoles que el primer día que estuviera buena la barra saldrían los cuatro á pescar; á lo que asintió Valentín, mandando á Zoilo que preparase los mejores aparejos que en el pueblo, famoso por sus pesquerías, se pudieran encontrar. Pero aconteció que el primer día bueno hubo de salir Zoilo para Lupardo con un recado urgente, y no pudo el pobre chico disfrutar de los goces de la pesca, que fué un recreo divertidísimo para la niña. Al tercer día de este entretenimiento, llegó Martín, el hijo segundo, que ordinariamente regentaba la tienda. Era el más afinadito de los tres; el que parecía más espiritual, sin duda porque no ostentaba formas atléticas, como José María y Zoilo, ni desarrollaba la muscular energía con la espléndida brutalidad de sus hermanos. Era, sin género de duda, el más civil, el que más se adaptaba á la vida urbana de la capital vizcaína por los vínculos de sociabilidad propios del comercio. Hablaba Martín castellano correctísimo, usando frases atildadas y finas, al uso corriente. De los tres, de los cuatro, contando con su primo, fué el que menos zapatos pudrió en playazos y arenales, el que menos tiempo conservó las manos callosas del ajetreo de los remos. Poseía bastante instrucción, distinguiéndose en todo lo comercial; hablaba unas miajas de inglés, y sabía las reglas usuales de la decencia y aun de la elegancia. En aquellos tiempos, la confraternidad de toda la juventud bilbaína era un hecho lisonjero, del cual tomó la villa su tesón incontrastable para resistir los asedios carlistas. El entusiasmo político la estrechó más, haciéndola invencible; el buen humor, propio de la raza, la refrescaba dándole más vida; el trabajo en la paz la vigorizaba, y el común esfuerzo en guerra la elevaba á superior virtud. Partícipe de los sentimientos que daban un vigor homogéneo á la juventud bilbaína, Martín Arratia se afilió en la Milicia Nacional desde el primer sitio, y aún continuaba satisfecho y confiado en aquel cuerpo, esperando que la patria, es decir, Bilbao, pidiera á sus hijos nuevos sacrificios para su defensa. Tal era Martín, pieza bien concertada en aquel formidable organismo comercial y guerrero que supo hacer de Bilbao un baluarte inexpugnable contra el absolutismo y un emporio de riqueza. Pasaba en la familia por el de más talento; en la villa le alababan tanto como merecía por sus excelentes prendas, y no hay para qué añadir que en el comercio se distinguía por su severa honradez, pues siendo general esta cualidad en tales tiempos y en tal raza, es ocioso señalarla y hacer de ella un rasgo característico.

Dos días muy agradables pasó allí Martín, entretenido también en la pesca y en paseos por el mar, que le agradaban con buen tiempo. Aura se reía en sus barbas viéndole palidecer cuando eran fuertes las cabezadas de la lancha, y él, sin temor de parecer cobarde, aseguraba que cada día era más terrestre, añadiendo que en tierra no faltan ocasiones de mostrar un valor heróico. Si terribles son las olas embravecidas, no es menos pavoroso en ciertos casos el cumplimiento del deber, así en la guerra como en el comercio. Todo es navegar; todo es una continuada lucha, un gran derroche de esfuerzos, arte y valor para no ahogarse.

XVII

Aunque era Martín la misma sobriedad en los días laborables, cuando llegaba el domingo se le reconcentraban los comprimidos apetitos de toda la semana, y su estómago no tenía fondo. La jira campestre era su delicia, ó la comilona en casa, con enorme consumo de merluza en salsa, escabeches y fritangas, de añadidura mariscos, angulas, y encima y en medio de todo tomas muy fuertes del chacolí de la tierra. El domingo que le cogió en Bermeo rindió el debido culto á Baco y á Céres, con espanto y risa de Aura, que se asombraba de ver comer á sus primos, y de ver cuánto chacolí se atizaban sin emborracharse. Ya iba comprendiendo que no era buen bilbaíno el que no supiera banquetear en días festivos, después de haber sido la misma templanza en los de entre semana. Cada cosa en su tiempo: trabajaban con ahinco, hasta con hambre si era menester; pero en tocando á holgar, no había quien les aventajara: así reponían cuerpo y espíritu para volver con más ardor á la faena. Y estos ejemplos no fueron perdidos para la niña de Negretti, en quien se excitaba el apetito cuando sus primos tocaban á refectorio dominguero. También ella iba aprendiendo á comer fuerte y á empinar el codo, con lo que tomaba su faz un color luminoso que ya lo quisieran para los días de fiesta las ninfas de los sagrados bosques helénicos. Total: que con los comistrajes, los paseos marítimos, y la vida plácida entre personas que se desvivían por distraerla, se le iban amansando á la enamorada joven las penas intensísimas de su alma. Se divertía viendo el gozo y voracidad de sus primos, que en tales jaranas se ponían como locos, hablando sin término y con donaire, pues el comer les inspiraba, les hacía ingeniosos, á ratos poetas. Y el cascado Valentín, con su medio siglo y su reúma que le hacía ir siempre de bolina, dejábase arrastrar también del vértigo juvenil: él había hecho lo mismo en su mocedad, y estaba dispuesto á repetirlo hasta llegar á la suma vejez, pues no sería buen bilbaíno si no hiciera en cualquier ocasión los honores debidos á un buen plato de bacalao con aquella salsa de bermellón, y á una azumbre de chacolí de Somorrostro. Valentín reía con los demás, disparataba, hasta se permitía bailar en mangas de camisa, y hacer un gasto horroroso de vocablos vascuences, de exclamaciones y juramentos de mar. El alborozo de la familia se introducía en el alma de Aura, ensanchando sus pulmones y avivando su sangre. Iba tomando su rostro, por la exposición continua al sol y al aire, un tono tostado caliente, de *terracotta*, enteramente gitanesco. El negro rabioso del pelo armonizaba con la tez, de un bronceado finísimo con veladuras de rosa. Sus ojos eran una inmensa dulzura con llamaradas. El ejercicio había extremado la flexibilidad de su cuerpo, acentuando sus líneas incomparables, dando mayor delgadez á lo delgado, mayor turgencia á lo carnoso. Hasta la voz parecía más vibrante en las alegrías, más blanda y cariñosa en las tristezas... Un domingo en que Martín no estaba, hicieron tantas locuras *Churi* y Zoilo á competencia, que Valentín, á pesar de no encontrarse en disposición de severidad, hubo de llamarles al orden. *Churi* se subía á los árboles como un gato, y luego se tiraba de alturas increibles; Zoilo le desafiaba á correr, y partían como exhalaciones; luego se enredaban en un partido de pelota, ó en gimnasias rudas, dando vueltas de carnero, ó saltando el uno á los hombros del otro y de los hombros á la cabeza. La de *Churi* parecía de piedra. Incitándoles á divertirse con menos tosquedad, Valentín dijo á Aura: «¡Qué par de brutos! El mío es un modelo de barbarie, como ves; pero Zoilo no le va en zaga. Con todo, son dos criaturas; son buenos, inocentes, siempre listos para el trabajo. Mi hermano ha tenido suerte con sus tres hijos: cada uno en su género es una alhaja. Ya conoces á Martín, tan finito, tan caballero... chico de gran porvenir. José María vale lo que pesa, y este Zoilo, aunque abrutado como ves, no tiene pelo de tonto y sabe ganar el pan que come. Ninguno de ellos se queja, aunque les tengas trabajando seis semanas seguidas, sin ningún recreo. Vicios no los conocen... Mira ese par de angelones con qué juego tan primitivo se entretienen: así caen luego en la cama, como piedras. No remuzgan en toda la noche. ¡Qué conciencias! Bendígales Dios. En sus cabezas no ha entrado nunca un mal pensamiento; no les oirás una palabra fea.» Esto no era rigorosamente exacto, porque en el ardor del pelotarismo y la gimnasia, las pronunciaban á cada instante sin reparar que les oían mujeres.

De pronto le dió á *Churi* la ventolera de tirarse al mar. Hallábanse en un patio emparrado, cerca de la dársena, y en tres minutos se fueron todos á la punta del muelle á ver nadar al sordo. Pronto se procuró éste traje de baño, el mejor posible, y se arrojó de cabeza, levantando un gran espumarajo. Salió á flor de agua muy lejos, y se le vió enfilar afuera y perderse en la inmensidad, braceando. La mar estaba serena, en pleamar viva, y daba gozo mirar en la escarpa del malecón el agua verde y profunda. Multitud de pilletes, desnudándose en las piedras más avanzadas de la escollera, se arrojaban

al agua como Dios les echó al mundo; se veían luego sus cabezas, sus mofletes hinchados de soplar, y los cuatro remos en constante brega con el agua. Algunos salían tiritando y pasaban mil fatigas para enfundarse la camisa; otros, ya medio vestidos, se volvían á desnudar, por estímulos y competencias entre ellos, y si reñían por la palma de la habilidad natatoria, se pegaban, al vestirse, porque uno se había puesto los mojados calzones del otro. Aunque Prudencia había dicho á Zoilo que no nadara, porque estaba sudando y sofocadísimo, el chico se permitió en aquella ocasión desobedecerla, ganoso de no ser menos que su primo; y ansiando mostrar que éste no le aventajaba en resistencia de pulmones ni en fuerza de brazos, fué por un traje y vino ya en perjeño de bañista, con su formidable tórax y sus piernas estatuarias al aire. Aura y sus tíos no le vieron llegar. Arrancándose silencioso junto á ellos en el borde del abismo, se lanzó de golpe, describiendo una airosa curva en el aire hasta romper el agua con las manos enfiladas sobre la cabeza. Aura dió un grito al ver de súbito el rápido salto y la violenta caída del cuerpo, como si rompiera un cristal, levantando astillas mil, espumas y latigazos de agua que todo lo enturbiaron. La cortada superficie hervía y se llenaba de desgarrones blanquecinos. «¡Qué susto me ha dado!—dijo Aura.—Este Zoilo es de la piel del diablo.» Y miraban al fondo sin ver nada. La pleamar era tan viva, que daba una profundidad de treinta pies. «¡Pero no sale, no sale!—exclamó Aura, explorando la inmensidad líquida;—¿ó es que va á salir allá lejos, como *Churi*?

—No temas, que ya saldrá,—dijo Valentín sonriendo, y Prudencia lo mismo.

—Pero tarda mucho... ¿Cómo se puede estar tanto tiempo sin respirar? De pensarlo sólo siento yo una opresión...»

Pasó tiempo. Imposible precisar los segundos...

Por fin distinguió Aura, en medio de la opacidad cristalina del agua, una forma movible, que á medida que subía se determinaba mejor. Era un cuerpo de verdosa blancura,con movimientos de rana. Avanzaba subiendo... hasta que asomó la cabeza de Zoilo, que soplaba y escupía. Brazos y piernas seguían moviéndose para mantener el cuerpo en postura casi vertical.

«No seas bestia; no te aguantes tanto—le dijo Valentín.—Podrías pasarlo mal.»

Volteando sobre la cintura, Zoilo se zambulló de nuevo. Se le vió descender con las zancas de rana funcionando hacia arriba pausadamente. El segundo cole fué más breve que el primero, y el tío, al verle salir, repitió sus gruñidos: «Que no juegues, pedazo de atún. Ea, lárgate afuera con descanso á encontrar á *Churi*, que debe de estar de vuelta.

—No se le ve—dijo Aura.—Este ejercicio me pasma, me maravilla. Gran mérito es nadar así.

—Esto no es mérito—indicó Prudencia.—¡Si desde que gatean se echan al agua estos diablillos! Ya el mar les conoce y hasta parerece que se divierte con ellos sin hacerles daño.

—Y es la verdad—agregó Valentín,—que adquieren una fuerza y una robustez que en ningún otro ejercicio se logra, amén del valor, de la serenidad que nos vemos obligados á sacar de dentro. Todo lo que ves hacer á esos, lo he hecho yo cuando tenía su edad. Mi *Churi* es un verdadero pez; y en cuanto á Zoilo, no hay quien le saque ventaja en ningún elemento, porque en tierra es una fiera para el trabajo. Así tiene esa naturaleza que le asegura una vida de salud y de poder para las luchas por el pan. El día que este chico se case, ¡vaya unos hijos que traerá al mundo! Será una generación de Hércules chiquitos, que después serán Hércules grandullones...

—Ya no se ve á Zoilo—dijo Prudencia:—al menos, yo no le distingo.

—Ya parecerán los dos. Como se vayan muy lejos, no podrán volver tan pronto, porque la marea antes de media hora tirará para afuera. *Churi* es muy capaz de ir á tomar tierra en cualquier playazo y volverse á la noche, cuando suba el agua. Mirando con ojo experto á la inmensidad, creyó distinguir un punto: era un nadador. «Zoilo vuelve. Por mucho que presuma, no resiste como su primo. Ea, vámonos al pueblo.»

A poco de regresar á casa la familia, entró Zoilo con la cara y manos extraordinariamente lavadas, húmeda la ropa de haberse vestido sin secarse el cuerpo. No podía ocultar su mal humor por no haber alcanzado á *Churi*, y si no siguió tras él, no fué por falta de poder para ello, sino por obedecer á la tía Prudencia y á la prima Aura, que le mandaron volver pronto.

En aquellos días anunció Negretti en una misma carta la toma de Arlabán por los cristinos, la salida de Oñate para Durango, y el encuentro con el Sr. de Calpena, noticia esta última que fué para la señorita como el estallar de un furibundo trueno. Quedóse al oirla como atontada, y luego prorrumpió en llanto y alabanzas al Señor por haber escuchado su ruego. La fuerza del gozo la ponía triste, temerosa de que tanta ventura se desvaneciera súbitamente con nuevas desdichas. ¡D. Fernando en Oñate, á cuatro pasos de allí! ¿Vendría pronto? Seguramente era cuestión de un par de días. No tardó el mismo Ildefonso en referir de palabra todo lo que había escrito, añadiendo que el Don Fernando le había parecido un caballero de excelente educación y sentimientos honrados.

Algo dijo después que enfrió el júbilo y los entusiasmos de la pobre joven: D. Fernando, según informe del señor italiano que con él vino de Madrid, había ido hacia Vitoria la misma noche de la evacuación de Oñate, acompañando á unas muchachas y á un señor enfermo escapado del hospital. Lo natural y lógico era que volviese cuanto antes. Consternada se quedó Aura al saber esto, y mil cavilaciones lúgubres y conjeturas pesimistas la desvelaron aquella noche. ¿Por qué retrocedía Fernando cuando estaba tan cerca? ¿Qué mujeres eran las que acompañaba? ¿Y el enfermo quién sería? Se atormentaba imaginando sucesos absurdos, personas monstruosas; y comunicadas sus inquietudes á Prudencia, ésta le recomendaba, entre severa y burlona, que tuviese calma, pues la verdad de aquellas idas y venidas se sabría cuando llegase D. Fernando... y si no venía pronto, sus fines no eran buenos, sus intenciones no eran limpias.

A solas Prudencia y su marido, desahogó aquélla el mal humor que la noticia del encuentro con D. Fernando le produjo. La repentina aparición del señorito de Madrid, cuando se creía que le habían llevado muy lejos los vientos del olvido, desbarataba sus planes de mujer práctica y allegadora. La señora de Negretti, que físicamente era corpulentísima, bigotuda, recia, de palabra viva y cortante, en lo espiritual atesoraba una voluntad firme, constancia en los afectos, más aún en los caprichos y manías; además un ardiente amor á la familia, y un sentido calculista y aritmético, que ya lo quisieran para los días de fiesta los Arratias masculinos. Desde que fué á sus manos la sobrinita de Ildefonso, pensó que aquella joya, en uno y otro sentido inapreciable, debía ser para la familia. ¿No era tristísimo que una niña tan bella, dueña de un capital no menos bonito, fuese pescada por un aristócrata madrileño, que quizás era un silbante, un hambrón, un mala cabeza? Cierto que Aurora tenía clavado muy en lo hondo el dardo de aquella pasión, y no era prudente arrancárselo tirando de él muy fuerte: lo mejor sería que el tal D. Fernando se quedase para siempre en los limbos de la ausencia. El tiempo, gran milagrero, iría curando á la niña de afición tan desatinada, puro mimo, cosas de chicos, y despertaría en ella inclinación más conforme con su clase, nacida al calorcillo de la familia con quien moraba, y que la había hecho suya, rodeándola de cariños y atenciones.

No era la primera vez que Prudencia dejaba traslucir á Negretti la prodigiosa concepción de su genio doméstico. Aquella noche la reveló completa con cierto orgullo y vanagloria, como si se tratara de un invento mecánico, para mover mejor el ánimo de su marido, entusiasta de las invenciones. La maquinaria de Prudencia era que Aurora y su capitalito quedaran definitivamente en casa. Bien para ella y bien para la familia. Modo de conseguir esto: casarla con uno de los sobrinos. El más indicado para tal objeto era Martín, por su educación, por su finura, por la respetabilidad que iba adquiriendo en el comercio. Era la gala y la honra de los Arratias, y uno de los jóvenes más guapos y decentitos que á la sazón había en Bilbao. Claro que esto no se haría forzando las voluntades, sino amañándolas con destreza hasta que ellas mismas quisieran acoplarse... Dejáranla á ella sola en el manejo de Aura; quitárase de en medio el fantasmón de Madrid, y ella respondía de que la niña habría de comprender bien pronto el mérito del primo, y todo iría como una seda.

Reconoció Negretti la bondad del invento de su mujer, y lo tuvo por cosa excelente; mas no veía manera de llevarlo de la teoría á la práctica, porque el amor de la niña era muy fuerte, y viniendo el galán con buen fin y propósitos de matrimonio, sería locura pensar en desunirles. Ni por todo el oro del mundo, ni por los intereses todos que hay de tejas abajo, haría él cosa contraria á lo que su conciencia, su idea firmísima del bien y del mal, le dictaban. Sólo resultaría práctico el invento en el caso de que el compromiso entre los amantes quedase desbaratado y nulo por sí mismo, por cosas de ellos, cualquier incidente ó sesgo inopinado del drama de amor. Sin este desenlace previo él no haría nada por desviar las cosas de su dirección natural. Su conciencia antes que todo. Y lo que él no haría, no consentía tampoco que lo hiciera su mujer. Dejar á Dios lo que es del alma... ver venir serenamente los hechos humanos, mirando siempre á la verdad, á la rectitud.

Aunque Prudencia no practicaba el culto de la verdad con esta devoción suprema, que hacía de Negretti un carácter excepcional, no tuvo más remedio que acatar lo que él decía y ordenaba. Y pues D. Fernando venía como primer ocupante, con indiscutible derecho, y Aura le esperaba y le quería, dejarles su bien, dejarles su paz. «Ya sabes—le dijo Ildefonso al partir,—que mi tema es: á cada uno lo suyo, y á Dios siempre lo divino.»

XVIII

Zoilo y *Churi* se fueron á Lupardo, recorriendo el largo camino con la escasa comodidad que les ofrecía un solo burro para los dos. Aunque Zoilo llevaba siempre el salvoconducto que le permitía franquear sin tropiezo las regiones ocupadas por carlistas, la seguridad de aquel documento (amplio favor que Sabino Arratia debía á su grande amigo el cabecilla Sarasa) no era absoluta, y más de una vez hubieron de esquivar con grandes rodeos ó veloces marchas el encuentro con la gente armada de Carlos V. Todo esto solía ser diversión para los dos muchachos, y motivo para desplegar en competencia su pasmosa agilidad y bravura. Alegres empezaban la caminata, y alegres la concluían. Llegó un tiempo ¡ay! en que de sus caminatas debía decirse lo contrario: enojados y displicentes la comenzaban, furiosos la concluían.

Antes de la dichosa ó infeliz (pues no era fácil discernirlo) aparición de Aura en la familia, Zoilo y *Churi* vivían unidos por una hermosísima fraternidad. Sus viajes eran un continuo juego con emulaciones que terminaban en bromas afectuosas; sus bienes terrenos, comida, moneda de plata ó cobre, eran comunes, como las armas y herramientas; comían en el mismo plato, en el mismo vaso bebían, y se tumbaban en el mismo rincón de la choza donde les cogía la noche. Zoilo suplía en *Churi* la falta del oído, comunicándole con signos de su invención, sólo de ambos comprendidos, los hechos materiales más difíciles de exponer sin palabra, las cosas del espíritu que aun con la palabra son de dificilísima expresión. Se entendían con mugidos, con muecas y patadas, con grotescas contracciones faciales, con rápida telegrafía de manos y dedos.

Pero llegó el día fatal, y aquel amor recíproco trocóse en recelo, y el libre lenguaje que los dos idearon para comunicarse su cariño, sólo sirvió para arrojarse el uno al otro centellas de rivalidad, dicterios y amenazas. La causa de éste que bien puede conceptuarse como uno de los mayores desórdenes de la Naturaleza, fué la presencia inopinada de una mujer en la familia. A las dos semanas de tal suceso, Zoilo y *Churi* dejaron de quererse. Como los dos disimulaban instintivamente ante la familia, la rivalidad que les desunía no se reveló hasta que se hallaron solos, camino de Lupardo. Iban por la cuesta de Unzaga: *Churi*, sombrío, taciturno; Zoilo, con alegría febril, cantando, divirtiéndose en pegar brincos para arrancar á tirones las ramas de los árboles. De pronto le cogió *Churi* por un brazo, y le dijo con desabrimiento, en vascuence: «No me lo negarás: tú quieres á Aura... Aura te gusta, pillo.» Más sorprendido que asustado, respondió Zoilo que sí, y todo espontaneidad y efusión, agregó que Dios había pegado fuego á su alma, y que mientras podía conseguir que la prima le quisiese, se consolaba con amarla á su modo, pensando en ella siempre... diciéndole cosas de las que se piensan más que se dicen. ¿Cómo se había enterado el sordo de este secreto que la misma Aura no conocía? Era *Churi* un observador prodigioso; veía en la mirada, en el gesto, en los actos y en la abstención de los mismos, la verdad de los fenómenos del alma. Su penetración era el contrapeso de su sordera.

Allá se las compuso Zoilo como pudo para expresarle que no admitía su ingerencia en aquel asunto; que él (*Churi*) no tenía nada que ver con que él (Zoilo) adorase á la niña por el aquél de adorarla, y que en las soledades de su conciencia se casase con ella, y fabricara su felicidad con suposiciones ó cálculos de cabeza, con un tremendo fuego de amor en toda su alma... «Lo que tú tienes que hacer—le dijo, expresando las ideas con lenguaje verdaderamente epiléptico,—es no meterte en lo que no te importa. ¿Qué entiendes tú de esto? ¡Amarla tú! No puedes. Eres sordo, y ¿cómo va á querer Aura á un hombre que no oye?» Este argumento no tenía réplica, y *Churi* se lo tragó entre amarguras, quedándose buen rato sin saber qué decir. De pronto saltó con una retahila, acompañada también de gesticulación epiléptica, mezcla de torpes cláusulas castellanas y eúskaras, que reducidas á un solo idioma eran así: «Pues eso es un pecado muy grande, Zoilo, y ya verás cómo se ponen los tios y los primos cuando lo sepan... Y aunque te volvieras otro de lo que eres, aunque Dios te diera un mundo de méritos, sin fin de cosas, Aura no te querría, porque ya tiene su corazón entregado á otro amor, á un novio más guapo y más fino que tú...»

—¿Quién?—gritó Zoilo con furia, enarbolando una estaca que arrancado había de un árbol próximo.

—*Madrilgo gizona* (el hombre de Madrid).»

Lanzó Zoilo carcajada burlona, y doblando por la mitad la fuerte rama, como si fuese junco, sin cuidarse de que *Churi* entendiera ó no lo que decía, hablando solo más bien, exclamó: «*¡Madrilgo gizona!* Ese no viene, se ha muerto; y si vive y viene, ya verá Aura que debe quererme á mí, y no á él; y si así no lo hiciera, si se aferrara á querer al otro... entonces, ¡ah! le mato, me mato... mato á todos, á ella, á mí, á ti...»

Viendo tal decisión, aunque los términos en que Zoilo la expresara no le resultaban inteligibles, se recogió en la tristeza de su mente, en aquella bóveda sin ecos, pues el verbo humano sólo producía en ella sonidos ideales, y largo rato estuvo sin articular palabra, mientras el primo, que continuaba poseído de su furor de elocuencia, hablaba con los árboles: lo mismo podían ser para éstos que para *Churi* sus ardientes expresiones. «Mía, mía tiene que ser... para mí, para mí... ó se sabrá quién es Zoilo. Aunque no le he dicho nada, conozco yo... esto se conoce... que sabe que la quiero; y yo sé que si ahora no me quiere ella, me querrá después, cuando vaya viendo... Pues cuando hay muchos en casa, al que más mira es á mí, y cuando dice algo que es de reir, me mira á ver si me ha hecho gracia... y á los demás no les mira... Y cuando llego, conozco yo que se alegra un tantico, y aunque á cada instante me llama bruto, lo dice como diciendo... «bruto, te quiero... pues...»

—Ven acá—le dijo *Churi* tras largo rato de silencio.—Cuando los tíos y tus hermanos sepan eso, verás cómo no te perdonan la desvergüenza. Porque Aura espera que venga el de allá, y si no viniere, bien puedes estar seguro de que no será para tí... Yo no oigo, pero veo, y veo más que tú, y nada de lo que piensan nuestros tíos se me escapa... siento en mí los pasos que dan los sentires, los pensares de ellos cuando andan paseando por sus almas; lo siento todo, Zoilo; dentro de mí retumba... Pues te diré una cosa para que se te quite la esperanza. La tía

Prudencia, que es la que manda en el tío Ildefonso, hace ascos al novio de Madrid y quiere que no venga, porque está en la idea de casar á la niña con tu hermano Martín, que es el señorito de la familia y el que vale más, porque nosotros, tú y yo, somos unos grandes gaznápiros, y él es fino, como quien dice, ilustrado. Pues sí; ésta es la idea de la tía Prudencia; yo se la he sacado por la manera como mira á Martín cuando viene, y por el modo de mirar á Aura cuando habla de tu hermano... ¿Y ahora qué dices, ganso? Porque á tu hermano no le has de matar... ¡Estaría bueno eso: matar á un hermano!... ¿Qué dices, qué piensas?»

Zoilo no pensaba sino que el firmamento se le venía encima, y alzó las manos como para detenerlo antes que le aplastara. «Eso no es verdad—dijo;—tú me engañas, *Churi;* tú eres un envidioso... Pero conmigo no juegas.» Momentos después, en gran abatimiento, lloraba como un niño. Puestos de nuevo en marcha, no hablaron más en todo el camino. Alojados en un caserío humilde, no se acostaron en el mismo montón de paja de maíz. Metióse *Churi* en el lugar más escondido, con la cabeza apoyada en un yugo, y allí se pasó la noche en triste monólogo, oyendo la respiración de su primo que profundamente dormía. «Yo también la quiero —decía entre otros mil peregrinos conceptos...—¿Cómo no, si es tan preciosa como los ángeles, ó más?... ¡Que no me digan á mí de ángeles ni ángelas!... Donde está ella, que se quiten todos... ¿Pero qué caso ha de hacer de mí?... ¿Cómo ha de querer á un sordo... á quien no le oye su voz?... Pues si yo oyera, Dios, ¿quién me la quitaba? ¡Ay, no hay mujer bonita ni fea que quiera al hombre falto de oido!... pues aunque se puede ser buen marido sin oir nada, no quieren ellas, no quieren... y yo me pongo en lo justo... Pero si para mí no es, para este bestia de Zoilo tampoco... ¡Estaría bueno! ¿Qué ventaja me lleva mi primo? Que oye... ¿Y quién me asegura que á él no le falta también algo? ¡A saber!... Y si no le falta nada, le sobra fatuidad... No, no será suya, sino del caballero de Madrid... ¡Ojalá viniera mañana, para que se la llevara, y nos quitáramos todos de este suplicio!... ¡Como me reiría yo de este tontaina, fantasioso, fullero!... Echa roncas porque oye; que á lo demás no me gana, porque yo puedo más que él, y soy más valiente, y hasta más guapo... ¿Qué tiene Zoilo de más guapo que yo? Nada. Los ojos que le brillan... ¡Vaya una gracia! También me brillaban á mí antes de venirme el silencio... pero ahora... con el silencio, todo se le apaga á uno. Y Zoilo es un descarado que se está siempre riendo, enseñando los dientes... Pues eso no debe de gustarle á ninguna mujer... Que venga, que venga pronto ese caballero de Madrid... ¿Y el tal cómo será? Seguramente que silencioso no es... Pero será elegante, y tan fino, ¡arre allá! que se meterá por los ojos de las mujeres... ¡Mundo maldito! Debiera uno morirse para no verte.»

A los pocos días de esto, hallándose Zoilo en Lupardo y *Churi* en Bermeo, se enteró este del encuentro del tío Ildefonso con Calpena, y le faltó tiempo para ir á contárselo á su rival. En aquel viaje llegó el pobre burro llenó de matad iras; tanto le arreó el jinete para llegar pronto. Y llevando aparte á su primo, le soltó la tremenda noticia. «Ya está; ya pareció... ya viene... ¿No caes en ello? Zopenco... *¡Madrilgo gizona!*... Habló con Ildefonso en Oñate... Ya viene... mañana... verás.

—Es mentira—replicó Zoilo blandiendo las tenazas.—No viene... Y si viene, sin ella se volverá. Juro que no se la lleva...»

Al día siguiente fué *Churi* á las Encartaciones á contratar leña, y los dos primos estuvieron dos semanas sin verse. Pasó en este tiempo Zoilo algunos días en Bermeo, donde tuvo la satisfacción de ver que fallaban los anuncios de la próxima llegada del señor de Madrid, príncipe ó archipámpano. Observó en Aura tristeza, duelo, reproducción de los arrechuchos nerviosos, y viéndola llorar se decía: «Llora, llora, que lo que es á ese no le verás más... Aquí está el hombre que ha de consolarte, tu Zoilo, á quien has de querer, porque él se lo merece... y si no, pruébalo y verás... Este, que te mira sin atreverse á decirte nada, por cortedad, te tiene guardado un amor como el de todos los corazones que hay en el universo... de todos juntos en uno. El corazón mío es de un tamaño como de aquí al sol, ó un poco más allá, según voy viendo... Llora, llora, que tras mucho llorar, vendrá el olvidar... Con tanta lágrima se te lava el alma del amor viejo, y vendrás á tu Zoilo, á quien has de querer y adorar como él te adora y te quiere, que así lo manda la Divinidad.»

Tales eran sus mudas declaraciones siempre que junto á ella se veía. En esto llegaron las tristes noticias del disfavor de Negretti, de las acusaciones con que la ignorancia ó la perfidia le denigraron, de su prisión y de la causa que por infidencia ó masonismo le formaban. Fácilmente se comprenderá la desazón que estos hechos causaron á toda la familia, particularmente á Prudencia, que adoraba á su esposo. Valentín rugía de cólera, Sabino ponía el grito en el Cielo. Y ésta es la ocasión de referir que el buen Sabino era el único de los Arratias que sentía inclinaciones hacia el absolutismo, siquiera fuesen platónicas, determinadas por móviles religiosos más que políticos. Hombre piadoso, formulista y un tanto santurrón, disentía de su hermano Valentín, algo dañado de volterianismo, lo que no impedía que, profesadas una y otra opinión con tibieza y en el terreno ideológico, viviesen los dos en armonía perfecta, sin significarse públicamente por uno ni otro partido. Nunca llevó á mal Sabino que sus hijos perteneciesen á la Milicia Urbana, pues sus ideas retrógradas en ciertos y determinados puntos, cedían ante la suprema devoción de la ciudadanía bilbaína. Pero si nadie podía tacharle de carlista, tampoco él podía negar sus grandes amistades en el campo enemigo, de las cuales supo obtener alguna ventaja para los negocios de la casa de Arratia. El Comandante general de la división de Vizcaya, Sarasa, era su íntimo y cariñoso amigo desde la infancia, y amigos eran también Guergué, los coroneles Urrejola y Altolaguirre, el brigadier Tarragual, de la división navarra, y el jefe de la división cántabra, Don Cástor Andéchaga. A estos conocimientos debía el paso franco por la zona comprendida entre Bilbao y Bermeo, y el favor inapreciable de que le permitieran trabajar en la ferrería de Lupardo, con la obligación de ceder á la Maestranza de Vizcaya cierta cantidad de hierro á precio bajo, forma indirecta de canon ó impuesto de guerra.

Fiado en sus excelentes relaciones, corrió Sabino al interior del reino carlista, y ni en Durango, donde estaba el Rey, ni en Tolosa, donde sufría Negretti la prisión, pudo conseguir nada en pro de su hermano político, el cual no habría concluido en bien sin la decidida protección del ilustrado Príncipe don Sebastián. Y en tanto que esto ocurría, la familia continuaba agobiada de pesadumbres, pues para que nada faltase, ni parecía el D. Fernando, ni de los motivos de su tardanza se tenían noticias, dando lugar este singularísimo caso á que se le creyera muerto en alguna escaramuza ó lance de guerra. Mientras Aura languidecía, mostrándose al fin como fatigada de tan larga espera, con habilidad trataba su tía de infundirle el convencimiento de que el galán de Madrid había pasado á mejor vida, y era locura aguardarle más tiempo y subordinar una lozana juventud á las idas y venidas de un fantasma. Bien podía la niña excusarse de llorarle más, pues todo lo que suspirado había por la ausencia se le tomaría en cuenta por el fallecimiento. Que éste debió de ser glorioso no podía dudarse, siendo Calpena un noble caballero esclavo del honor. A pesar de que esto pensaba y decía, Prudencia, consecuente con su nombre, no se lanzaba á determinaciones radicales, y esperaba la eficaz ayuda del tiempo para proponer á su sobrina, resuelta y gozosa, los desposorios con Martín Arratia.

XIX

Que Zoilo estaba en sus glorias con el largo eclipse del caballero de Madrid, y que *Ohuri*, por el contrario, se daba á los demonios y habría corrido gozoso en su busca, no hay para qué decirlo. El primero, fiado en su buena estrella, alentado por la fe que le infundía su ardorosa pasión, creía firmemente que el caballero no vendría ya, sin meterse en cálculos y averiguaciones del por qué de tal ausencia; el segundo, nutriendo su credulidad en su malicia y en el odio al primo, siempre esperaba que *Madrilgo gizona* se apareceria, cuando menos se pensase, á reclamar lo suyo, y esta esperanza era el consuelo picante, amargo, de su existencia silenciosa.

Por fin, á mediados de Agosto, comunicó Ildefonso que estaba libre; pero tan harto de la suspicacia, estrechez de miras é ingratitud de la sociedad del nuevo reino, que no deseaba más que perderla de vista. Como no creía prudente que su escapatoria terminase en Bermeo, ni esta villa era muy segura ya para la familia, por alcanzar también al buen Sabino las malquerencias y desconfianzas de los facciosos, ordenaba que se fuesen todos á la ferrería y en ella permanecieran hasta que otra cosa se determinara. En el acto se dispuso Prudencia á levantar el campo, pues ya le incomodaba la residencia de Bermeo, donde todo se volvía perseguir á la niña mozos y señoretes, y hasta vejestorios, con ridículas manifestaciones de amor, y una mañanita salió para Lupardo con Aura, Sabino y *Churi*. No se cansaba la buena señora de lamentar la desgracia de su marido en el servicio del Pretendiente, *lavándose las manos* al tratar de un asunto en que Negretti obró en absoluto desacuerdo con ella. Bien le había dicho y redicho que no accediera á las instancias con que los artilleros de Oñate asediaban su voluntad. Honrado y crédulo en demasía, Ildefonso había tomado en sentido recto las ofertas pomposas de aquellos señores, las cuales no eran más que cantos de sirena. ¿Qué resultó? Que el hombre se había matado á trabajar sin que parecieran por ninguna parte las villas y castillos que se le ofrecieron. Salia de la corte de Carlos V, como habia entrado, desnudo de todo capital, y además perdido en el concepto de los liberales. Bien caro pagaba su obstinación, y el desoir las advertencias de la mujer práctica, que siempre vió un señuelo falaz, una engañifa, en las galanas cuentas que se le ponían ante los ojos para deslumbrarle. ¡Perdido el trabajo de sus manos, perdido el fruto de su mente! Pero el sino de Ildefonso era sucumbir ante la maldad y el egoismo, por ser excesivamente recto, confiado, esclavo de la conciencia hasta en las cosas nimias. «Es un santo—decía Prudencia, terminando con un gran suspiro,—y yo, por más que he revuelto todo el Año Cristiano, buscando la santidad en la industria, no he podido encontrarla. De los conventos y de las soledades han salido todos aquellos benditos; ninguno de los talleres.»

Llegaron á Lupardo con felicidad, lo que no era poca suerte, según estaba el país de soliviantado por la facción, y allí vió Aura escenario bien distinto del de Bermeo. Hecha á los grandiosos espectáculos marítimos, que favorecen las expansiones del alma, y estimulan el atrevido volar del pensamiento, la primera impresión de Aura fué de tristeza, como de caer en honda sima, y sentir sobre sí pesos enormes de tierra y cielo desplomados. La estrechez del valle le oprimia el corazón. ¡Qué diferencia de aquella inmensa lejanía de los horizontes oceánicos, que hacía casi realizable el ensueño de medir lo infinito! ¿Pues y la pureza de los aires, aquella frescura que con la intensidad de la luz inundaba cuerpo y alma? En el valle del Nervión pesaba la atmósfera, y las alturas verdes, las laderas cultivadas eran composturas mal hechas en la Naturaleza por el hombre, y arreglitos que la echaban á perder. Entre las dos vertientes, á la orilla del río entintado por la arcilla ferruginosa, se alzaba el edificio de la ferrería, roja de medio abajo, de medio arriba negra, despidiendo humo denso á todas horas; harto parecida á un monstruo iracundo, por su respiración cadenciosa y los ruidos espantables que acompañaban sus funciones: el bullicio medroso de la turbina en lo más hondo, el martilleo con estridores metálicos arriba, y el soplido ansioso del fuelle. Respiraba la ferrería, latía su sangre, daba puñetazos continuamente sobre la materia indomable. Así lo vió Aura en su viva imaginación.

La casa en que moraban los trabajadores era humilde, también roja y negra, sin más que lo preciso para que tuvieran breve descanso los duros huesos de aquellos atletas. Una alcoba pequeña que ocuparon las dos señoras; una grande, donde dormían todos los hombres; otra pieza donde comían, pagaban los jornales y hacían sus cuentas, eran las piezas altas. En las bajas, tenían la cocina, depósitos de leña y carbón vegetal; del lingote producido, enormes piezas dobladas por la mitad, y algunas formando lazo. Allí encontró Aura al mayor de los primos enteramente transformado, pues las dos veces que le vió en Bermeo iba vestido de señor con bastante desavío, y en Lupardo cubría todo su cuerpo con un largo camisón de lienzo veteado de negro y rojo, mena y humo, los brazos arremangados, los pies en almadreñas, la cabeza descubierta. Era el más alto de la familia, y el menos guapo de rostro, de pocas carnes, seco, acerado. Su rostro revelaba cansancio, resignación honda de todas las facultades ante la pesadumbre del deber, quizás desconfianza del éxito. Se parecía bastante á Zoilo, siendo éste hermoso, y José María no. Su actividad no era vertiginosa, como la de *Churi* y Zoilo, sino reflexiva, paciente, llegando hasta una tensión increíble.

Prefería Sabino el trabajo directivo al material; era menos forzudo que sus hijos, los cuales, á excepción de Martín, habían heredado de su madre Zoila Maruri la constitución hercúlea. De esta señora se decía que si no la hubiera matado el cólera, habría vivido un siglo. Su madre y su abuela vivían aún, en Mundaca; contaba la primera ochenta años, y la segunda ciento dos. Pues sí: Sabino tenía especial acierto para organizar el trabajo de los demás, y daba sus órdenes de un modo paternal, persuasivo, sin gritos ni alboroto alguno. En cambio, Zoilo era todo viveza, todo ruído y alegría; desde el punto y hora en que Aura llegó á la ferrería, se multiplicaba en el trabajo, y redoblaba hasta lo increíble la cháchara y gorjeos de su alborozo juvenil. Coplas castellanas y vascuences salían sin cesar de sus labios; los rizos que ornaban su frente parecían, en manos del viento, aureola de salvajes crines. Su rostro era una paleta en que dominaban el rojo y el negro, mezclados y revueltos por el sudor copioso; la blancura de sus dientes y el carmín de sus labios brillaban con colorido picante en medio de tanta suciedad; sus manos tiznadas eran manos de un diablo que se ocupara en los menesteres más bajos del infierno; su gala era ser negro, y en los febriles accesos de júbilo cogía tizne con los dedos y se pintaba rayas en la frente y brazos. Renunciando á todo calzado, lo mismo chapoteaba en el fango que las lluvias acumulaban junto á los montones de mena, que en las verdosas aguas de la presa. Para secarse restregaba los pies en el polvo de carbón: hacía esto, según decía, para sacarse lustre á las botas. Iba de una parte á otra saltando, aunque transportara grandes pesos. Acudía más pronto que la vista á donde se le llamaba, sin repugnar ninguna faena por difícil y enojosa que fuese; su ardor era el asombro de todos, y no se le reñía más que por lo mucho que alborotaba y por sus expresiones incongruentes, pues no había que chillar tanto para hacer bien las cosas. Al llegar la hora de la comida, y tomar su asiento en la humilde mesa sin manteles, hacía, sin melindres, desmedidos honores á la pitanza, con gran contentamiento de Aura, que gozaba y reía viéndole comer, por lo cual extremaba él su apetito sin incurrir en la fea glotonería. Después de la cena, Sabino les convocaba en torno suyo para rezar el rosario y dar gracias á Dios, con jaculatorias de su invención, por la salud que disfrutaba toda la familia, para pedirle que ésta recogiese el fruto de tanto trabajo, y que se acabara pronto la guerra. Terminadas las devociones, se acostaban todos. Zoilo tardaba en dormirse, porque su cerebro era una devanadera, en que sin cesar envolvía hilos interminables: amor, esperanzas, proyectos, palabras que pensaba decir á Aura, palabras que, á su parecer, ésta le diría. Cuando sentía que su padre y su hermano dormían, se echaba del camastro donde reposaba medio vestido, y se iba al otro lado de la habitación, acurrucándose junto á un tabique desnudo y frío. Allí se pasaba otro rato devanando sus hilos con la más pura espiritualidad, y antes de dormirse daba repetidos besos al tabique. Al otro lado, en la próxima estancia, dormía la niña bonita.

Ningún mal pensamiento obscurecía el cielo purísimo de aquella pasión, toda nobleza y frescura infantil. Era Zoilo un hombre hecho y derecho, pues ya había cumplido veintidós años; pero su pasión le reverdecía la niñez con todas las candideces de-

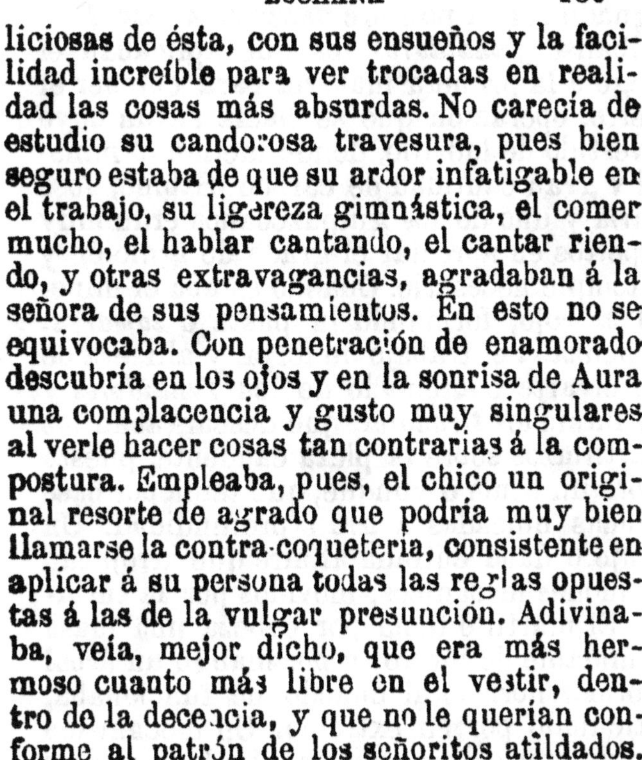

liciosas de ésta, con sus ensueños y la facilidad increíble para ver trocadas en realidad las cosas más absurdas. No carecía de estudio su candorosa travesura, pues bien seguro estaba de que su ardor infatigable en el trabajo, su ligereza gimnástica, el comer mucho, el hablar cantando, el cantar riendo, y otras extravagancias, agradaban á la señora de sus pensamientos. En esto no se equivocaba. Con penetración de enamorado descubría en los ojos y en la sonrisa de Aura una complacencia y gusto muy singulares al verle hacer cosas tan contrarias á la compostura. Empleaba, pues, el chico un original resorte de agrado que podría muy bien llamarse la contra-coquetería, consistente en aplicar á su persona todas las reglas opuestas á las de la vulgar presunción. Adivinaba, veía, mejor dicho, que era más hermoso cuanto más libre en el vestir, dentro de la decencia, y que no le querían conforme al patrón de los señoritos atildados.

Más elegante sería cuanto más se pareciese al aire, á las olas, á los pájaros. Esto no lo razonaba, lo sentía, acariciando un vago propósito de dejar de ser pájaro y ola cuando las circunstancias le indujeran á ser hombre verdadero, y hasta hombre *fino,* si fuese menester.

El trabajo de la ferrería era muy duro: lo hacían exclusivamente José María, Zoilo, *Churi* y dos guipuzcoanos contratados: vestían todos, menos Zoilo, largos camisones de lienzo. El capataz ó jefe de la tarea era designado con el nombre vasco de *arotza*. Llamábanse *fundidores* los que aplicaban el fuego á la primera materia para obtener el hierro, operación que se hacía en un hoyo revestido de ladrillo, donde metían el mineral y gran cantidad de carbón. Sabino, José María y uno de los guipuzcoanos eran muy expertos en apreciar el grado de ignición y el temple necesario. Cuando estaba el mineral al rojo, formando la pasta ó *zamarra*, comenzaba el trabajo de forja, y allí era de ver el arte combinado de los *fundidores* y los llamados *tiradores*, que descargaban los martillazos sobre la pieza candente, puesta sobre un firme ó yunque, que tenía por base estacas hincadas á gran profundidad. Un agujero daba entrada al aire que arrojaban pulmones mecánicos, movidos por la turbina. El martillo tenía por cabeza una masa formidable de hierro, y por mango un árbol enorme, horizontal cuando no funcionaba, articulado por su extremo. Un mecanismo rudimentario lo movía, manipulado por los *tiradores*, mientras los otros manejaban con grandes tenazas la *zamarra*, dándole las necesarias vueltas para recibir por una cara y otra el golpe... Las tremendas cabezadas del martillo batiendo la masa roja y blanda, iban limpiándola de escoria, y ajustando las moléculas de aquel hierro incomparable para todos los usos de la agricultura y de la industria. Zoilo y un guipuzcoano solían hacer de tiradores, mientras José María y el otro volteaban la pieza con las tenazas. El *prestador* era el obrero de menor categoría en la forja; sus funciones se concretaban á preparar la comida, amasar la borona y ponerla entre las planchas calientes, y al propio tiempo ayudaba á los demás á cargar el horno, llevando espuertas de mena. De *prestador* hacía comunmente *Churi*, que guisaba muy bien, sin perjuicio de ayudar como el primero en el transporte del material y en dar fuego á la hornilla... Quemar mucha leña, atizar candela era su mayor goce.

XX

Comían ordinariamente caldos de habas secas con cecina, borona y buenos tragos de chacolí. Al comienzo de la campaña mataban una res, cuya carne salaban y ponían después al humo. En los días en que Prudencia y Aura aportaron por allí, mejoró un poco la mesa de los cíclopes de Lupardo, porque la señora de Negretti había llevado un par de cestos de provisiones, entre las cuales sobresalía por su magnificencia un pan de trigo de cuatro libras; lo demás era una gallina asada, patatas, fruta seca, huevos y pasta de tomate en botellas, de industria doméstica. Esto fué lo único que pudo traer de Bermeo, donde ya escaseaban las provisiones de un modo alarmante, pues los arrieros que llevaban pan de Vitoria una vez por semana, iban ya rara vez; sólo abundaba la merluza, que en aquella época del año, por preocupación incomprensible, era desestimada, y se vendía á ochavo la libra. Prudencia había hecho un riquísimo escabeche, que llevaba en orzas grandes bien acondicionadas.

Con estas viandas, hubo proporción de celebrar en Lupardo verdaderos festines, de que participaban los guipuzcoanos, estimando éstos como bocado exquisito el pan de trigo que no habían catado en meses, y que Prudencia repartía en discretas raciones. Y por contra, Aura gustaba con preferencia de los caldos de habas con cecina y de la borona; no hay que decir que Zoilo, por agradarla, consumía porciones monstruosas de aquel grosero alimento.

Hubiérale gustado á la niña bonita poner también sus manos en aquel rudo trabajo del hierro; pero como Prudencia la vigilaba, manteniéndola dentro de su jurisdicción de señorita fina, y no hallaba ocasión de echarse á la cabeza una pesada cesta de mena para descargarla en el horno. Ya que no podía trabajar, se arrimaba lo más posible á la forja, sin miedo al calor intenso, sin reparar que se le sentaba en la piel del rostro el rojo polvillo del mineral. Si tuviera espejo, habríase visto trocada en figura egipcia, por el encendido color de cerámica que lucía como proyección de un incendio. Su belleza era entonces más para que la gozaran los dioses que los pobres humanos, estragados por el convencionalismo estético y las falsas artes de la presunción. Con el criterio vulgar de éstas juzgaba Prudencia el nuevo cáriz de su sobrina, diciéndole: «¡Ay, hija, estás hecha una visión! Gracias que no hay aquí gente que te vea. ¡Lo que pareces con esa cara tan *abochornada!* ¡Cuándo querrá Dios que nos vayamos á Bilbao para que te adecentes!»

No debía esperar mucho la señora para ver cumplidos sus deseos de adecentar á la niña, porque una tarde, cuando no llevaban cinco días de estancia en Lupardo, llegó Martín en un caballejo, y tuvo con su padre un vivo diálogo, del cual había de resultar la suspension del trabajo de la ferrería. «Padre—decía el joven, que á las primeras palabras planteó la cuestión,—esto no puede ser. En Bilbao nos critican porque mientras todas las ferrerías de Vizcaya suspenden, la nuestra sola trabaja. ¿Y por qué? Porque trabaja para ellos, para los carlistas, y de aquí sacan el material de guerra con que quieren asesinarnos. Esto no puede ser. Yo he corrido á avisarle para que se entere de lo que por allá dicen y piensan. Antes que le hagan parar á la fuerza, suspenda el trabajo por su determinación. Considere que somos bilbaínos, y que tenemos que vivir con la opinión y con los sentimientos de nuestro querido pueblo.»

Algo tuvo que remuzgar Sabino; pero cedió al cabo ante los expresivos argumentos de Martín. «Soy miliciano nacional; á gala tengo el pertenecer al cuerpo que defiende la sagrada villa, y no puedo en ningún caso discrepar del parecer de mis compañeros.» Lo mismo opinaba Valentín. No convenía, pues, á la familia, por la índole y el estado de sus negocios, divorciarse de la opinión del pueblo, donde dominaba el espíritu de resistencia implacable. Bilbao sería un montón de ruínas antes que consentir que pisara su suelo Carlos V. Ó morir todos, ó defenderse hasta la desesperación. Ya era seguro que reunían sus batallones y se repostaban de artillería y balas para poner cerco á la capital, decididos á conseguir lo que no pudo Zumalacarregui. No dejaron de hacer su efecto en el ánimo de Sabino estas razones, pues si bien no sentía maldito entusiasmo por la causa liberal, érale imposible sustraerse á la solidaridad bilbaína, no sólo por amor al pueblo natal, sino por la influencia que sobre él ejercían su hermano y su segundo hijo. En otra ocasión habría tenido sus dudas, pues del campo carlista le tiraban amistades de gran fuerza, y le seducía el carácter de religioso desagravio que á su causa imprimía el Pretendiente; pero ya no podía ser. Su hermano mayor habia soltado prenda por Isabel, prestándose á que le metieran en juntas de armamento y defensa; Martín era miliciano, y ambos figuraban como fervientes apóstoles del *Bilbao no se rinde*. Por nada del mundo daría Sabino el triste espectáculo de aparecer en desacuerdo con los suyos. ¡Qué horrible discordia la que hace enemigos á hijos y padres, á hermanos queridos! No no. Antes la muerte que ver el odio en su familia, aunque este odio fuese político. Adelante, y allá se iban todos bien apretaditos uno contra otro. Bilbao y la familia eran un solo sentimiento, y al decir *Bilboko echea* se decía lo más grato al corazón.

Determinóse, pues, que en rematando unas piezas que estaban en la forja apagarían los fuegos, y se retirarían llevándose todo el material de hierro que pudiesen, pues el que allí se dejara no tardaría en ser cogido por la facción. Logrado su objeto, y después de un rato de plática con Prudencia y Aura, Martín se dispuso á montar de nuevo en su caballejo, pues no podía faltar de la tienda. Prudencia le dijo: «Es un dolor ver á esta chica cómo se ha puesto. Mira qué cara, mira qué manos.» Aura reía, declarando con ingenuidad que aquella vida le gustaba, y que no creía desmerecer de figura por haberse puesto del color de la mena. Opinó Martín que aunque se pintara de negro-humo ó de almazarrón, siempre sería una divinidad; pero que no le correspondía perder su aire de señorita principal; y añadió que habiendo llegado á Bilbao la fama de su hermosura, ya había por allí muchas personas que deseaban conocerla. La sociedad bilbaína era muy entonada. Aura había de causar arrebato... El se alegraría mucho de que el domingo próximo, vestidita con su mejor ropa, fuese á ver desfilar la Milicia Nacional, cuando iba á misa á Santiago. Después tocaba la música en el Arenal, y allí se paseaban las señoritas con los milicianos y la oficialidad del ejército. Dicho esto y otras cosas pertinentes á la guerra y á la amenaza del sitio, se retiró el simpático joven en su jaco, despidiéndose de las señoras con un afectuoso *hasta mañana*.

Caía la tarde, y no gustando Sabino de que su hijo fuera solo, mandó á *Churi* que montase en su burro y le acompañara, volviendo al día siguiente para ayudar al transporte del material. La familia iría en un carro del país, bien aparejado, saliendo á hora conveniente para llegar antes de anochecer. Mal le supo á Zoilo la disposición paterna de trasladarse á la capital, porque en aquel salvajismo de Lupardo se encontraba el mozo en sus glorias; y teniendo allí á su ídolo, y pudiendo tributarle ardiente y secreto culto á todas horas, no cambiara la ferrería por el Paraíso Terrenal. Y casi casi asegurar podía que á la niña tampoco le supo bien la traslación, porque allí gozaba viendo los trabajos, y ¡qué demonio! viéndole á él; allí tenían los dos por intermediarios de sus amores, al menos por parte de él, las llamas y el calor de la forja, el aire del soplete, y aquel campo ameno y triste, el río que mugía, los pájaros, la mena roja y el carbón negro. Todo aquello hablaba, todo sonreía, y era bueno y... *amigo*.

Se desesperaba el pobre Zoilo pensando cuán árida y fastidiosa sería la vida en Bilbao. Allá vestirían á la niña de damisela, llevándola de visita en visita, ó me la tendrían todo el santo día en la sala, donde él apenas entraba; y si por fin de fiesta le continaban, como era muy de temer, en el almacén de maderas de Ripa, se divertiría como hay Dios. En tanto, gozarían de la dulce presencia de Aura las visitas cargantes, los señores y señoras de Ibarra, de Gaminde y Vildósola; y para colmo de fastidio, Martín podría verla á todas horas, y él no. Esto era en verdad peor que un castigo. Aura bajaría por las mañanas á la tienda, y como tenía tan bonita letra, puede que Martín la pusiera en el escritorio, á su lado, á copiar cartas y facturas, tocándose el codo de él con el de ella... No, no mil veces: esto no lo sufría. Como viera los codos juntos, de fijo haría cualquier barbaridad. Pensando estas tonterías se llevó casi toda la noche, y en lo más avanzado de ella, mientras su padre y hermano dormían, calentó con sus besos el frío revoco del tabique. Efectuóse al siguiente día tranquilamente el apagar de hornos, la recogida de herramientas, la disposición y arreglo de todo lo que había de quedar allí, el transporte del hierro elaborado, y en un carro que mandaron traer de Miravalles se trasladó á Bilbao toda la familia.

Resultó ¡ay dolor! lo que Zoilo temía: que desde la noche de llegada se vió la casa infestada de visitas, que acudían como las moscas; señoras y señoritas pegajosas que iban á picotear, á guluzmear, y á estarse las horas muertas en la sala. Las alabanzas á la bella sobrina eran entusiastas; los plácemes por tenerla allí, muy empalagosos. Zoilo hubiera cogido un zurriago y arrojado á la calle á todo aquel señorío importuno, que le quitaba á él su bien propio; pues con tanto mirar á la niña, y tanto sobarla y besuquearla, colmándola de lisonjas, se llevaban pegadas á las manos y á las bocas partículas de aquel sér divino. ¿Qué le importaba á nadie que Aura fuese un prodigio de hermosura? ¿Ni qué tenía que ver aquella gente curiosona, entrometida, con que fuese huérfana, prometida de un principillo, y qué sé yo qué? Ya se le iban atufando al hombre las narices, y le entraban ganas de demostrar á chicos y grandes que sólo á él le importaba la guapeza y demás méritos superiores de su prima... No poco se alegró de que no le confinaran en el almacén de Ripa, atestado de maderas, barriles de alquitrán y brea, pues si su padre le señaló un trabajo que allí le retenía algunas horas, las más del día estaba en la Ribera, ayudando á Martín en el trajín del despacho. Gracias á esto podía extasiarse en su divinidad, sin hartarse nunca. Si viéndola en el llano vestir de Bermeo y en el desgaire de Lupardo se había enamorado de ella como un tonto, en Bilbao, cuando se la vistieron de señorita para llevarla á misa ó al visiteo, y con los trapitos de cristianar para presentarla en el Arenal, su tontería se trocó en locura, con hondos desvanecimientos y accesos de rabia.

Efecto maravilloso y estupefaciente causó Aura en la juventud bilbaína, cuando hizo su primera salida con Prudencia y la señora y señoritas de Gaminde en el paseo del Arenal, pues si bien la fama había anticipado ya ponderaciones de tan singular belleza, la realidad empequeñeció la obra de la fama, al contrario de lo que en la mayoría de los casos sucede. Y aunque entonces, como ahora, la gallardía y hermosura mujeril eran cosa corriente en Bilbao, el tipo de Aura, su sencillez y majestad, las incomparables líneas de su cuerpo, su helénico perfil, y la expresión divinamente humana de sus ojos, fueron motivo de general admiración y embeleso. Mirábanla los hombres encandilados, turulatos los viejos, con asombro receloso las mujeres, y no se oían á su paso más que alabanzas. Si por una parte satisfacían á Zoilo tales demostraciones, por otra le mortificaban horriblemente, porque de tanto mirarla y alabarla resultaba que no era suya, sino del público. Rondando solo, separado de sus amigos, por los bordes del paseo, tomaba las vueltas á su prima y observaba de lejos la cara que ponían los jóvenes, así militares como paisanos, al pasar junto á ella; ó bien iba detrás de los grupos de paseantes, tratando de escuchar lo que decían. Las exclamaciones «¡vaya una mujer!...» «es más de lo que dijeron...» «esto ya no es mujer, es diosa,» eran como otros tantos estiletes que clavaban en su pecho.

Si más que mujer era diosa, los malditos dioses no consentirían que hembra tan superior fuese para él... Y cuando pudo ver y oir que en un grupo de milicianos, donde iba su hermano Martín, felicitaban á éste por tener á tal beldad en su casa, y le daban bromitas, faltó poco para que la emprendiese á bofetada limpia con aquellos majaderos, desvergonzados... Nervioso y descompuesto, marchaba en una y otra dirección por el círculo más excéntrico del paseo, que era como el voltear de una noria, pensando que si hubiera pistolas de muchos tiros, y él poseyera arma tan prodigiosa, la emplearía bonitamente en aquella ocasión... ¿Cómo? Arreando un tiro ¡pim! á todos los que al paso de Aura decían ¡ah! ¡oh!... y otro tiro ¡pam! á los que se permitieran comentarios de la hermosura, y qué sé yo qué... y otro y otro tiro ¡pim, pam! á los graciosos y bromistas... ¡Hala!... ¡y que volvieran por otra!

XXI

No le fué muy fácil á la hermosa doncella adaptarse al nuevo molde de vida, y hacerse á tal ambiente; pero al fin hubo de rendirse al fuero de la necesidad y de la costumbre. La estrechez de la casa, un entresuelo sin luces en la parte interior, causábale opre-

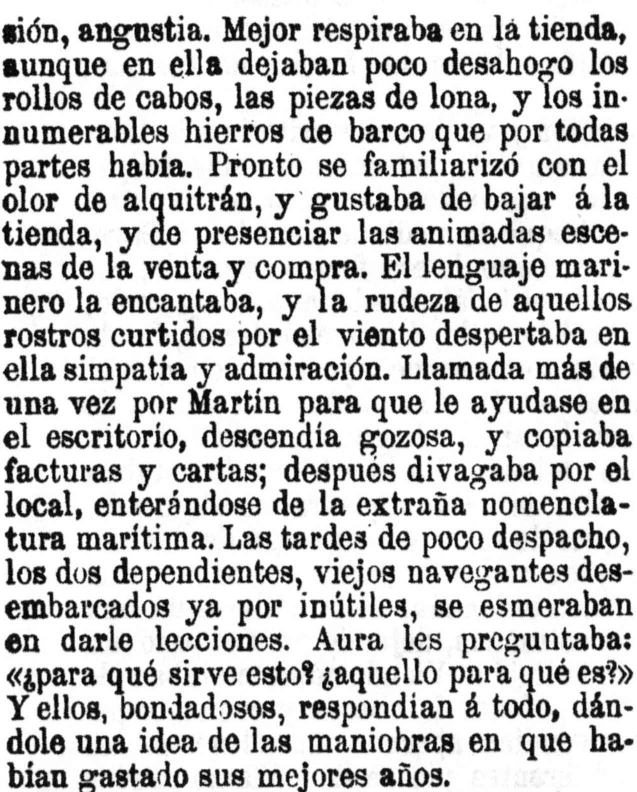

sión, angustia. Mejor respiraba en la tienda, aunque en ella dejaban poco desahogo los rollos de cabos, las piezas de lona, y los innumerables hierros de barco que por todas partes había. Pronto se familiarizó con el olor de alquitrán, y gustaba de bajar á la tienda, y de presenciar las animadas escenas de la venta y compra. El lenguaje marinero la encantaba, y la rudeza de aquellos rostros curtidos por el viento despertaba en ella simpatía y admiración. Llamada más de una vez por Martín para que le ayudase en el escritorio, descendía gozosa, y copiaba facturas y cartas; después divagaba por el local, enterándose de la extraña nomenclatura marítima. Las tardes de poco despacho, los dos dependientes, viejos navegantes desembarcados ya por inútiles, se esmeraban en darle lecciones. Aura les preguntaba: «¿para qué sirve esto? ¿aquello para qué es?» Y ellos, bondadosos, respondían á todo, dándole una idea de las maniobras en que habían gastado sus mejores años.

El escritorio era un rincón de la tienda, separado de ésta por tabique de cristales, que en tal sitio debía llamarse propiamente *mamparo*. No había más espacio que el preciso para revolverse con estrechez entre la mesa, con carpeta para dos personas, y el estantillo de los libros. Dos taburetes, la menor cantidad de asiento posible, completaban el mueblaje. Lo demás del reducido garitón lo ocupaban estantes atestados de género, casi todo lo de pesca, paquetes de anzuelos, redes, plomos; en otra parte, piezas de lanilla para banderas, brochas, cepillos, defensas, y más arriba, pendientes del techo, bombillas de diferente forma, faroles de costado, etcétera...

Martín iba y venía del escritorio á la tienda por una puerta estrecha, no más holgada que las que suelen dar paso al camarote de un buque de mediana comodidad. Salvo á la hora en que le era forzoso escribir, recorría todo el local, desde la pieza grande, que daba á la calle, á la más interior, fin de una serie tortuosa de aposentos en que el olor del alquitrán y la obscuridad y falta de aire remedaban el ahogado recinto de la bodega de un barco. En lo más hondo estaban los barriles de brea en piedra, de alquitrán, los bloques de sebo; y á lo largo de las estancias, los rollos de jarcia formaban una estiva bien ordenada, como sillares de una serie de columnas, dejando para el paso un angosto callejón. Viendo cómo cortaban de los rollos pedazos de cuerda y cómo los pesaban y vendían, aprendió Aura los nombres de las diferentes piezas de cáñamo usadas en la navegación, y supo distinguir el calabrote y la guindaleza de la flechadura y cabo de acolladores. Todo lo preguntaba, y todo lo retenía en su prodigiosa memoria. «¿Te gusta este comercio?» le preguntaba Martín, que buscaba la manera de echarle una flor, sin poder conseguirlo: tales eran su timidez y respeto. Y ella respondía: «Las cosas feas se vuelven bonitas cuando vamos aprendiendo á ver en ellas la utilidad. Esto que parece tan feo, va dejando de serlo á medida que entendemos para qué sirve. Mira tú: yo me he criado entre piedras preciosas. ¡Como que he jugado con ellas! ¿Pues creerás tú que ese comercio nunca me hizo gracia?

—Como que es un comercio que sólo vive de la vanidad—dijo Martín, henchido de satisfacción.—Las piedras son objetos de puro lujo, y esto, Aura, esto es la vida, esto es el pan... Porque si no hubiera barcos, fíjate bien, prima, no habría comercio, y sin comercio no tendríamos ni camisa que ponernos, y viviríamos como los salvajes.»

Cuando entraba Zoilo y la veía sentadita en el escritorio, junto á Martín, y él corrigiéndole las copias, para lo cual se acercaba demasiado, juntando casi cabeza con cabeza, el pobre chico no sabía lo que le pasaba. ¡Vaya que también esa!... ¡Y *dar la casualidad* de que aquel hombre fuera su hermano! Si no lo fuese, ya le habría enseñado á ponerse á la distancia que debe guardarse entre caballero y señora cuando no son novios. Por suerte de Zoilo, existía la guerra, que evidentemente le favorecía. La *casualidad* de que hubiese guerra tenía sobre las armas á la Milicia Urbana, y á cada momento, mañana ó tarde, venía el ordenanza con avisos que hacían salir á Martín de estampía. «D. Martín, revista á las tres... Don Martín, á las dos ejercicio.» Y primero faltaba una estrella del cielo que dejar el joven de acudir al llamamiento de la patria y de la libertad. Gracias á esto, Zoilo quedábase solito con Aura, y si había venta de cosas menudas, la enseñaba á despachar, ó le daba previamente instrucciones para cuando viniese alguien en busca de agujas de coser lonas, de hierros para calafatear. «¿Para qué sirve—le preguntaba ella,—este zoquete redondo de madera con tres agujeros, que parece una cara con sus ojitos y abajo la boca?...» «Esto llamamos *bigota*, y sirve para las flechaduras de la jarcia.» Seguía una larga lección de aparejo, que comunmente Aura no entendía. Ello es que, sin entenderlo bien, pedía la niña noticia de todo; y él, con seriedad científica, le explicaba la aplicación de las distintas clases de grilletes, guarda-cabos y demás hierros. Le mostraba un *rempujo* y la manera de usarlo para coser velas, y se lo ponía y sujetaba con la hebilla, para que se hiciera cargo de aquel *dedal de la palma de la mano;* la instruía en el modo de calafatear, metiendo en la unión de las tablas y apretándola bien con hierros, la filástica, que era la estopa de los cabos inútiles... «Te enseñaré cómo se hace la filástica. Pero tus dedos son muy finos para esta operación. No, no: déjame á mí. No hay más que ir abriendo la estopa... Es muy fácil.

—¡Vaya, con todas las cosas que hay dentro de un barco! Me gustaría tener una fragata muy grande, muy grande.

—Y á mí. Para ir á ver tierras tú y yo... Y luego la traíamos llena de perlas y brillantes; cargada de piedras preciosas hasta las escotillas.

—¡Jesús qué disparate!

—Sí: de piedras preciosas, que, aun con ser tantas, serían pocas para adornar tu hermosura. Dí que sí.

—¡Qué tonto!

—Es verdad. ¿Qué son las piedras? Morralla... Para adornarte á tí no hay más que el sol y las estrellas, con la luna en medio, y dos docenas de rayos por cada banda.

—¡María Santísima... divino Dios!

—No hay más Dios divino, ni más divinidad que tú... Yo lo digo, y aquí estoy para sostenerlo...»

Al fin se arrancó el hombre. Entre seria y festiva, Aura le contestaba riendo y volviendo la cabeza, burlándose un poco, ó asombrándose de su audacia.

«Pero, Zoilo, ¿estás loco?

—Sí, sí... me da la gana de estar loco. Es mi gusto... Como lo será el morirme ó matarme si tú no me quieres...

—Cállate, Zoilo... no bromees con eso... Cállate, que la tía baja... Me parece que la siento.»

Lo que hacía Prudencia era llamarla desde lo alto de la estrechísima escalera, más bien escala de barco, que comunicaba la tienda con el entresuelo. «Voy, tía,» gritaba Aura, mientras Zoilo, contento de haber roto el fuego, de haber puesto fin á un mutismo que le requemaba el alma, se decía: «Esta lagartona de mi tía Prudencia la manda abajo cuando está Martín, para que el otro le diga cosas, y la llama cuando yo estoy, para que yo no pueda decírselas... Ya le enseñaré yo á mi señora tía quién es Zoilo Arratia.» Y se puso á medir brazas de cabos, que los dos dependientes iban pesando.

Sabino y su hijo mayor se pasaban casi todo el día en el almacén de Ripa, donde tenían gran cantidad de duela, magníficas tosas de caoba y cedro, y una regular partida de teca y riga que no lograban vender en aquellos calamitosos tiempos por estar encalmada la construcción de buques. Por la noche reuníanse todos en el entresuelo de la Ribera y cenaban juntos, comentando la guerra, llevando al seno de la laboriosa familia ecos de la opinión del pueblo respecto á la inminencia de un segundo sitio, más apretado que el primero. Valentín, Martín y Aura eran partidarios de la resistencia á todo trance, y confiaban en el éxito, movidos de la ardorosa fe bilbaína. Sabino y José María se hacían intérpretes de la minoría desconfiada y algo pesimista del vecindario. Temían que la villa tuviera que rendirse; no daban excesivo valor á las bravatas de los milicianos, ni estimaban posible que la guarnición escasa hiciese maravillas. Al primer partido, patriótico y entusiasta, se arrimó Zoilo, afirmando que quería derramar su sangre por Bilbao, y contribuir á la defensa con todos sus bríos. Apoyábanle unos, otros se reían, y Prudencia declaró, siempre dentro del sagaz criterio que le imponía su nombre, que la familia no debía significarse toda del lado isabelino, sino dividirse en las dos opiniones para estar á las resultas de los acontecimientos. «Si todos—decía,—nos vamos con la Libertad, ¡ay de nosotros en el caso de que venga la mala, y se vaya la Libertad á paseo y triunfe el obscurantismo!» Pero estas razones las rebatió con firme lógica y hasta con elocuencia Valentín, sosteniendo que no era decoroso el doble juego, sino poner las dos velas á Dios y ninguna al diablo. Dios era la Libertad. De esta definición hubo de protestar Sabino, asentando que no había que mezclar á Dios en cosas de política. Que se juzgase conveniente defender la Libertad y el trono de Isabel, muy santo y muy bueno; pero nada de meter á Dios en estos líos, porque El no era constitucional ni realista, sino Dios á secas, y su divina voluntad era que no se derramase tan locamente sangre de cristianos.

En ello convinieron todos, como también en que si á Zoilo le pedía el cuerpo andar á tiros, se le procurase el ingreso en la Milicia Nacional. Con gran alegría acogió esta idea el interesado, y Aura, también gozosa, propuso que se comprara sin pérdida de tiempo la tela para el uniforme, y que una vez cortado por el sastre, ella lo cosería con sus propias manos, aunque tuviese que velar. «Ya tenemos á Periquito hecho fraile—dijo Prudencia.—Coseremos pronto la ropita, para que pueda lucirla en la formación del domingo.» Aquella misma noche, andaba por el comedor y los pasillos con aire marcial. Sentía no tener listo su uniforme antes de que viniera *Churi*, el cual se había ido en su asno á sus acostumbradas exploraciones del país encartado ó del valle de Mena, por puro vicio de independencia, más bien de vagancia, pues ya no había para qué traer leña y carbón. ¡Qué sorpresa le iba á dar, si cuando volviese le encontraba en todo el esplendor y magnificencia de su facha militar! ¡Y que no rabiaría poco al verle! Que rabiara, sí, y que se le llevasen los demonios, en castigo de las burradas que al partir le había dicho. De lo último que hablaron se copia lo menos violento, dejando intraducidas y al natural las locuciones del maligno sordo.

«Zoilo.—Estoy seguro de que me quiere... ya no pienso en matarme, sino en vivir, en hacer cosas de mucha dignidad, en aprender todo lo que no sé, en ser valiente, en portarme como un caballero.

Churi.—*Patuo*, no *cuerras* tanto... por detrás el pingajo te cae... ¡Qué *pamparria* tener tú!... Eso *dite*, pues.

Zoilo.—Hazte á un lado, zopenco.

Churi *(sin entenderle)*.—*Prínsipe arrecho* vendrá él, y casarse hará con ella, y más... Al *dimonio* tú aquí mismo, y más. Eso *dite*, pues... ¿Qué harás si la tía *Pudrencia* saberlo ella?... ¿para qué es desir? Murirte harás... Reirme yo... *dite* qué *patuo* eres, *patuo* y *parol*.

Zoilo.—Cállate... ó verás.

Churi.—Aura *sielo* es, y más... tú *sarama*... *Sarama* al *sielo* subirse no hará... Con escoba que te arrecojan...»

Ingresó Zoilo en la Milicia; hizo solemne estreno de su uniforme, y el endiablado sordo no parecía. Quien llegó fué Negretti, en un estado moral lastimoso, herido de cruel desengaño, renegando de la hora en que puso su inteligencia al servicio de la *Pretensión*. Hombre de sinceridad, reconocía su error y se lamentaba honradamente de no haber seguido la opinión y consejos de su esposa. ¡Ay! las mujeres suelen tener, en asuntos de negocios relacionados con la vida social, olfato más seguro y vista más penetrante que los hombres... Toda la familia se aplicó á consolarle desde el primer día, rodeándole de atenciones y cuidados, pues su salud, con tan graves quebrantos y sinsabores, se había resentido notablemente. Hablando á solas con Valentín del tristísimo pasado, del negro presente, y de las cerrazones del porvenir, le decía: «Me siento tan abatido, tan descorazonado, que como no vengan estímulos de fuera de mí, dudo que pueda yo sacarlos de aquí dentro. Espero que pasen días, muchos días, á ver qué giro toma esta maldita guerra. Y también te aseguro que sólo he venido á Bilbao por tomar algún descanso, y por el gusto de pasar unos días con vosotros antes de irme á Francia. Aquí no me encuentro, querido Valentín; no me atrevo á salir á la calle, temeroso de que me echen en cara el haber traído acá pegadas á las manos las limaduras de la Maestranza de D. Carlos. Me tendrán por enemigo, quizás por espía... No me conocen lo bastante para ver en mí al obrero neutral, que sirve donde le pagan. La realidad, las flaquezas humanas, me han hecho comprender que la neutralidad es imposible, y por ello no se acaba esta guerra... Tesón allá, tesón aquí... ¡Desdichado de aquél que, como yo, se ve cogido y aplastado entre los dos tesones!... ¡Ah! vosotros, más felices que yo, podéis levantar una bandera, y defenderla, y hasta morir por ella... Yo no puedo... me he inutilizado para este partido y para el otro... Lo que sí te digo es que ya podéis prepararos bien, porque os van á sitiar, y con poderosos elementos. Nadie los conoce como yo... Os apretarán de firme, y como no venga un buen ejército á romper la línea de ellos, habréis de veros muy mal, pero muy mal, créelo. Si Bilbao no hace una hombrada, me parece que pronto seréis vasallos de Carlos V... Es triste; y si en mi mano tuviera yo el fuego del cielo os lo daría para resistir. Por que... no soy vengativo, eso no, ni quiero el daño de nadie; pero á esos, ¡ah! á esos les deseo que se les indigeste Bilbao, á ver si revientan de una vez.»

Los anuncios de Negretti respecto á la inminencia del sitio, se confirmaron en los días siguientes. El 21 y 22 de Octubre los carlistas abrían trincheras en Artagán. Al otro lado del monte Archanda, sobre el camino de Bermeo, tenían los cañones que habían de emplazar en diferentes puntos, para dominar Begoña y Achuri. Hacia Ollargan preparaban fuertes baterías contra San Mamés y la Concepción, y por Sodupe disponían los ataques á Burceña y el Desierto. La situación era, pues, gravísima. Desde las alturas de Santo Domingo y Archanda, por la orilla derecha del Nervión, y por la derecha desde las de Ollargan, los carlistas miraban á Bilbao en el fondo de la cazuela, y no tenían más que alargar la mano para coger el pobrecito *chimbo* y devorarlo.

Y mientras á la defensa se aprestaba, más parecía la capital de Vizcaya un pueblo en plena fiesta que un pueblo condenado á los horrores de la guerra de sitio: diríase que se habían propuesto los bilbaínos animarse unos á otros con enfáticos alardes de júbilo y desprecio del peligro. Su actividad en los preparativos cobraba nuevos alientos de aquel gozo común, de aquella confianza que ó sentían ó simulaban. Gran virtud es en estos casos la ficción de entereza. Los pueblos viven del sentimiento colectivo, y los bilbaínos supieron en tan suprema ocasión cultivarlo, creándose previamente la atmósfera en que debían consumar sus inauditas hazañas; atmosfera falsa, si se quiere, pero que los hechos, la constancia y tesón de aquel divino mentir convertirían luego en real y positiva. Y organizaban el éxito con prematuros alardes, sostenidos sin desmayo, como papeles de una comedia heróica. Los histriones dejarían de serlo á fuerza de fingir bien y de mostrarse alegres cuando la realidad les imponía la tristeza. Era un pueblo de imaginativos, y los imaginativos que proceden con intensidad en su labor psicológica, acaban por crear.

XXII

Bien se comprende que en esta organización previa del éxito por la fanática confianza del pueblo en sí mismo, tenían la mayor parte las mujeres, y entre éstas, las jóvenes trabajaban más que las maduras en la composición de la atmósfera marcial. Las señoras y señoritas de la clase mayorazguil, las del patriciado comercial, las de menestrales y tenderos, eran la nube en que se formaban aquellos elementos de extraordinaria eficacia, de donde luego tomarían el rayo los hombres. El fuego lo hacían ellas. Ejemplo de esta elaboración de coraje ofrecía la hermosa Aura, que ligada ya por lazos de amistad con las niñas de Gaminde, con las de Orbegoso y otras de la villa, se pasaba todo el día picoteando en círculos femeniles acerca de lo que se hacía en las fortificaciones, de la distribución y destino de las piezas, de lo que hacía y pensaba el gobernador D. Santos San Miguel, de lo que disponía el Ayuntamiento con los corregido-

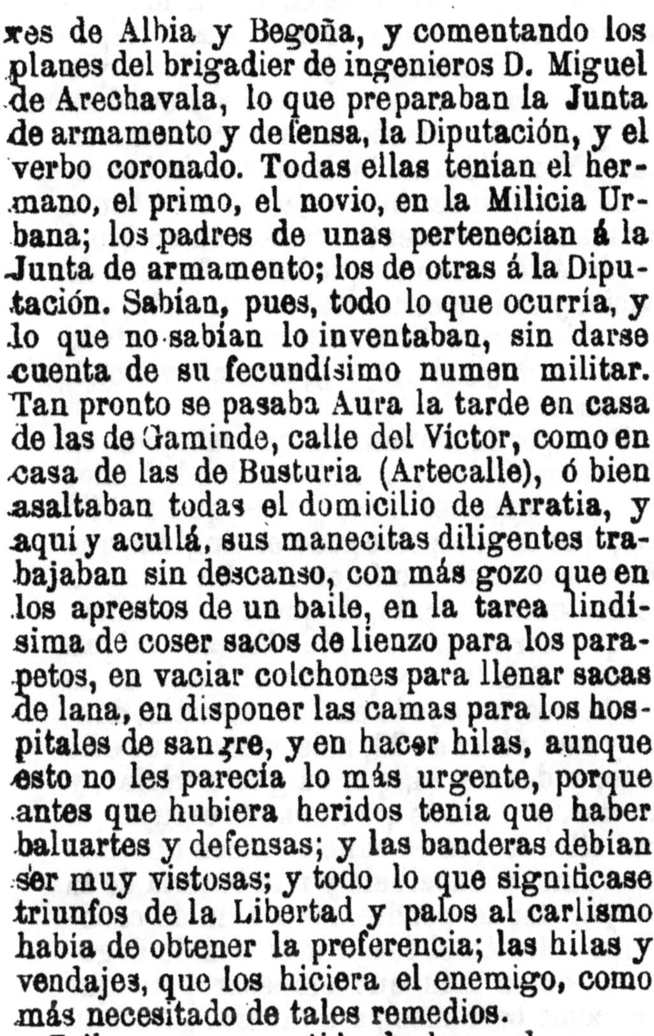

res de Albia y Begoña, y comentando los planes del brigadier de ingenieros D. Miguel de Arechavala, lo que preparaban la Junta de armamento y defensa, la Diputación, y el verbo coronado. Todas ellas tenían el hermano, el primo, el novio, en la Milicia Urbana; los padres de unas pertenecían á la Junta de armamento; los de otras á la Diputación. Sabían, pues, todo lo que ocurría, y lo que no sabían lo inventaban, sin darse cuenta de su fecundísimo numen militar. Tan pronto se pasaba Aura la tarde en casa de las de Gaminde, calle del Victor, como en casa de las de Busturia (Artecalle), ó bien asaltaban todas el domicilio de Arratia, y aquí y acullá, sus manecitas diligentes trabajaban sin descanso, con más gozo que en los aprestos de un baile, en la tarea lindísima de coser sacos de lienzo para los parapetos, en vaciar colchones para llenar sacas de lana, en disponer las camas para los hospitales de sangre, y en hacer hilas, aunque esto no les parecía lo más urgente, porque antes que hubiera heridos tenía que haber baluartes y defensas; y las banderas debían ser muy vistosas; y todo lo que significase triunfos de la Libertad y palos al carlismo había de obtener la preferencia; las hilas y vendajes, que los hiciera el enemigo, como más necesitado de tales remedios.

Zoilo, una vez metido de hoz y de coz en la vida militar, hizo nuevos conocimientos con señoritos de las primeras familias, y apretó más el lazo de sus antiguas amistades. Destinado á la cuarta compañía del primer batallón, eran sus compañeros inseparables Pepe Iturbide, hijo del polero que tenía taller de motones, patescas y cuadernales junto al almacén de los Arratias en Ripa, y Víctor Gaminde, hermano de las señoritas con quienes había hecho Aura tanta intimidad. Comunmente iba con su amigo á casa de éste, cuando quedaban francos de servicio, y allí se encontraba á su ídolo, que ansiosa le preguntaba: «¿Dónde has estado hoy, primo? ¿Qué hay? ¿qué has visto?... Cuéntanos.

—Pues por la mañana se ha trabajado en el fuerte del Morro, en Achuri, donde hemos puesto dos cañones más, y tres que había, cinco, que harán polvo todo el tinglado que están armando *ellos* más arriba. En Artagán tenemos cuatro piezas, di que cuatro infiernos, que arrasarán cuanto *ellos* se traigan por Santo Domingo y por Matalobos. Por la tarde hemos trabajado en San Agustín, donde hay una pieza de 36, más grande que este cuarto, y dos de 24, que da gusto verlas, y otras dos, y un obús que, cuando escupa, ya verán ellos lo que es canela. Dicen que mañana vamos á Sabalbide y á la batería de la *Reinaga*, donde pondremos sin fin de cañones que echarán el fuego más allá de Begoña. No deseo más que empezar para que vean cómo barremos para afuera. ¿Crees tú que no?

—Yo sí; yo creo que les barreréis, que no quedará uno para contarlo.»

Y acompañándola después á casa, con su hermano José María y una señora tía de las de Gamindo, que iba á pasar un rato con Prudencia, de quien era amiga de la infancia, hablaron los dos cuanto quisieron, porque José y la señora mayor, que era muy pesada, iban detrás, y ellos con juvenil ligereza se adelantaron. «Aura—dijo Zoilo con grave acento,—no quiero más sino que *den el primer toque*, para que veas tú de lo que soy capaz. ¿Qué tienes que decirme á esto?

—No digo nada, Zoilo. Yo quiero que seas valiente... Me gustaría mucho que te celebraran y te pusieran en las nubes.

—¿Y si me celebran y me ponen más arribita de las nubes?

—Me alegraré mucho, créelo.

—Yo quiero que se diga que el más valiente defensor de Bilbao es uno... uno que á tí te quiere, que te quiere más que á su propia vida... Y dirán: ¡dichosa ella, que la quiere el más valiente de Bilbao!

—Bien, *Zoiluchu*... Si me lo dicen, me alegraré... Falta que seas tan animoso de obra como de palabra.

—Tú lo verás... Di que empecemos pronto... Que haya tiros, que lluevan granadas y bombas deseo yo, y que tengamos que ir contra ellos á pecho descubierto... Ya me cansa tanto preparativo. Hacer fuego y atacar á la bayoneta, mándeme pronto... Lo mucho que te quiero me ha de salvar de la muerte. Con decir «Aura, mi Aura me favorezca,» no habrá bala que se atreva conmigo... Pero si no me quieres, las balas no me respetarán; dí que no.

—No seas tonto. ¿Qué tienen que ver las balas con el cariño?

—Sí tienen que ver, dí que sí. Yo estoy seguro de que diciendo: «Aura me ama; atrás, fuego de pólvora,» no he de tener ni un rasguño. Y si no lo crees, lo verás, y lo creerás. Quiéreme, y dime dónde hay siete mil serviles para ir solo contra ellos, solo yo.

—¡Jesús, qué locura!

—No, no te rías... Tú pídele á Dios y á la Virgen que empecemos de una vez... Que rompan ellos contra nosotros, que escupan, y ya subiremos nosotros á taparles las bocas, y á meterles el hierro en las barrigas. Yo me consumo esperando, esperando. ¿Por qué no rompemos, con cien mil gaitas?

—Pues ya tengo curiosidad de saber en qué paran todas esas valentias tuyas. También quiero que rompan. Esto es hermoso. Un pueblo chiquito, metido en un hondo, defenderse contra tantos miles de hombres furiosos que le tiran desde las alturas. ¡Cosa magnífica, Zoilo; cosa sublime! Yo quiero verlo... ¿Me contarás todo lo que veas?

—Todo, todo te contaré, y tú me querrás, dí que sí.

—No seas fastidioso... Ya sabes que no puede ser. Yo te quiero, porque eres mi primo; pero otra cosa no... Eres un buen chico, que puedes llegar á ser un gran hombre. ¿En qué serás gran hombre? Yo no lo sé: tal vez en el comercio, tal vez en la industria...

¿y quién dice que no lo serás en la milicia?

—Yo seré lo que tú me mandes. ¿Que me aplique á la milicia y que llegue á general, quieres tú?

—¡Jesús y María... tan pronto!

—Si la guerra sigue, hazte cuenta... Yo seré lo que tú mandes; pero no me digas que no puedes quererme. Si me quieres, si me crees digno de tu amor, ¿por qué me lo niegas? ¡Buena tonta serías si me despreciaras á mí por uno que no ha de venir!

—Yo no te desprecio, *Zoiluchu.*

—Pues quiéreme... verás qué valiente... ¿Qué cosa levanta más al hombre que el valor?

—Realmente... el valor es más que nada.

—Pues yo soy tuyo, y todo mi valor es tuyo, y lo que yo hiciere gloria tuya es, porque yo, si no te quisiera, sería muy cobarde, y me metería debajo de una mesa. Pero del quererte sale que yo desee subirme hasta las estrellas. Igualarme á ti, concédame Dios. Ya verás luego... Espéra un poquito.

—No, si yo espero... Ya ves que me paso la vida esperando.

—Esperando por otro lado lo que no ha de venir... y aquí estoy yo para que no esperes más tiempo... Una batalla dame, y verás.

—¿Pero yo cómo te he de dar una batalla?

—Diciendo que me quieres. Se me ha metido en la cabeza que si me dices eso, en el momento de decírmelo estallarán en esos montes, y en aquéllos, y en los de más allá, todos de una vez, *¡brrmm!* los cañones carlistas.

—¡Ave María Purísima!

—Sin pecado concebida. Lo que es natural, Aura, tiene que venir. Lo natural es que tú me quieras y que los carlistas ataquen.

—Claro: tú llamas natural á lo que deseas. Pues á mí todo lo que deseo se me vuelve sobrenatural.

—Porque no haces caso de mí, que soy lo natural, Aura; fíjate... ¿Pues qué soy yo más que lo natural?»

No pudieron decir más. En la puerta de la tienda encontraron á Martín, que les dió la noticia de la llegada de *Churi*, magullado, hecho una lástima, y además sin burro. Le habían hecho acostar; pero al anochecer, cansado de estar en la cama, se lanzó á la calle, corriendo á curiosear en los puntos fortificados. Se anticipó la cena de Martín y Zoilo para que volvieran á sus puestos, el uno en el Morrillo, el otro en Solocoeche. Habría querido su padre que estuviesen en la misma compañía, á fin de que se prestaran auxilio en algún aprieto y cuidasen el uno del otro; pero no había podido ser. En la casa todo era tristeza. Sabino, que dirigía el rezo doméstico, agregó al rosario de costumbre infinidad de preces, recitadas unas, leídas otras devotamente, de rodillas, en un libro piadoso. Todo era por impetrar del Señor que pusiese fin á la guerra entre hermanos. Y tan largo fué el rezo, que cuando se pusieron á cenar ya estaban desfallecidos.

¡Terminar la guerra por intercesión divina! Ya, ya; bonita terminación se preparaba. A fe que soplaban vientos de paz. Desde el amanecer de Dios empezaron los carlistas á largar bombas y granadas sobre la pobre villa. La plaza les contestaba en toda la línea de fortificaciones, desde Achuri á San Agustín, y desde Ripa á San Francisco. El día fué de alarma, aunque no tanto como el siguiente. En casa de Arratia hallábanse solas las mujeres y Negretti, que forzosamente retenido en Bilbao por el sitio, no salía de casa, permaneciendo en un cuarto interior entregado á estudios y cálculos de mecánica. Algunas señoras de los pisos superiores bajaban al entresuelo, y cuando apretó el miedo, porque se dijo que habían caído bombas en la calle Somera y en Artecalle, bajáronse todas á la tienda, donde se creían más seguras. Ignorantes de lo que ocurría estuvieron hasta que, muy avanzada la noche, llegó Valentín á referirles que la defensa había sido brillante. Sabino había ido hacia Sabalbide, donde, según le dijeron, estaba Martín, y José María funcionaba en el Hospital de Sangre de la Concepción como individuo de la Junta de Socorro y Sanidad.

«¿Quién va ganando?—preguntó Negretti, que sólo por satisfacer esta curiosidad asomó á la puerta de su cuarto.

—¡Hombre, qué pregunta!... Nosotros,—dijo Valentín.»

Ildefonso pareció complacido, y volvió á

engolfarse en su tarea, mientras su cuñado explicaba á las mujeres de la casa y á las vecinas allí congregadas los combates de aquel día en los diferentes puntos de defensa. En todos demostraron los bilbaínos tanta serenidad como valor. Las bajas no eran muchas, y los serviles no habían avanzado un palmo de terreno.

El siguiente día fué de grande ansiedad para los vecinos de aquella parte de la Ribera, porque á las primeras horas de la mañana se procedió á levantar un parapeto y barricada en la esquina del teatro, y trajeron un cañón grandísimo para hacer fuego desde allí contra las posiciones carlistas de Uribarri. En medio de alegre bullanga y animación, lleváronse adelante los trabajos toda la mañana: chiquillos, viejos y algunas mujeres ayudaban á llenar sacos de tierra, mientras los soldados y milicianos desempedraban la calle. Todo se hizo rápidamente. Cuando empezaron á disparar, retumbaban los tiros en la casa de Arratia como si se viniera el mundo abajo. Guarecidas las mujeres en lo más hondo de la tienda, de allí no se movieron hasta que cesaron de oir disparos cercanos. Negretti continuaba en su aposento del entresuelo, paseándose inquieto y nervioso. Al oir un zambombazo decía: «¡Ésa es buena... á ellos!...» y vuelta á revolverse y á suspirar fuerte, pasándose á cada instante la mano por la cabeza, á contrapelo, cual si quisiera hacer de ésta un perfecto escobillón. Su mujer quería llevarle á la tienda; pero se resistía, asegurando que la casa era sólida: lo más que podía ocurrir era que se hundiese el tejado. Dos días pasaron en esta situación, sin que ninguno de los Arratias pareciese por allí. Temían que Valentín, dejándose llevar de su temple fogoso, se lanzara al combate. Una vecina dijo que le había visto pasar al frente de una partida de paisanos que iban con picos y palas corriendo hacia el Arenal, donde también estaban emplazando piezas. Esta noticia las tranquilizó; y por la noche llegó Sabino ¡gracias á Dios! con nuevas felices de todos menos de *Zoiluchu*. Valentín, después de haber trabajado como un negro, estaba en el Consulado, donde se reunía la Junta de armamento. José María había pasado del Hospital de Bilbao la Vieja al de Achuri; Martín quedaba en Solocoeche sano y salvo, y de Zoilo no se sabía nada. Probablemente continuaba en el fuerte de Mallona. A *Churi* le había encontrado trabajando en la barricada de la Cendeja.

«¿Quién va ganando?—preguntó Negretti, entreabriendo la puerta de su escondrijo.

—*Estos*, replicó Sabino; y como en aquel punto entrara Valentín y oyese, subiendo la escalera, el *éstos* pronunciado por su hermano, gritó con fuerza y entusiasmo: «¡*Estos* no; *nosotros*, nosotros!»

Aunque á media noche llegó Martín con la referencia de que Zoilo estaba vivo y sano en el fuerte de Mallona, no acabaron de tranquilizarse, pues su hermano no le había visto... Venía el pobre muchacho fatigadísimo, desencajado; el pundonor, más que el marcial denuedo, le sostenía, aunque se hallaba dispuesto á volver á empezar en cuanto se lo ordenasen. Su lividez, el desmayo de su cuerpo aterido, el sobresalto de su mirar, pedían tregua para reponer la enorme dosis de coraje y entusiasmo gastada en las últimas lides. «El deber, hijo, el deber ante todo—le dijo su padre, acariciando el libro de rezos.—Cumplamos con lo que nos pide el honor de nuestro pueblo, y Dios dispondrá lo que nos convenga á todos. ¿Que dispone triunfar? Pues triunfemos... ¿Que dispone morir? Pues muerte.»

Valentín se había lanzado ya á un formidable ataque contra la cena, ya medio fría, que Aura ponía en la mesa. Martín le secundó con brío, y ambos anunciaron su intención de posponer el rezar al comer. Tomó Negretti en silencio algunas cucharadas de sopa, sin poner atención á nada de lo que se decía, y Prudencia se extremaba en las órdenes que daba á su sobrina para cuidar y atender á Martín.

«Sí, tía—dijo Aura,—no me olvidé de guardarle el medio pollo. Lo he puesto á calentar. Ahora lo traeré.»

Y sirviendoselo, le decía cariñosa: «Come, pobrecito. Tranquilízate... ¿Has hecho mucho, mucho fuego? ¡Qué sería de Bilbao sin los hombres valientes!... De fijo que *Zoilucho* habrá hecho alguna calaverada... alguna barbaridad...

—Es tan arrojado—dijo Valentín,—que me temo que sus bravuras le cuesten caras.

—Pero no hay que temer—añadió Prudencia.—A ese no le parte un rayo.»

Martín no dijo nada: comía en silencio, con la avidez de reparación de la materia egoista. La entrada de *Churi* renovó en todos la inquietud por Zoilo. Observando la cara sombría del sordo, temían que fuese portador de alguna mala noticia; pero á las interrogaciones que le hicieron, harto expresivas sin necesidad de usar la palabra, contestó con desabrimiento: «¿Yo qué saber? Diez y siete muertos de Mallona sacar... Yo verlos. No estar Zoilo; ningún muerto de los diez y siete es él mismo... Más no sé...»

XXIII

No se conformaba Aura con ignorar la suerte del menor de sus primos, y en la mañana del 26, á cuantos entraron en la casa preguntaba si sabían algo, si habían visto los muertos de Mallona. Nadie le dió razón. Todo aquel día, que lo fué de grande inquietud, porque en él dieron las compañías carlistas llamadas de *argelinos* un terrible asalto por Mallona, no llegó á la casa de Arratia noticia alguna de los hombres de la familia. Por la noche, sabedoras Aura y

Prudencia de que á Victor Gaminde le habían llevado herido á su casa, fueron corriendo allá. Prudencia no quería más que informarse y comadrear un poco, y dejando allí á su sobrina, se volvió para que Ildefonso no estuviera solo. Vió Aura al joven herido, y á la familia consternada: las hermanitas lloraban; la madre no sabía qué hacer, y el padre, D. Francisco Gaminde, persona en quien la bondad no excluía la entereza de carácter, sonreía con heróico dominio de sí mismo, asegurando que el *puntazo* del niño no era de muerte; le curarían, le darían buenos caldos para reponer la sangre perdida, y «¡hala, otra vez al puesto! Bilbao no quiere gallinas, sino buenos gallos con espolones.» Todo se reducía á un desgarrón de bayoneta en el costado derecho, rozando las costillas. Hilas, esparadrapo, y á los tres días ya podía coger otra vez el chopo. También él lo cogería si fuera menester... Y en último caso, antes que consentir que el *absoluto* entrase en Bilbao, hasta las niñas, las bravas bilbaínas, tendrían que ir al fuego.

Conservaba el herido su buen humor, y no estaba conforme con que le metieran en la cama. En esto entraron dos de sus compañeros, y alegrándose mucho de verles, se lamentó de no poder estar enteramente curado al siguiente dia, para volver allá. No había acabado de decirlo, cuando entró un tercer miliciano, manchado de sangre, la cara negra, de humo, de tizne, del obscuro fango de las baterías: era Zoilo, el mismísimo Zoilo, pero en tal facha, que Aura tardó en reconocerle; parecía más delgado, más alto... ¡qué cosa tan rara!... era otro... no, no... el mismo en espíritu; pero más estirado de cuerpo, ahuecada la voz, enflaquecido el rostro. A pesar de estas novedades *de aspecto*, bien se le reconocía en el mirar grave, en la arrogancia de su actitud sin asomos de fanfarronería, en el aplomo con que presentaba su rudeza ante personas finas de uno y otro sexo, no dejándose vencer de la cortedad. No había concluído de saludar á todos los presentes y de estrechar la mano de su amigo, cuando llegó presuroso Valentín, encargado de comunicar al Sr. Gaminde acuerdos importantes de la Junta, y de rogarle en nombre de sus compañeros que fuese al instante á donde estaban reunidos. Entre el cúmulo de asuntos diversos que éste y el otro, reunidos al acaso, expresaban con conceptos tan diferentes, descolló un instante la voz del miliciano herido, diciendo: «Los héroes de Mallona han sido dos... el pobre Mendiburu, y otro que está presente.» Cuando los primeros veinte argelinos entraron por la brecha, más parecidos á fieras que á hombres, cinco de nosotros se abalanzaron á ellos... De esos cinco, tres se quedaron á media distancia; dos solos avanzaron resueltos. De los dos, Mendiburu cayó muerto; el otro está vivo, y es este *Luchu* que ven ustedes aquí. Tras el muerto y el vivo corrimos los demás... No sé cómo fué aquello... un milagro, un sueño... no sé... Aún tengo dudas de que vivamos los que vivimos, y de que quedaran en tierra destripados no sé cuantos argelinos... Ni sé cómo pudo pasar lo que pasó... no sé, no sé...»

Manifestó Zoilo, ante el relato de su hazaña, una calmosa modestia, sin hipócritas denegaciones ni alardes vanidosos. Su tío Valentín le dió una bofetada de cariño y tres besos que parecían mordidas, gritando: «¡Si es Arratia, bilbaíno de las Siete Calles!... y no hay más que decir.» Gaminde, sin extremar la admiración, pues tales hechos debían considerarse, según él, como cumplimiento estricto del deber, no dijo más que: «Bilbao está lleno de estos cachorros, que saben cumplir. ¡Cualquier día entran aquí los *absolutos!* Vámonos, Valentín.

—Vámonos—dijo Arratia á su sobrina,—que es tarde. Al pasar te dejaré en casa.

—Vámonos, *Luchu*. Vente á descansar,—dijo la niña al heróico joven.»

Y eslabonándose unos á otros con aquel *vámonos*, salieron en cadena los cuatro. En la calle, se adelantaron prima y primo; detrás, las dos personas mayores hablaban de cosas graves.

«¿Es verdad que has hecho lo que cuenta Víctor?—preguntó la doncella.

—Dí que nada...—replicó el mozo muy serio.—No me alabo yo de cosas que valen poco.

—Has sido muy valiente... no lo puedes negar.

—Más habría hecho si me dejaran... Pero no le dejan á uno. ¡Qué rabia! Si los demás hubieran querido, salimos, y no queda un argelino para muestra.

—Has sido muy valiente,» repitió Aura, parándose y mirándole á los ojos. Los de ella resplandecían de júbilo.

Valentín y Gaminde se habían quedado muy atrás. «No lo dude usted, D. Francisco —decía el primero.—Es noticia auténtica. La han traído dos artilleros facciosos que se pasaron esta noche.

—Pero no es creíble...

—Pues créalo usted. Levantan el sitio. No tienen municiones. Las que han repartido hoy son las últimas.

—No nos caerá esa breva, Valentín.

—Además, hay piques entre ellos. Villarreal y Simón de la Torre estan á matar, y éste se retiró hacia Munguía, negándose á obedecerle.

—Eso lo creo; pero no que se retiren.

—¡Que levantan el sitio, D. Francisco!»

Al decir esto se aproximaban á la otra pareja, y Zoilo pescó el concepto «levantar el sitio.» No pudo expresar la rabia que esto le produjo, porque llegaron á la tienda, y se vió rodeado de su padre, hermano y tía, que por su vuelta le felicitaban cariñosos. Valentín y el Sr. Gaminde siguieron hacia San Antón, mientras Zoilo, subiendo de mala gana al entresuelo, vióse obligado á contestar á mil preguntas impertinentes. El no había hecho nada de particular: no le hablaran, pues, de hazañas ni heroísmos. «Muy bien—díjole Sabino:—el buen soldado cumple con hacer lo que le manden, sin meterse á farolear. Cada cual en su deber, y luego Dios dispone.» Aura le sacó golosinas que guardara para él, lo mejor que en la casa había. Pero el chico, tristemente impresionado por la frase de su tío *levantan el sitio*, no tenía ganas de comer. La indignación, el despecho le trastornaban. Sentía escarnecido su amor patrio, su risueña ilusión por los suelos. «¡Levantar el sitio!—exclamó golpeando en la mesa con el mango del cuchillo, cuando Aura y él se quedaron solos.—No, no: eso no puede ser. Si se retiran, tras ellos hay que ir, y trincarles de una oreja, ¡cobardes! y volver á traerles á las trincheras... ¡Allí... fuego...! ¿No queríais sitio de Bilbao? Pues sitio de Bilbao... Firmes... hasta que no quede uno... ¡Qué rabia! ¡Retirarse cuando apenas habíamos empezado á cascarles!... ¿Qué dices, Aura? ¿Te burlas de mí?

—Yo no me burlo, no... Me gusta verte tan fogoso—replicó la doncella.—Pero si ya has hecho bastante, si te has portado como un valiente, ¿á qué quieres más gloria, tonto?

—Yo no hice nada—afirmó el miliciano levantándose de golpe, fiero, ceñudo.—Esos niños bonitos se admiran de cualquier cosa... Ea, no quiero cenar. Más comida no me saques; no quiero... Me pone furioso eso de que levantan el sitio; y de la rabia que tengo, no puedo pasar la comida... Me haría daño; se me volvería veneno. Para mi hermano Martío guárdala; que vendrá luego, y vendrá muy contento si sabe lo que yo sé... Me voy á ver qué se dice. Estoy franco hasta las doce; pero no tengo sosiego hasta que sepa si seguimos ó no seguimos. ¿Tú qué piensas?

—Pienso—dijo Aura,—que sí, que levantan el sitio.

—¡Aura!

—Aguárdate... se retiran para organizarse mejor, y reunir más gente y más cañones y más balas. Cuando tengan todo eso, volverán. Se han propuesto coger á Bilbao, y lo cogerán si tú los dejas.

—¡Yo... ¡Como no les deje yo!... Aura, no juegues... Si no te quisiera me importaría poco... pero te quiero... Tú estás muy alta, yo muy bajo. Para llegar á tí, no más que un caminito hay: estrecho es y muy pendiente, formado todo de cuerpos carlistas; de cuerpos vivos, quiero decir, tan vivos que todos se echan el fusil á la cara cuando me ven. Pues por encima de todos esos cuerpos tengo que pasar para llegar arriba... y para pisar sobre ellos, y hacerles escalones míos, tengo que matarles antes... Con que hazte cuenta...»

Aura sintió una corriente de frío intensísimo á lo largo de su espinazo. Dando diente con diente, le dijo: «Se retiran... volverán con más cañones, con más fusiles, con más balas... ¡Pobre *Zoilucho*!

—No me digas ¡pobre!... así como por lástima. Yo no soy ¡pobre!... ¿Y por qué tiemblas? Tienes frío...

—Sííí...

—¿Es de miedo?

—O de lo contrario... no sééé...»

Retumbó en aquel instante un cañonazo que hizo estremecer la casa. Las mujeres chillaron, y oyóse la voz de Sabino diciendo que era el fuego de la batería que *ellos* habían armado en Uribarri. De un brinco se abalanzó Zoilo á coger su fusil, y se lanzó á la escalera como una exhalación, sin que su padre ni su tía ni la misma Aura pudieran contenerle. De seis en seis escalones bajó gritando: «¡Viva Isabel...» y ya estaba en la calle cuando acabó de decirlo: «...Segunda!»

Cañonearon toda la noche, y aunque siguieron el día 27 hostilizando la plaza, cundía de hora en hora la noticia de que levantaban el sitio, sin otra razón, á juicio de los bilbaínos, que el vigoroso escarmiento que recibieron al intentar la embestida de Mallona. El 28, flojos ya en sus ataques, empezaron á retirar alguna artillería de la que habían armado contra Banderas, y también por la parte de Ollargan. Al anochecer, las campanas de San Agustín anunciaron la retirada de considerable fuerza enemiga. Entregóse Bilbao á demostraciones de júbilo; pero los machuchos no las tenían todas consigo. La pobrecita Aura, queriendo decir á su primo una frase consoladora, había hecho una profecía. Lo raro fué que Negretti opinaba lo propio, asegurando secamente que volverían. Dudábalo Valentín; declaraba Sabino que sería lo que Dios quisiese, y Martín, á ri-

do de descanso y con vivas ganas de cambiar el bélico ardor por la pacífica lucha comercial, presagiaba conforme á sus deseos: «La lección ha sido dura, y no es fácil que vuelvan por otra.» Como todos los puestos seguían guarnecidos, y los servicios de plaza no sufrieron interrupción, Zoilo no parecía por su casa; segun informes de José María, trabajaba en la reparación de los fuertes de Mallona, Circo y barranco de Iturribide, desplegando una actividad loca, pues sus brazos infatigables no descansaban de día ni de noche, insensible á la lluvia y al frío. Se había metido un tiempo del Noroeste capaz de apagar los entusiasmos más ardientes y de entumecer los músculos más vigorosos. Poro al novel soldado no le importaba el temporal: sus compañeros y los trabajadores mercenarios turnaban; él no turnaba más que consigo mismo, y solía decir: «Esto es lo natural, Señor. Hago lo que debo, y debo hacer lo que puedo. Si puedo mucho, yo me sé por qué. ¡Hala!» Una noche (debió de ser la del 5) fué á su casa á mudarse. Aura le encontró más enjuto, el mirar más penetrante y luminoso, los rizos de la frente más juguetones, el rostro ennegrecido, las manos como enormes tenazas de acero. Era la encarnación de la fuerza física, alimentada por el horno interno, inextinguible, de la energía moral; formidable máquina muscular movida por la fe. «¡Cómo acertaste!—dijo á su prima, gozoso, echando chispas de sus ojos negros.—Vuelven... Otra vez ya sobre

Bilbao. Ahora... dos docenas de argelinos, que me traigan.

—Te has empeñado en ello—dijo Aura, sonriendo, mirándole á los ojos.—Ya estás contento...

—Dí que sí... Han vuelto porque yo lo he querido, como yo sé querer las cosas. Todo lo que se quiere con fuerza se tiene, Aura.

—Hombre, todo no.

—Yo digo que sí.»

Metióse en el cuarto donde su tía le tenía preparado un buen lavatorio y ropa limpia, y cuando salió con la cabellera húmeda, en mechones duros y enroscados, semejantes á las serpientes de Medusa, se abrochaba con dificultad los botones del cuello de la camisa, por causa de la aspereza de sus dedos. «Aura, échame aquí una mano... Mientras la tia y la sobrina le pasaban los botoncitos, él en jarras, mirando al techo, decía: «Ahora se verá lo que es mi pueblo... Padre, ¿no sabe? Ya no manda Villarreal el *ganado servil*, sino el manco Eguía. A Villarreal me le han soplado en las Encartaciones para que no deje pasar á Espartero... ¡Si serán bobos!

—Hijo — indicó Sabino, — no califiquemos... Lo que Dios disponga será. No sabemos nada.

—Yo sí sé una cosa... que Espartero pasará por encima de Villarreal, como yo paso por encima de esa estera; y que el Marqués de Casa-Eguia entrará en Bilbao dentro de dos meses, el día de Reyes... Vendrá de Rey

Mago, montado en el burro de *Churi*, luciendo su sombrerito de copa forrado de hule.

—Hijo, no bromees con las cosas santas ni con los sucesos de la guerra, que están sujetos al azar y á mil eventualidades... Yo, qué quieres, siempre deseo la paz. A todas horas le pido á Dios...

—¿La paz?... Pues yo la guerra... yo le pido la guerra... y ya ven cómo me hace más caso que á usted.

—Hijo, no desvaríes. No intentemos penetrar los altos designios...

—Padre—añadió el miliciano ya vestido, ostentando su derrotado uniforme, gallardísimo siempre,—¿á que no sabe usted lo que dijo Dios cuando hizo el mundo?

—Hombre, pues dijo... dijo... Aura, ¿qué fué lo que dijo?

—Pues, tío, me parece que dijo: «Hágase la luz.»

—Y la luz fué hecha. *Amén*.

—No, no es eso—continuó Zoilo...—Después: más acá, cuando hizo á la humanidad.

—Dios no hizo á la humanidad toda entera de golpe y porrazo. No seas hereje... Dios hizo al primer hombre...

—Y á la primera mujer, y á poco ya estaba hecha la humanidad. Pues cuando Dios tuvo formada la humanidad, dijo: «¡Fuego!...» que quiere decir: «Hágase la guerra.»

Cenaron sin Negretti, que, melancólico y enfermo, no salía de su cuarto; Martín y Valentín cenaban con sus amigos los de Vildósola; *Churi* se había largado á pescar su burro... que se le cayó al mar en aguas de Ontón, como burlescamente decía Zoilo; José María estaba en la tienda con los dos dependientes preparando un pedido de grilletes y jarcia que habían hecho aquella tarde los barcos de la Marina inglesa, *Ringdowe* y *Surracen*. Al concluir de cenar, Prudencia fué llamada por Ildefonso, y Sabino se quedó dormidito, apoyando la frente en el piadoso libro de oraciones. Solos Aura y Zoilo, preguntóle ella: «¿Por qué eres tan belicoso? ¿Por qué te ha dado por querer la guerra?

—Á quien quiero es á tí, que eres mi guerra, y mi Bilbao, y mi *angélica Isabel*... O te conquisto, ó muero... ¡Conquistar, morir! Decir esto, ¿no es lo mismo que decir guerra?...»

Sintió Aura, como en noche anterior, el frío intensísimo que le corría por el espinazo.

—¿Ya estás tiritando? Las mujeres quieren la paz: son medrosas... Yo te quiero á tí, me gusta la guerra, porque ella nos enseña á ganar lo imposible. Un querer fuerte, con mucho fuego dentro, y la voluntad como hierro bien batido, todo lo vence... ¿No crees tú lo mismo?

—Siií...

—Pues prepárate. ¿Harás lo que yo te mande?

—Siií...

—Pues nada... Yo me voy—dijo el galán mirando al pasillo, en cuyo término se oía la voz de Prudencia hablando con la criada.

—Hasta que Dios quiera.»

Despidióse de la tía; esperó á que ésta volviese á entrar en el cuarto de Ildefonso. Solos otra vez junto á la escalera, Zoilo repitió, no ya interrogando, sino con acento afirmativo: «Harás lo que te mande.».

Asintió la joven con movimientos de cabeza. En ésta llevaba un pañuelo de seda, cuyas puntas anudó sobre la boca, mordiendo el nudo. Sentía mucho frío y desmayo completo de la voluntad, correspondiente á un súbito agotamiento de su fuerza nerviosa. Se agarró al barandal de la escalera para no caer.

«Harás lo que te mande—repitió Zoilo, que habiendo bajado ya tres escalones, tenía su cabeza al nivel de la cintura de ella.—Pues lo primero... acércate más para decírtelo bajito... desconfía de *Churi*, que es muy malo... Desconfía también de la tía Prudencia...

—¡Oh! eso no... Prudencia me quiere.

—A tí, sí; pero á mí, no. Quiere más á otro... Paréceme que la siento... Adiós.»

XXIV

Cumpliéronse hacia el 8 de Noviembre los deseos de Zoilo, que tuvo la satisfacción de ver en los altos de Archanda numeroso *ganado* carlista que subía de Munguía. Traían gruesos cañones que emplazaron en Santo Domingo amenazando á Banderas. El 9 recorrió las líneas el general Eguía con su sombrero de copa forrado de hule y su largo levitón, metida en el bolsillo la única mano de que podía disponer. Todo indicaba que atacarían los fuertes exteriores, sin perjuicio de hostilizar el interior de la plaza. ¡Y Espartero sin parecer! En vano le llamaba el telégrafo de Miravilla, enarbolando sin cesar bolas y banderas. De Portugalete respondían con monótono lenguaje: «Ya vamos; esperarse un poco.» Bilbao esperaba con estóica entereza, sin llegar aún á la suprema ocasión de apurar todas sus energías. Aún era grande el repuesto de fanatismo por la defensa, de coraje y de amor propio, que doblaban su fuerza con la sal y el picor de la jovialidad.

En la casa de Arratia, propiamente dicha, no había más novedad que la rotura de cristales y el apabullo de los ochardillones, con amago de incendio, que se cortó felizmente; en la familia no eran grandes tampoco las novedades, ni habían ocurrido sucesos que modificaran de un modo notorio la vida impuesta á todos por las circunstancias; pero algo pasaba en ella que, aun perteneciendo al orden obscuro y sin ningún brillo heróico, no merece el olvido. El narrador no dice nada. Deja que hable Prudencia, la cual, cogiendo á su hermano Valentín en el escritorio, donde acaloradamente disputaba con Vildósola sobre si era fácil ó difícil tomar el fuerte de Banderas, le hizo subir, y por la escalera le manifestó lo que se copia: «Apártate, hermano, siquiera por un rato de estas novelerías de la guerra y del sitio, y ven en mi ayuda, por Dios, que ya principio á temer, no sólo por la salud, sino por la vida de Ildefonso. ¿Has reparado cómo está? En quince días ha perdido la mitad de su peso, los dos tercios de sus carnes, y toda, absolutamente toda la alegría de su espíritu. ¿Qué es esto? ¿Es enfermedad, es tristeza, es pasión de ánimo?... Fíjate en aquella cara que languidece; en aquellos ojos que tan pronto parecen muertos, tan pronto relampaguean; observa cómo al ponerse en pie se le tuerce todo el cuerpo... y se apoya en las paredes para no desplomarse, él antes tan erguido, tan fuerte, tan vivo, hierro y pólvora... No, no: Ildefonso no está bueno; Ildefonso no puede seguir así. Quiero que le vean los mejores médicos de Bilbao; quiero que acabéis pronto el sitio para llevármele á Francia, á la bendita Francia, lejos de estas luchas, de estos horrores... Valentín, por Dios, entra en su cuarto; no como otras veces, la entrada por la salida... acompáñale, dale conversación, háblale, como tú sabes hacerlo cuando quieres, con gracia... procura desviar su entendimiento de la idea que le está devorando... Yo he agotado mi labia... no he conseguido nada; no puedo más.

—Sí que lo haré... ¡Pobre Ildefonso! Ayer no me gustó... francamente... ¿Continúa sin apetito?

—Hoy no ha comido más que un poco de

borona. Dice que no puede pasar otro alimento... borona, y si está quemada, oliendo á chamusquina, mejor... Oye lo que se me ha ocurrido: ¿si le habrán traído á ese estado los malditos inventos, en que tiene zambullida á todas horas su imaginación? ¿Esos planos que hace y deshace, y tacha y borra, y vuelta á pintar, con tantas rayas y letritas chicas, qué son? Pues ¿y cuando se está toda la noche llenando de numeritos un pliego de papel, y vengan numeritos, y numeritos, que parecen patas de pulga... y acaba un pliego y vuelta á empezar?...

—Mujer, son cálculos, dibujos... proyectos de alguna mecánica... qué sé yo... Entraré ahora mismo. Déjame solo con él... No te metas tú á farolear. Las mujeres, hablando más de la cuenta, lo echan todo á perder.»

Entró Valentín en el cuarto de Ildefonso, y éste, sin levantar los ojos del papel en que trazaba líneas y guarismos microscópicos, le dijo: «Parece que quieren quitaros Banderas. ¿Qué crees tú? ¿Se saldrán con la suya?

—No debes tú pensar tanto en si toman ó dejan, Ildefonso. De eso, de disputarles un palmo de terreno, nos cuidamos nosotros. Hazte cargo de que no estás en una plaza sitiada, y si tiran, que tiren.»

Respondió Negretti entre suspiros, suspendiendo por un instante su trabajo, que no podía sustraerse á los sobresaltos y al terror del asedio, porque si Bilbao no era su patria, éralo de su esposa y de los hermanos de ésta, á quienes como hermanos miraba; que habien lo cometido la insigne torpeza de servir á D. Carlos como industrial y maquinista mercenario, sin entender que en ello comprometía su neutralidad política, se encontraba en tristísima situación moral, huesped de un pueblo que los carlistas asesinaban con las armas fabricadas por Ildefonso Negretti. Hallábase condenado á martirio indecible, y cada vez que sonaba un disparo, sentía que los demonios corrían de un lado para otro en diferentes partes de su cuerpo, pero principalmente en la cabeza y en el corazón. Siempre había tenido gran afecto á Bilbao, y admiraba á los bilbaínos por su honradez y laboriosidad. Eran la flor y nata de los hombres... ¡Y él había hecho los proyectiles con que les abrasaban! No, no tenía consuelo. Gracias que las carcasas incendiarias no eran obra suya, sino del francés á quien llamaban *Tutorras*, y no servían para nada. Ya lo dijo él cuando las estaban construyendo. Pero á las granadas y bombas... por hijas las conocía. Él las engendró ¡ay! para que destruyeran á la rica y noble Bilbao...

«¡Eh!... no sigas, no sigas—le dijo Valentín, echándole los brazos al cuello.—Ildefonso, ¿tú qué culpa tienes? Nosotros no te odiamos. Bilbao no te quiere mal... Ni una palabra más de de guerra y sitio. A olvidar tocan.

—A eso voy, eso quiero... ahogar mis penas discurriendo, calculando.

—Pero no te metas muy á fondo en los cálculos—le dijo cariñoso su hermano,—

que pudiera ser el remedio peor que la enfermedad... ¿Y eso qué es?... ¿puedo saberlo?

—Recordarás que una tarde, en Bermeo, viendo pasar hacia Levante un barco de vapor, te dije...

—Sí, me acuerdo: que la navegación al vapor, tal como hoy está el invento, no tiene porvenir, sobre todo en la guerra... Yo siempre dije que esas paletas al costado son buenas para navegar en ríos; pero en la mar, con tiempo duro, no hay gobierno posible. Viene mar gruesa, y la menor avería en las paletas deja la embarcación hecha una boya. Si el viento la hace escorar hasta mojar los penoles, ya tienes al animal con una pata debajo del agua y la otra en el aire. Esto es un engaña bobos.

—Los inconvenientes de las ruedas al costado, en el buque de vapor—dijo Negretti con la frialdad y convicción del hombre de ciencia,—quedarán vencidos cuande se aplique un nuevo invento, del cual se hicieron ensayos en Francia. Yo los he presenciado... Consiste en sustituir las dos ruedas por una sola.

—Ya... una sola rueda en el centro, funcionando dentro de un escotillón rectangular, abierto al agua. Eso es complicadísimo...

—Una sola rueda, Valentín, colocada á popa, en una perpendicular paralela al codaste.

—¿Rueda vertical, girando en sentido de la quilla?—dijo Valentín, con la incredulidad pintada en su atezado rostro.—¿Y cómo la mueves?... ¿Con palancas, con bielas? ¿Cómo te gobiernas para que la transmisión funcione dentro del agua?

—No lo has comprendido. El problema es sencillísimo, algo por el estilo del famoso huevo de Colón. ¿No ves cómo anda un bòte, una chalana, con un solo remo por la popa? El movimiento lateral de ese remo basta á imprimir á la embarcación una marcha uniforme, avante siempre en línea recta.

—Eso sí... la suma de impulsos laterales, alternos, en sesgo más bien, dan...

—En sesgo, eso es. Pues construye tú un remo que produzca esos impulsos en sucesión rotatoria...

—¡Un remo!...

—Llámalo rueda, pues se reduce á un movimiento circular.

—¿Con paletas que...?

—Resultará esto—dijo Negretti con aire de triunfo, mostrando un dibujo que á Valentín le pareció una rueda de fuegos artificiales.—¿Me comprendes? Esto es una helice. Aquí tienes la teoría muy bien expuesta. ¿Conoces tú la *Rosca de Arquímedes?*

—Mejor conozco las de harina.

—Sobre el eje reposan dos segmentos helizoidales...

—Mira, mira, á mí no me presentes el problema de la hélice, ó de la rosca, en forma matemática. Soy yo muy bruto para entenderlo así. Explícamelo con ejemplos.»

Dióle Negretti explicaciones vulgares de la hélice como organismo de propulsión, añadiendo que no era invento suyo, sino de un francés que no había logrado aún llevarlo á la práctica, por las dificultades que ofrecen la rutina y la envidia á toda innovación grandiosa.

«Yo lo estudio, y si Dios me da vida y se acaba la guerra, trataré de hacer aquí un ensayo. He modificado la teoría del francés, haciendo más agudo el ángulo de las paletas con la normal del barco; y en cuanto á la transmisión, me lanzo á un sistema nuevo, que ahora estoy calculando...

—Para que la transmisión sea práctica, la máquina tiene que colocarse á popa.

—¡Ah! no. Yo me lanzo á colocar la máquina en el centro de la embarcación, sobre la cuaderna maestra.

—El barco ha de ser pequeño.

—Yo estudio mi proyecto en un barco ideal, de tamaño doble del mayor que hoy se conoce.

—¿A ver cuánto? Mi *Victoriana* tenía doscientos cuarenta pies. El mayor barco mercante que he visto no pasaba de trescientos.

—Pues mi barco mide cuatrocientos pies, —dijo Negretti con expresión de iluminado.

—¿Y colocas el eje de tu máquina de vapor sobre la cuaderna maestra? —preguntó Valentín, más atento al desvarío pintado en los ojos de Ildefonso que al problema mecánico. —Y para transmitir el movimiento... ¿qué pones? ¿un rosario de noria, un juego de codillos, ruedas dentadas, ó qué?...

—No... pongo un árbol de acero.

—Que tendrá forzosamente ciento ochenta pies lo menos: ese árbol girará sobre su eje...

—Conectado con la hélice... ya ves qué cosa tan sencilla... Por el otro extremo le imprimirá movimiento una excéntrica.

—¿Qué diámetro tendrá ese arbolito?

—Pie y medio...

—Y de acero... todo forjado, naturalmente... Dime otra cosa: con semejante chocolatera, andará tu nave... lo menos, lo menos diez millas.

—¡Veinte millas, Valentín; veinte millas por hora!

—Hombre, de poner... pon cien millas—dijo el marino sin disimular ya su burlón escepticismo.—Y otra cosa: ¿la hélice queda debajo del agua?

—Exactamente.

—Y el árbol tiene ciento ochenta pies... y es de acero... y el barco mide, entre perpendiculares...

—Cuatrocientos pies...

—Pues, hijo... avísame cuando todo eso esté, para ir á verlo. Y yo te pregunto: ¿de qué cargamos ese barco? Podríamos meter dentro de él una montaña.

—Justo: una montaña...—murmuró Negretti, engolfándose en su trabajo.»

Salió el viejo marino de la estancia tan descorazonado y mustio, que Prudencia no tuvo que preguntarle su opinión acerca del desgraciado calculista. Para sí decía Valentín: «Es hombre al agua. ¡Pobre Ildefonso!

Su talento macho acaba con él.» Pero no queriendo alarmar á su hermana, atenuó su dictamen en esta forma: «Le encuentro un poco ido de la jícara; y si por un lado veo la causa del trastorno en esta tragedia del sitio, por otro paréceme que los cálculos, en vez de ser un remedio, le acaban de rematar. ¡No es mala rosca la que el pobre tiene dentro de su cabeza!... ¡Que cosas me ha dicho; qué invenciones, hija, obra del mismo demonio!... ¡Figúrate tú un árbol de acero de ciento ochenta pies de largo y pie y medio de diámetro... puesto así en semejante forma, y la máquina en la cuaderna maestra!... Perdido, hija, perdido... Pero si le contrarías, es peor... Dejarle, dejarle que invente barcos monstruos, con hélices á popa, y un andar de ochenta millas por minuto... digo, por hora... Dejarle, dejarle... Yo traeré á D. José Caño que es el mejor médico del pueblo... Y entre tanto, cuida de hacerle comer... inventa tú también la manera de meter carga en esa bodega y víveres en esa gambuza... si no, tu marido casca... ó se quedará lelo, que es peor... Yo volveré... voy á ver qué ocurre... Hace un rato que no se oyen tiros...»

XXV

Consternada oyó Prudencia estas apreciaciones, que no hacían más que confirmarla en su pesimismo, y comunicando éste á su sobrina, departieron ambas acerca del mejor modo de distraer al enfermo y apartar su espíritu así de la tenebrosa cavilación del sitio como de los malditos cálculos de mecánica, capaces de secar el cerebro más jugoso y firme. Aura entraba en el cuarto algunos ratitos, y procuraba, con grata conversación risueña, llevar su pensamiento á regiones apacibles. Desgraciadamente, la situación de la plaza sitiada, que en aquellos días de Noviembre se agravó con nuevos desastres y quebrantos, no favorecía los deseos de la joven. El tiroteo era continuo; á cada instante llegaba noticia de hundimientos de techos, ó de estropicios semejantes en diferentes puntos, y no había medio de ocultar á Negretti la verdad de tantas desdichas. Entró José María cuando menos se pensaba, con la triste certidumbre de que los facciosos habían tomado el fuerte de Banderas, y que también Capuchinos estaba al caer. Faltó poco para que Aura se echase á llorar de pena y rabia.

«No atribuyamos esto á negros ni á blancos—dijo Sabino con unción, que en aquel caso no era muy pertinente:—Dios es el que todo lo dispone. Ni ellos deben envanecerse, ni nosotros afligirnos demasiado. Los designios del Señor sobre todo... Si dispone que muramos, será porque nos conviene.»

No pararon en esto las desdichas, pues al día siguiente se rindió San Mamés, tras una defensa briosa, y la misma suerte cupo á los fuertes de Luchana y Burceña.

«Ni nosotros ni ellos hemos de decidirlo—decía Sabino á su hijo Martín, que entró abatidísimo por la pérdida de casi toda la línea exterior, con lo que se debilitaba sensiblemente la defensa.—Con la conciencia tranquila acataremos lo que resulte.

Pues yo no acato—gritó Valentín furioso, dando puñetazos.—Con fuertes ó sin fuertes, Bilbao no se rinde; Bilbao perecerá, y que vengan por los escombros de las casas y por los huesos de los vecinos.»

La opinión de Zoilo no se sabía, porque no aportaba por allí; continuaba peleando como un león en la batería nueva de la Cendeja. Martín, engranado espiritual y físicamente en la máquina de la opinión general, aseguraba como su tío que Bilbao se mantendría firme, siempre batallador, siempre glorioso y grande. El comedido Arratia no se tenía por héroe; pero sabría ocupar el puesto que se le designara, fuese ó no de peligro, y obedecería ciegamente las órdenes de sus jefes. Nadie le superaba en el cumplimiento estricto del deber.

En una nueva entrevista que tuvieron Negretti y Valentín, aquél le dijo: «Llevo cuenta aproximada de lo que va consumiendo el enemigo. Balas rasas de las que yo hice, han tirado como unas trescientas de á 24 y ochenta de á 36. *Mis* bombas de 14 pulgadas se van agotando... Usarán pronto otras, que ojalá estén peor fabricadas que las mías. De las de 7 *mías*, han hecho gran consumo... Los botes de metralla de 36 y de 24 no *me pertenecen:* lo declaro en descargo de mi conciencia...» Más desesperanzado y pesimista salía cada vez Valentín de aquellas pláticas con su hermano, y al punto comunicaba sus impresiones á Prudencia para ver si entre los dos discurrían algún remedio. «Figúrate tú—le decía,—si estará trastornado el hombre, que hoy, después de darme cuenta de las balas que arrojan los *serviles*, me ha largado más explicaciones de sus proyectos, sosteniendo que los barcos no se harán ya de madera, sino de hierro... todos de hierro... tú figúrate. Cierto que un casco metálico flota mientras esté vacío; pero échale á una embarcación de hierro de cuatrocientos pies máquina en proporción, y luego ese molinillo que él dice, de ciento ochenta pies... ¡Qué cosas discurre un cerebro desquiciado! Yo no he querido contrariarle, porque D. José Caño recomienda que se le deje en el pleno goce de su chocolatera, pues si le escondiéramos los papeles ó se los quemáramos, tendría quizás accesos de furor... No, eso no: el tratamiento, ya sabes, es darle de comer todo lo que se pueda; estivarle bien, aunque sea de borona, y evitar que se le remonte el genio... Y cuando se acabe el sitio, si vivimos, te le llevas á Francia, que allí bien puede ser que el hombre despliegue con más tino sus invenciones. España no es país para eso: aquí inventamos guerras y trapisondas. Cosas de maquinaria, siempre ví que venian del extranjero... de donde deduzco que lo que aquí es locura, en otra parte no lo será.»

Ni dentro ni fuera de España veía la buena mujer enmienda para el trastorno cerebral de su pobre marido, víctima, según ella, de su puntillosa rectitud y delicadeza... No, no debian ser los hombres tan rematados en la honradez. Prueba de las desventajas del excesivo puritanismo era Negretti, que se había pasado su vida trabajando, explotado por éste y por el otro, con escasísimo provecho suyo, y desgaste de sus notorias energías. Pensando en esto, Prudencia se aprestó á recabar dentro del matrimonio la autoridad que hasta entonces habia ejercido su esposo, el cual, consultando á veces á su costilla, determinaba por sí y ante sí, conforme á su rígida conciencia. Ya esto no podia ser: hallábase Ildefonso incapacitado para el gobierno; ella, pues, asumia todos los poderes, disponiéndose á resolver cualquier asunto pendiente, aunque fuese de los más graves. Ciertamente, sus resoluciones serian menos rigoristas que las de Negretti, pero más prácticas, inspiradas siempre en el bien de todos, y en las eternas leyes del sentido común. Pensaba esto Prudencia, por encontrarse frente á un problema doméstico muy delicado; y después de mucho vacilar entre sometorlo al dictamen y sentencia de Ildefonso, ó resolverlo por sí, se decidió por este último temperamento, como más cómodo y expedito. Sobre sí tomaba la responsabilidad y la gloria del caso.

Y que el problema era delicadísimo se mostrará con sólo enunciarlo. El 2 de Noviembre, uno de los dias que mediaron entre el segundo y el tercer sitio de la valiente Bilbao, llegaron á ésta tres correos de Castilla, escoltados por el batallón de Toro y otros refuerzos que fueron de Portugalete, al mando del brigadier D. Miguel Araoz. Recibióse en casa de Arratia, con varias cartas comerciales, una para Ildefonso Negretti. Cogióla Prudencia, y conociendo la letra del sobrescrito, la guardó, con ánimo de no entregarla á su marido mientras se hallase tan lastimosamente afectado del ánimo. Convenía evitarle quebraderos de cabeza, y alguno se traía la tal carta, de puño y letra del señor de Mendizábal. No era su ánimo abrirla, que esto habria sido contravenir la subordinación á su dueño y señor; pero pasó tiempo; Ildefonso no mejoraba; según las impresiones de Valentín y el dictamen de D. José Caño, su trastorno era indudable. No se hallaba, pues, en disposición de ocuparse de nada. Sentíase Prudencia abrasada en curiosidad por ver el contenido de la carta. ¿Qué inconveniente habia ya en abrirla? La enfer-

medad de Ildefonso era la abdicación de la soberanía matrimonial, que de hecho á la mujer correspondía. Fortalecida su conciencia con estos razonamientos, hizo lo que no había hecho nunca: abrir una carta dirigida á su esposo.

Grande fué su asombro y disgusto al enterarse de lo que D. Juan Alvarez á Ildefonso escribiera. ¡Vaya por dónde salía el buen señor! Que si se presentaba D. Fernando Calpena á pedir á la niña en matrimonio, no se le pusiera ningún obstáculo, y se dispusiese el inmediato casamiento de Aura con el tal D. Fernando... Que éste era un sujeto de elevadas prendas, nacido de padres de la más alta alcurnia... Que poseía regular fortuna, y la poseería aún más cuantiosa dentro de algún tiempo... y que patatín y que patatán... «¡Persona elevada!—decía para sí Prudencia, guardando la carta en los profundos abismos de un cofre donde permanecería sin ver la luz por los siglos de los siglos.—¡Tan elevada que desaparece en los aires! Si este señor quiere tanto á la niña, ¿por qué no ha venido antes?... ¿Por qué la tiene en este abandono?... ¿Qué amor es ese que no se digna presentarse, ni siquiera escribir? Bajo mi responsabilidad, como mujer honrada y que mira por los suyos, me permito mandar á paseo al Sr. D. Juan *de las campanas*, y disponer lo necesario para la felicidad de mi sobrina. ¡Sabe Dios en que malos pasos andará el tal D. Fernando, y cuáles serán los motivos de su ausencia!... No, no: aquí no creemos en brujas, ni en elevados personajes que no se sabe de quién han nacido... ¡Pues si con tanta facha resulta que el Calpena es un perdido, uno de esos que escriben en los papeles, un gorron, un cata-salsas...! No, no: bajo mi responsabilidad, la orden se acata, pero no se cumple. Si Ildefonso lo decidiera, seguramente añadiría una simpleza más á las muchas que ha hecho en su vida. Por ser tan rigorista está como está: pobre y arrumbado...»

Dicho esto, se afirmó en su resolución, y de tal modo expresaba su rostro la dureza de su carácter y el propósito de ir á su objeto sin vacilaciones ni melindres, que el entrecejo parecía más nebuloso, la mandíbula inferior más larga, las arrugas de su frente más hondas, y hasta podía creerse que le crecía el bigote. Sin consultar con Ildefonso ni darle cuenta de nada, pues el hombre no estaba para calentarse la cabeza, determinó encaminar pronta y hábilmente los acontecimientos hasta ver realizado su sueño de oro. ¡Oh, qué ideal! Casar á Aurorita con Martín. Si esto conseguía, más había hecho ella por el bien de la familia que todos los Arratias desde la quinta generación.

Comprendiendo la necesidad de colaboradores, pensó que debía comunicar sus planes á Sabino. Con Martín había que contar, sin duda, aleccionándole previamente, pues era también de la cepa de los delicados, de los rígidos, de conciencia irreductible... Se procuraría llevar las cosas por lo derecho, fomentando la afición y simpatía entre los dos seres que habían de casarse. Lo más difícil era convencer á la chiquilla y curarla de aquella ridícula deformación de su voluntad: el amor á un galán fantástico, volátil y perdidizo, que no parecía por ninguna parte. Pero si Aurora pecaba en ocasiones de independiente y arisca, sabiendo manejarla y aprovechar los giros de su imaginación y los desmayos de sus nervios, fácil era hacer de ella todo lo que se quería. Adelante, pues, y á trabajar con fe. En aquella familia de trabajadores, no había de quedarse atrás la valiente obrera de las artes pertenecientes al alma.

Así, mientras los carlistas, tomadas las posiciones principales de la línea exterior de defensa, armaban de noche, á la calladita, nuevas barricadas y parapetos para emplazar su artillería contra la pobre Bilbao, Prudencia y Sabino, paralelamente á la labor facciosa, dieron comienzo á sus trabajos de asedio para expugnar el corazón de Aura y establecer en él su dominio. «Es indispensable obrar con prontitud—decía la señora á su hermano,—y llegar al fin antes que se acabe el sitio.» Y como manifestara Sabino que en tal negocio no convenían prisas que pudieran trascender á secuestro, se le hincharon las narices á Prudencia y contestó airada: «Tú siempre con tus calmas, con tu *veremos* y tu *mañana será*... Ya ves el pelo que has echado con tal sistema. Déjame á mí, que con los calzones de Ildefonso, llevándolos mejor que él y que todos vosotros, sabré realizar esta gran idea.» Habíase guardado muy bien de comunicar á su hermano lo de la carta, temerosa de que saliese Sabino con la gaita del rigorismo y del caso de conciencia. ¡Otro que tal! ¡Así estaban todos tan perdidos! También ella tenía conciencia; pero una conciencia práctica, y con su conciencia práctica arreglaría las cosas de modo que cuando viniese el madrileñito con sus manos lavadas á pedir á la niña, pudiera ella (Prudencia) salir y decirle con mucha finura, haciéndose de nuevas: «¿Qué niña, señor? Usted se ha equivocado. Aurora Negretti es la señora de D. Martín de Arratia.»

XXVI

No desalentó á los bilbaínos la pérdida de los fuertes de Banderas, Capuchinos, San Mamés, Burceña y Luchana; antes bien, creciéndose al castigo, sacaron de sus desventuras nuevas energías para defenderse. Ni la guarnición se acobardaba, ni la Milicia y los vecinos tampoco. Cada cual sostenía su entereza, reforzándola con la alegría, de lo que resultaba una colectiva fuerza irresistible. El 17 de Noviembre fué un día penoso: duró el fuego siete horas, sin ninguna interrupción. Era principal objetivo de los facciosos poner su mano en lo que creían llave de Bilbao, el convento de San Agustín, situado entre el Arenal y el Campo Volantín, al pie de cerros elevados y casi al borde de la ría. Las compañías de Toro, Trujillo y Compostela se portaron heroicamente, secundadas por los milicianos. Los muros del convento se deshacían, se resquebrajaban con el cañoneo enemigo, y abiertos varios boquetes entre la mampostería derrumbada ó hecha polvo, intentó el enemigo con empuje el asalto. Un empuje mayor de bayonetas y pechos valerosos, les paraba la acometida. Allí se quedaban hechos trizas parte de los combatientes; pero las piedras de San Agustín continuaban bajo el poder y la insignia de Isabel II.

Sobrevino el 18 un temporal violentísimo del Noroeste, con viento y lluvia; cesó el fuego en San Agustín, ocupándose los sitiados en reparar los destrozos con sacos de tierra. Pero en el centro de la villa, y particularmente en las Siete Calles, cayeron bombas que hicieron estragos en edificios y personas. Amenazaba hundirse la casa de Busturia en Artecalle, y sus habitantes se repartieron en casas de amigos, yendo á parar á la de Arratia dos señoras y un niño. En *Goienkale*, hoy Calle Somera, casi todos los vecinos se habían bajado á las bodegas y sótanos. La animación era extraordinaria, mezclándose lloros de mujeres con cánticos de muchachos animosos y alegres. Ya escaseaban los viveres, y la relativa abundancia de esta familia iba en socorro de las escaseces de la otra, con admirable fraternidad. Corrían entre tanta desolación frases de esperanza, fantasías del patriotismo, centelleos de la fe que nunca se apaga. Espartero recalaba ya en Portugalete con tantísimos miles de hombres, y no tardaría en reventar las líneas carlistas, en apabullar el sombrero de hule del general Eguía, y hacerles á todos polvo... Caían bombas aquí y allá; lloraban las nubes; las calles eran lodo, apestando á pólvora. Rojiza claridad siniestra iluminaba la villa. El viento avivaba el fuego, lo esparcía, lo llevaba de una parte á otra. De los sótanos subían los valientes bilbaínos á las techumbres para cortar incendios; andaban por arriba como gatos; descendían negros, ahumados, y en las profundidades de las casas, refugio de los seres débiles, respiraban atmósfera de cuerpos febriles; en las calles pisaban lodo, sangre en las baterías, y si no se volvían locos en noches como aquella era porque sus cerebros se hallaban construídos á prueba de locura, y fortificados por un convencimiento más duro que todos los metales que hay en la Naturaleza.

Amenazada de incendio la casa vecina de la de los Arratias, dispuso Prudencia trasladarse con Negretti á la morada de su amigo Antonio Cirilo de Vildósola, corredor de cambios, en el Portal de Zamudio. Aura y sus amigas las de Busturia se fueron á la casa del Sr. Gaminde, ya del lector conocido, comerciante fuerte, que operaba en bacalao, lanas y otros artículos. En estas idas y venidas, hubo dispersiones. Los hombres no podían estar en todo, pues atendiendo á la mudanza y trasiego de mujeres, habían de abandonar urgentes trabajos en la batería de las Cujas y en la Cendeja. Prudencia, con las dos señoras de Busturia, encontró á Martín en Bidebarrieta, acompañando á la esposa y niños de Ibarra; se detuvo para decirle: «No sé si Aura habrá llegado á casa de Don Francisco. Iba con Nicolás Ledesma, el organista, y Manuela Echavarri.» La tranquilizó Martín, asegurando que la había visto minutos antes con las referidas personas, y con su hermano Zoilo. «Entonces no hay cuidado. Recordarás lo que te encargué —díjole Prudencia aparte.—Vas á cenar *donde* Gaminde, y allí tendrás á Aura en buena disposición para decirle lo que sabes... Procura ser galán, y deja á un lado la sosería.» Observó el muchacho que la ocasión no era muy apropiada para las expansiones amorosas. Algo le había dicho ya por la mañana en su casa y en la de Vildósola, cuando fueron á llevar al tío Ildefonso, y por cierto que no se había mostrado la niña muy complacida de sus indirectas, que indirectas eran, pues á otra cosa no se atrevía. «Eres un santo —le dijo Prudencia,—y á los santos, en cosas de amor, hay que dárselo todo hecho.»

Siguieron las de Ibarra hacia la calle del Perro; Prudencia se fué al Portal de Zamudio; poco después entraba Martín en casa de

Gaminde, componiendo en su mente una patética explanación de sus puros afectos para espetársela á su prima sin pérdida de tiempo. Por desgracia, había salido Aura con D. Francisco y las chicas de Orbegozo en demanda de la morada de éstas, donde acababan de llevar herido á Juanito Orbegozo, de la 2.ª de Milicianos, y á uno de los chicos de Gandasegui. Hubo de renunciar Martín por aquella noche á proseguir su amorosa batalla, porque otras obligaciones le llamaban á la batería de Mallona, donde entraba de servicio. Por el camino se encontró á José Blas de Arana, que le ajustó la cuenta de las bajas de aquél día, añadiendo con acento lastimoso: «Como Espartero no se dé prisa, paréceme que tendremos que dejarnos aquí los huesos.» «Si es preciso; si Bilbao lo quiere—dijo Martín,—los dejaremos, y vayan por delante los míos, que para poco sirven.»

Pues en medio de tantos desastres tuvieron calma y humor aquellos hombres para celebrar los días de la Reina (19), recorriendo las calles en grupos clamorosos y victoreándose recíprocamente tropa y milicianos, cual si se hallaran en vísperas del triunfo. Toda la tarde estuvo tocando la música en la batería del Circo, y las canciones enronquecieron las gargantas de muchos. Dios no les dejaba morir de tristeza y desconsuelo, sugiriéndoles cada día nuevas esperanzas. El 26, cuando el fuerte del Desierto anunció con salva de 21 cañonazos que Espartero había entrado en Portugalete, respiró la gloriosa villa por los pulmones y las bocas risueñas de todos sus hijos, cantando victoria, y haciendo befa y escarnio del terrible enemigo. La artillería de éste enmudeció, como si lo que anunciaba el cañón del Desierto impusiera pavura en el sitiador embravecido. Pero su silencio era el sordo trabajo preparatorio de la furibunda embestida que pensaban dar al día siguiente 27. Al anochecer del 26, descansaron los carlistas en la firme creencia de hallarse en la víspera del fin. Una noche no más les separaba del premio de su constancia: la rendición de Bilbao.

Cinco días estuvo Aura sin ver á Zoilo, y tres sin saber nada de Martín. Por uno y por otro pasó intranquilidad la familia, y Sabino no hacía más que ir de fuerte en fuerte, interrogando á todo el que encontraba. Acompañóle Aura en una de estas excursiones, sin temor al peligro, y al cabo, volviendo del Circo, supieron que Martín no tenía novedad y había pasado á Solocoeche. «Vaya, ya estás tranquila—le dijo su tío.—El chico vive y tú resucitas. Con esa impresionabilidad que te ha dado Dios, parecías muerta de susto y pena.

—Pero aún no debemos alegrarnos, tío: no sabemos nada de *Zoilucho*.

—Es verdad; bien comprendo que ese no te llama tanto como Martín; pero también es hijo de Dios, y debemos mirar por él. Aunque parece un tarambana, mi Zoilo vale mucho; á valiente le ganan pocos; tiene su pundonor, y sabe llevar el nombre de la familia

Pero no se igualará nunca á su hermano Martín, pues éste es de los que entran pocos en libra. No podrás tú ni nadie señalar una buena cualidad que él no tenga.»

Aura no dijo nada, y sintiendo Sabino la necesidad imperiosa de practicar dentro de un recinto sagrado las devociones con que diariamente alimentaba su fe, propuso á la joven entrar en la primera iglesia que hallasen abierta. Por fortuna, en la capilla de la Misericordia estaba el Señor de Manifiesto, y allí se metieron, empleando ambos como una media hora en rezos y meditaciones. Sentóse Aura; permaneció Sabino de rodillas larguísimo rato. «He pedido al Señor dos cosas—dijo á su sobrina, tomando al fin asiento junto á ella, todavía con la boca llena de sílabas de rezos.—Primera, que nos conserve la vida del pequeño como nos ha conservado la de su hermano, y que igualmente, ellos y nosotros lleguemos vivos y con salud á la terminación del sitio, sea cual fuere la solución que Su Divina Majestad le dé. Segunda, que me conceda el cumplimiento de un deseo santísimo que me alienta, tocante á Martín y á ti...»

Aura no chistaba. Entráronle súbitas ganas de rezar, y se puso de rodillas, dejando un tanto cortado al buen Sabino. Pero éste no se abatía por tan poco; echó también á media voz, en pie, cruzadas las manos, una larga oración; y poco después cuando estuvieron al habla para salir, volvió al ataque. «Comprendo que la cortedad, el pudor, la timidez propia de una doncella pura, no te permitan manifestar tus sentimientos... pero tú quieres á mi hijo, ¿verdad? tú reconoces en Martín el único marido *práctico* que te corresponde... ¿verdad?... Confiésamelo, dímelo aquí delante de Jesús Sacramentado.

—¿Qué quiere que le diga?—murmuró Aura con expresión dolorosa.—Que las cualidades de Martín son muy buenas... únicas.

—Eso ya lo sé... dime lo otro; dime que aprecias esas cualidades, y que quieres hacer con las tuyas y las de él un hermoso ramillete de...»

No le salía la figura. Sacóle de sus apuros retóricos la hermosa doncella, declarando que no quería oir hablar de casorios con Martín ni con nadie, porque estaba resuelta á no casarse más que con...»

No acabó. Sabino le quitó la palabra de la boca para poner la suya: «Quien vive de ensueños, hija mía, soñando muere. Tú lo pensarás... No has nacido para vestir imágenes, sino para que á tí te vistan de felicidades. A Martín no le faltan partidos; pero te quiere á tí... Ten compasión, que es la madre del cariño, y éste el padre del amor... Conviene que seas *práctica*, á estilo de todos nosotros; conviene que no mires tanto á lo pasado, pues el que mira mucho atrás, atrás se queda... y el que vive entre fantasmas en fantasma se convierte... ó en estatua de sal, como la otra... no me acuerdo cómo se llamaba... En fin, no te digo más, que aquí vienen Doña María Epalza y Juanita.»

Dos señoras, madre é hija, que acababan sus prolijos rezos, se les agregaron, y á todas dió agua bendita con sus dedos glaciales el bueno de Sabino. Picotearon un rato en la puerta sobre los desastres del sitio y la escasez de víveres. Ya no había carne, ni aun salada. «Si ese generalote no viene pronto—dijo la señora mayor,—¡pobre Bilbao!... Pero quieren que perezcamos todos gritando *¡viva Isabel II!* y aquí estamos también las mujeres dispuestas á cumplir el programa.

—Será, señoras mías—manifestó Sabino con fervor terciándose la capa,—lo que disponga el de arriba, que es quien dicta los programas. ¿Qué hemos de hacer más que acatar la Divina voluntad?

—Y la Voluntad divina—afirmó la señora menor, viudita joven muy guapa,—ordena que Bilbao perezca antes que rendirse.

—No, hija: que ni se rinda ni perezca... pues pereciendo no tiene gracia. Hay que sacar adelante á la niña, á nuestra angélica Reina... ¿No piensa usted lo mismo, Sabino?

—Señora, yo pienso...»

En la punta de la lengua tuvo ya el conocido dicho de *quien con niños se acuesta...* pero se abstuvo de soltarlo, por escrúpulos de lenguaje y respeto á las damas. Propuso la viudita que pues aquel día no *tiraban*, podían correrse pasito á paso hacia la Cendeja, para ver todo lo que allí habían hecho los *nuestros*, las defensas magníficas, imponentes, donde se estrellaría el coraje faccioso. Dudaba la señora mayor; manifestó Sabino recelo de andar por tales sitios; pero tan decidida y entusiasta curiosidad mostraron las muchachas, que allá se fueron por toda la calle de Ascao y la de la Esperanza, hasta que ya en el término de esta les estorbaron el paso lo desigual del piso desempedrado, los charcos y lodazales, los montones de escombros. Por encima de un espaldón de tablas, reforzado con faginas, vieron que asomaba una cabeza desmelenada; la cabeza de un diablo guapísimo, alegre, que llamaba con fuertes voces. Era Zoilo. Aura fué la primera que le vió. «Tío Sabino, mire dónde está ese pillo.»

Corrió el padre, corrieron las damas. Alargando su cabeza por encima del tablón todo lo que podía, el miliciano les dijo: «Aura, padre, ¿han visto el letrero que hemos puesto por la parte de afuera de la batería para que lo vean ellos?

—Ya, ya sabemos—dijo Aura mirándole gozosa.—Una calavera con dos canillas, pintada sobre negro.

—Y un letrero que dice: *Tránsito á la muerte*, ó lo que es lo mismo: que todo el que venga á tomar esta barricada, muere, y que los que la defendemos, aquí estaremos hasta que nos maten.

—Bien, hijo, bien: no hemos visto el letrero; pero nos figuramos lo bonito que será. Dios te la depare buena. No sabiamos de tí.

—Oye, Zoilo—dijo la señora mayor:—¿está aquí Luisito Bringas, el hijo de mi sobrina, sabes?

—¿Luis el del indiano? Sí, señora. Aquí cerca, en las Cujas está. Hace un rato comimos juntos él y yo.

—Dirásle que á su mamá le supo muy mal que pidiera venir aquí, donde hay tanto peligro, y que no hace mas que llorar.

—Ese es de los temerarios, locos, como mi hijo—observó Sabino.—Dios cuida de ellos.

—¡Bravo, *Luchu*!—exclamó Aura.—¿Desde cuándo estás aquí?

—Dos días llevo ya. No salgo, no sea que el puesto me quiten.

—¿Por qué no avisaste á casa, hijo? Estábamos con cuidado. Tu prima y yo venimos del Circo y de Mallona, donde hemos preguntado por tí. Dime, ¿no tienes miedo?

—Sí, señor: un miedo tengo. uno solo. Temo que esos cobardes, después de tanto boquear, no nos ataquen mañana como dicen.

—¡*Tránsito á la muerte!*—repitió Aura con admiración, sintiendo no ver el lúgubre letrero.—Pero no morirán... Eso se dice...

—Y se hace.

—Vámonos, vámonos... — dijo Sabino.— Este no es sitio para señoras. Zoilo, por si no lo sabes, José María y yo dormimos en casa de Melquiades Echevarri. Vámonos, no sea que...

—¡Si ahora no tiran! Están rezando el rosario.»

Al despedirse Sabino tiernamente de su hijo, se le saltaron las lágrimas, y Aura, de verle llorar, lloraba también.

«¡Ay, qué hijos éstos!—decía suspirando la señora mayor. ¡Lo que inventan! ¡*Tránsito á la muerte!*

—Es cosa de los de Trujillo, de los de Compostela,—indicó la viudita.

—Y de estos, de los nacionales. Todos son unos.

—¡Sangre de chicos, corazones de hombres!»

Y Doña María Epalza, con súbito arranque impropio de sus años y de su obesidad, se cuadró, y elevando sus brazos con frenesí convulsivo hacia el tablero por donde asomaban varias cabezas, gritó: «Sí, cachorros de mi tierra. ¡Viva Bilbao, viva Isabel II!»

Se alejaron pisando fango, escombros, astillas... oíanse lejanos disparos de fusilería; por la parte del barranco de San Agustín venía una humareda negra, olor de pólvora... Hasta el convento de la Esperanza fué Aura mirando para atrás para ver los aspavientos que hacía Zoilo, alargando medio cuerpo fuera del espaldón de tablas. La señora mayor, agarrándose á la capa de Sabino, le decía: «¡Ay, me descompuse; me entró como un furor de alegría, de entusiasmo al ver el tesón de esos chicarrones!... No se puede remediar... está en la sangre bilbaína...» Y la señora menor completó el pensamiento con esta frase: «Bilbao muere, pero no se rinde.

—Así sea—dijo Sabino.—Y por encima de todo, la voluntad de Dios... Por de pronto, señora Doña María, hoy tenemos las alubias á veintiséis cuartos, y el bacalao á siete reales... Pero dicen que no importa... No somos nada; el pueblo es todo, y el pueblo dice: «Morir antes que rendirse.»

Doña María, que apenas tenía movimiento después del esfuerzo que hizo para engallarse y soltar los furibundos vivas, modificó el concepto: ***Morir*, *tal vez; rendirse, nunca.***

XXVII

Lisonjera fué la mañana del 27. Cundió por la villa la creencia de que Espartero iba sobre Castrejana, y si conseguía forzar el puente y pasar á la orilla derecha del Cadagua, los sitiadores se verían comprometidos. Valentín Arratia, que conservaba su excelente vista marinera, subió á la torre de Miravilla, y puesto su ojo en buenos catalejos, distinguió los batallones isabelinos desfilando por el valle de Baracaldo. En Bidebarrieta y el Arenal los patriotas difundian la buena noticia de corrillo en corrillo.

«Para mí—decía Valentín Arratia—no pasa de mañana el tener aquí á D. Baldomero.—He visto las tropas de la Reina, como les veo á ustedes, marchando en columnas hacia el puente.

—Lo que resultará no lo sabemos; pero que se están zurrando de lo lindo es evidente—dijo Antonio Cirilo de Vildósola.—Lo que fuere sonará.

—¡Si ya está sonando! Hemos oído un tiroteo horroroso,—aseguró D. Francisco Bringas, rico indiano, exaltado liberal y el primer optimista de la villa. Apuesto lo que quieran á que levantan el sitio esta tarde... ¡contro!...

—Diga usted que convida, D. Francisco, y todos seremos de su opinión.

—Pues me corro, ¡contro!... Aún me quedan dos docenas de botellas de chacolí de Baquio.

—Tanto como esta tarde, no diré yo que nos perdonen la vida—indicó Arratia;—pero mañana temprano... Aquí llega el amigo Arana. Viene de la Diputación, donde habrán llegado gordas y buenas.

—Jose Blas, ¿qué sabes?

—Sólo sé que no sé nada, como dijo el otro.

—Te lo callas, por no convidar.»

El tal José Blas de Arana, uno de los más exaltados corifeos de la defensa, era comerciante en sebo, sardinas de barril, raba y otros artículos similares. En su campechana modestia, permitía que los amigos le llamasen *Borra*, y se cobraba esta conformidad aplicando apodos á sus conciudadanos.

«¿Convidar yo?... ¿á qué? A metralla, si quieren. Con todo, si se confirma que *renuncian generosamente á la mano de Leonorita*, como dice Guzmán en *La Pata*, convido. Poseo una bacalada y hasta medio ciento de galletas mohosas.»

Acercóse Tomás Epalza, rico por su casa,

banquero, como los anteriores perteneciente á la Junta de Armamento. Era hombre jovial satisfecho en toda ocasión y circunstancias, de una fe ciega en la resistencia de Bilbao, dispuesto á dar cuanto tenía si de ello dependiera el completo apabullo de la *Pretensión*.

«Estos no piensan más que en comer—dijo riendo.—Bueno anda ello... A lo que parece, Espartero viene y nos trae pan de trigo.

—Y si no nos lo trajere ó se perdiera en el camino—apuntó Arana,—aquí están los ricos de Bilbao, los más ricos, dispuestos á comer borona y gato estofado hasta que San Juan baje el dedo.

—Los ricos de Bilbao—afirmó el indiano Bringas con jactancia de buena sombra, que no ofendía,—tienen su dinero para gastarlo en la defensa ¡contro!, y en su mesa siempre hay un plato para todos los *Borras*, que no se rinden al *yugo servil*. Ya sabes... en la calle del Perro tienes la mesa puesta... ¿Te has comido ya todas las velas de sebo?... Pues en casa hay de todo, verbigracia, cacao en grano y nueces... Con que, sepamos, ¿qué se cuenta?

—Que cansados de obtener victorias—dijo Vildósola, el cual se ponia muy serio para bromear,—se van á ponerle sitio á la peña de Orduña, donde está el tesoro escondido.»

El indiano expresaba su regocijo rascándose la sotabarba, con cerquillo ó carrillera de pelos grises, y dando pataditas para entrar en calor.

«Compañero—le dijo Epalza,— si tiene

usted ganas de bailar el *aurrescu*, aquí viene Ostolaza, que no desea otra cosa, para celebrar la venida de Espartero.»

Era el llamado Ostolaza uno de los más calientes patricios, comerciante en las Siete Calles, tan aficionado á la danza eiskara que no perdía coyuntura de armarla por cualquier motivo que hiciera vibrar la fibra patriótica.

Antes de que el tal hablase, retumbaron terribles cañonazos.

«Ostolaza, ahí los tienes—le dijeron.—¿No querías *aurrescu*? D. Nazario quiere bailarlo contigo.

—Bonita música, compañeros—replicó el bailarín gozoso, restregándose las manos...

—Yo sé por qué tiran... Es miedo; se les van las aguas de puro canguelo, y creen que tirando nos engañan, para que no hagamos una salida.

—Como les embista esta tarde el amigo Espartero, señores—dijo Bringas,—y dispongamos aquí una salidita con gracia, no se escapa ni una rata.»

Acercose al grupo D. Juan Durán, el valiente coronel de Trujillo, que venía de casa del gobernador San Miguel, y les dijo: «Nada, nada: esto es claro. Quieren gastar las municiones para hacernos todo el daño posible antes de retirarse.

—¿Está en Castrejana D. Baldomero?

—Y arreando de firme, según parece.

—Pronto saldremos de dudas. Señores, á comer la puchera el que la tenga.

—La tengo yo para todos—dijo Bringas,—con cecina superior, ¡contro!

—Ea, señores, á comer. Cada cual á su borona... A las tres, junta.

—Y á las cuatro *aurrescu*.

—Y á las cinco abrazos... ¡Espartero!... ¡Arriba Bilbao!»

Al dispersarse, tomó Valentín la dirección de San Nicolás, donde tenía que dejar una orden de la Comisión de Guerra, y no había andado veinte pasos cuando vió venir á *Churi* con otros corriendo á todo escape. En el mismo instante sonó vivo tiroteo hacia San Agustín. Llegándose á su padre, el sordo, con aterrada expresión, hablando más con el gesto que con la palabra, le dijo: «En San Agustín, ellos... visto yo... Fuego mucho... Por bajo entraron... Corra; verálos piso alto... fuego.» Otros que venían de allí decían lo mismo con distintas expresiones. La noticia cundía con rapidez eléctrica... Valentín se plantó detrás de San Nicolás, vacilante... La curiosidad y el patriotismo empujábanle hacia San Agustín; el miedo le mandaba retroceder. Casi sin darse cuenta de ello fue arrastrado por un tropel de paisanos y nacionales que hacia la Cendeja corrían. Entre ellos vió á *Churi*, y cogiendole por un brazo le llevó consigo. «No te separes de mí... Vamos al fuego. Si hace falta gente, aquí llevo un sordo y un cojo: no tengo más.»

Habían hecho los carlistas sigilosamente una excavación, por donde penetraron en la alcantarilla del convento; de ella subieron al piso principal, dominando la portería y claustros bajos.. Sorprendida la tropa que guarnecía el edificio, se defendió con bizarría entre paredes, en las crujías bajas, viéndose obligada á retirarse ante la superioridad dominante de las posiciones del enemigo. Dióse una batalla disputando el paso á la sacristía. Ganada ésta por los facciosos, empeñóse otra acción por el paso de la sacristía á la iglesia. Los valientes de Trujillo hubieron de retirarse, dejando media compañía prisionera. Aún intentaron defender á la desesperada el paso al coro, y el de éste á la próxima casa llamada de Menchaca; pero sucumbieron ante el número. En aquella serie de acciones breves, terribles, dentro de un laberinto formado por murallones ruinosos y tapiales medio destruidos, aprovechando unos y otros las ventajas de un ángulo, de un boquete, de un escalón, desarrollaban instintivamente los mismos principios estratégicos que en un gran campo de guerra, donde hay río, colinas, desfiladeros y otros accidentes. ¡Espantosa miniatura! Todo lo que disminuía el tamaño del escenario, aumentaba el horror de la tragedia; y los combatientes eran más grandes, cuanto más chico el campo de su encarnizada porfía. Quedaron al fin los carlistas dueños del edificio y casa próxima; desde las altas ventanas dominaban las baterías que antes fueron segunda línea de defensa, y ya eran primera línea. En el frente de ésta podían leer la lúgubre inscripción: *Tránsito á la muerte.*

Cuando llegaban Valentín y *Churi* á la calle de la Esperanza, el fuego era horroroso. Las baterías carlistas cañoneaban sin cesar. Considerado el espacio entre San Agustín y el Arenal como llave de la plaza, el sitiador no tenía más que alargar la mano, alargar el pie para franquear aquel breve terreno, cosa en verdad muy fácil si allí no estuviera el corazón bilbaíno. Y éste se apresuró á obstruir el paso con tanta celeridad como bravura. Acudieron todos los jefes militares, todos los nacionales que no hacían falta en otros puntos, los paisanos que se hallaban en disposición de tomar un fusil. Mucha carne hacía falta para cerrar aquel boquete. Allí se jugaban los bilbaínos la suerte de su querida villa: un paso más de los facciosos, y Bilbao les pertenecía.

Toda la tarde duró el formidable duelo: uno de los primeros heridos fué el Gobernador de la plaza, D. Santos San Miguel, y á poco cayó también el brigadier Araoz: ni uno ni otro tenían heridas graves; pero quedaron inutilizados. Urgía elegir otro jefe de la defensa. Reunida en San Nicolás la Comisión permanente de guerra, nombró al brigadier Arechavala, que mandaba en Larrinaga. Fué á buscarle Valentín Arratia, ansioso de ser útil, ya que no se creía apto para la lucha, pues ningún arma sabía manejar. Maquinalmente, sin darse cuenta de lo que hacía, entregó á *Churi* el fusil y los cartuchos que le habían dado momentos antes, y se fué corriendo hacia Larrinaga. No bien se vió el sordo armado y con pertrechos de guerra, corrió á donde con más ardor hacían fuego nacionales y tropa. El también tiraba; su puntería no era mala. Del cañoneo y estruendo del combate no percibía más que un mugido y trepidaciones hondas; ¿pero qué le importaba? En un momento gastó los cartuchos que le había dejado su padre, y pidió más, y se los dieron, y sin cesar hizo fuego, con vivo deleite de su alma ruda, solitaria. Habría querido poseer un arma que de un solo tiro lanzase infinidad de balas para matar á muchos de una vez, no importándole gran cosa que al caer los facciosos cayera también alguno de los *de acá*. Estimaba en poco las vidas humanas, y pues él no era feliz, ni podía serlo por carecer de un precioso sentido, extendiérase por el mundo la infelicidad, y reinara la muerte donde debia florecer la vida. Ignoraba absolutamente el por qué fundamental de la guerra, y no había sabido discernir el motivo de que la causa de *una* Isabel fuera mejor que la de *un* Carlos. Participaba, eso sí, sin darse cuenta de ello, de la fiera terquedad bilbaína. ¡Defenderse á todo trance! Esto era una causa, una razón, una bandera.

Corrió, pues, Valentín al cumplimiento de su mision, como individuo de la Junta, y en la calle de la Ronda se encontró á José María, que venía del Hospital con un convoy de camillas, llevadas por viejos del Hospicio y algunas mujeres. «Corre, hijo, corre, que buena falta hará todo esto... ¡No es mal chubasco el que hay por allá! Pero antes que las camillas, harán falta buenos tiradores... Antes que pensar en heridos, pensemos en matar... Oye, oye. Si no te dan un fusil, ayuda al acarreo del agua... Llévate todas las mujeres del barrio... y señoras llévate... que trabajen *á la hormiga*. Cubos hay en San Nicolas... Hoy perece Bilbao, si no echamos el resto...»

Partieron en dirección contraria. Al regreso de Larrinaga, pasando por la calle de Ascao, multitud de mujeres, así del pueblo como del señorío, refugiadas en tiendas y portales, querían detenerle con sus clamores, con ansiosas preguntas. «¿Es cierto que también atacan por el Circo? ¿Y de la Cendeja qué sabe, Valentín? ¿Hay muchos heridos?... ¡Qué horror de día! ¿Se acabará pronto?... ¿Entrarán?... ¡Como no entren!»

De un grupo de señoritas y muchachas del pueblo, en deliciosa confusión, vió salir á Aura, pálida, desordenado el pelo, los ojos echando chispas. «Tío Valentín, ¿están allí Zoilo y su hermano? ¿Sabe algo de ellos?

—Hija, no es ocasión de dar noticias... ni puedo detenerme... No sabemos cómo acabará esto. Apretada anda la cosa.

—¿Entrarán?... ¿Pero entrarán?

—¿Quién, ellos? ¡Nunca!...»

Irguiéndose en medio de la calle, soltó el registro más ronco de su voz para gritar: «¡viva Isabel II, viva la Libertad! y sepan que donde está Bilbao está la bravura española...»

Las exclamaciones que respondieron á estos gritos atronaban la calle.

«Niñas, mujeres, señoras, *ser* valientes... Que los hombres no os vean cobardes... Si vosotras sois bravas, el *chimbo* no cae, ¡que ha de caer!... Animo, y que desde allá os oigan reir, no llorar... llorar no. Hoy no se llora aquí... Y si os mandan llevar cubos de agua, para refrescar los cañones... ¡hala con ellos, *á la hormiga!*»

Los desplantes que tuvo que hacer al largar los vivas recrudecieron su dolor crónico, y se fué renqueando, mas no por eso menos presuroso, aunque le molestaba horrorosamente su antigua avería en la *aleta de estribor*. Oíase en toda la calle el coro, con diversidad de voces, cantando las animadas estrofas del himno compuesto en aquellos días por los milicianos Zearrote y Casales:

Entre ruinas, valientes bilbáinos,
vuestras sienes ceñís de laurel,
y en estruendo marcial sólo se oye
libertad y que viva Isabel.

Soldados de *Trujillo* y *Toro*, y algunas compañías de Nacionales, defendían la Cendeja, llave del Arenal y de Bilbao, con un tesón de que sólo se encontraría ejemplo en las épicas jornadas de Zaragoza y Gerona. Decididos á que los dueños de la posición de San Agustín no dieran un paso fuera de ella, juraron hacer con su carne y sus huesos una compuerta que no abriría el sitiador sin desembarazarse antes de las vidas que la componían. Tan firme voluntad, entereza tan grande, produjeron en el curso de la tarde estupendas hazañas particulares y colectivas y lastimosas muertes. Cada instante el número de heróicos bilbaínos mermaba dolororosamente. Antes que resignarse los vivos á una muerte segura, discurrieron un arbitrio que les permitiría fortificar sus posiciones y redoblar su esfuerzo. Para que los carlistas no pudieran hostilizarles con tan terrible insistencia en las formidables posiciones que habian conquistado, era menester proporcionarles ocupación distinta del tiroteo de cañon y fusil. Pensaron algunos combatientes de la Cendeja que si lograban pegar fuego á San Agustín y á la casa de Menchaca, el enemigo tendría bastante que hacer con apagarlo. Esta idea se fué condensando en las cabezas calientes que allí había, y al fin tomó cuerpo de eficaz resolucion en la cabeza principal, en el jefe de la defensa, el brigadier D. Miguel de Arechavala. Propúsolo en la cruda forma propia del apretado caso: «Muchachos, ¿os atreveis á incendiar el convento?» Respondieron que sí. Y el jefe de Nacionales, D. Antonio de Arana, gritó: «El enemigo quiere fumar: ¿hay quien se atreva á llevarle candela?» No se oia más que «¡yo, yo, yo!»

XXVIII

Muy pronto lo dijeron; pero una vez dicho, no había más remedio que ejecutarlo. José María Arratia, que había hecho fuego sin cesar, agregado á los Cazadores Salvaguardias, fué de los primeros en traer de San Nicolás cantidad de paja en haces; otros acarreaban jergones, brea y alquitrán. Ya tenían la candela. ¿Quién era el guapo que al enemigo se acercaba para brindársela? El teniente de Nacionales D. Luciano Celaya dió el ejemplo de temeridad loca, dirigiéndose á la puerta de la casa de Menchaca con un jergón debajo del brazo, como quien lleva un libro, y una tea encendida en la otra. Los carlistas abrieron la puerta, y la volvieron á cerrar azorados; entretanto, dos salvaguardias y un chico nacional trepaban por montones de escombros hasta ganar una ventana, y arrojaron dentro del edificio paja encendida. El nacional, que no era otro que Zoilo Arratia, se guindó aún á mayor altura, descalzo, y metió por donde pudo, despreciando la lluvia de balas, listones dados de azufre y ardiendo, que le alargaban otros no menos atrevidos, aunque no tan ágiles para trepar gatescamente, agarrándose con una mano y llevando el fuego en la otra... Tras de Zoilo subieron dos más: uno se cayó á la mitad de la ascensión, estropeándose una pierna; el otro, agarrado á una reja, cayó muerto de un disparo que le hicieron á quemarropa. En tanto, subieron dos más por la cortadura de la casa de Menchaca. Llevaban botes de alquitrán, haces de paja y mechas de pólvora. Felizmente, Zoilo consiguió ganar el tejado, y poniéndose panza abajo en el alero, logró coger de manos de sus camaradas las materias combustibles, y arrojarlas por una bohardilla medio deshecha; todo con tal rapidez y habilidad, que cuando acudieron los carlistas ya estaba él descolgándose por un canalón, en el cual no pudo realizar todo el descenso porque se desprendió la mohosa hojalata, y con ella vino guarda abajo el animoso chico. Por suerte, todo el daño que se hizo fué en la ropa, y la sangre que echaba de un pie era de un rasguño sin importancia.

Repitióse la tentativa de incendio con increíble arrojo, perdiendo mucha gente. La mitad de los incendiarios se quedaba en el camino, á la ida ó á la vuelta; el fuego de la fusilería enemiga era horroroso, apoyado por el cañón de los fuertes de Albia, Campo Volantín y Uribarri. A la caída de la tarde, el baluarte de la Cendeja hallábase atestado de muertos y heridos, que no era ocasión de retirar todavía, ni había quien lo hiciese; los vivos seguían batiéndose en ese paroxismo del coraje que no da espacio á la flaqueza ni tiempo á la reflexión, y el convento con la casa inmediata ardía como un infierno. El objeto estaba conseguido: los facciosos tenían dentro de casa un enemigo más, favorecido por furioso viento del Noroeste, que había venido á ser partidario de Isabel II.

Contuvo la quemazón á los carlistas y salvó á Bilbao. Llegada la noche, los héroes de la Cendeja, no molestados ya por la fusilería facciosa, pudieron recoger sus heridos y retirar los muertos. Pero nadie descansó aquella noche, porque toda fué empleada en reparar los destrozos del baluarte, reforzando la cortadura de la primera línea desde Quintana á la Cendeja, y estableciendo otras dos *de caballos de frisa*. Además, se engrosó la batería por el costado que miraba al cañón de Albia; se dió mayor consistencia á los merlones en la parte del muelle, y, por último, se prepararon las casas de la calle de la Esperanza para incendiarlas en caso de grande aprieto. Todo el vecindario que no estaba sobre las armas, ayudaba en esta operación. Si el enemigo lograba conquistar en combates sucesivos el palmo de terreno radicante entre San Agustín y la Cendeja, se encontraría ante una inmensa barricada de fuego, que luego lo sería de escombros. El tenaz bilbaíno, por defender á todo trance el recinto de su villa sagrada, cogía una casa y se la estampaba en los morros al fiero sitiador; y si no bastaba una, allá iban dos, tres y más. ¡Fuego y piedra en ellos!

Vagaba *Churi* inconsolable por las inmediaciones de San Nicolás, viendo el tráfago incesante de los que entraban y salían con herramientas, sacas de lana y demás material de ingeniería militar. Le habían quitado su fusil para darlo á un combatiente más útil; mandábanle á veces cosas que al revés entendía, y por fin, ordenáronle salir, pues allí no era más que un estorbo. Incitado por José María, que se le encontró sentado en el quicio de una puerta con la cabeza apoyada en las manos, *oyéndose á sí mismo*, ayudó al transporte de heridos, y desde las diez de la noche hasta el amanecer estuvo cargando camillas, sin más descanso que el que se tomó en San Antón para comer un poco de pan y bacalao crudo. Su padre se agregó también al servicio sanitario, rivalizando en actividad con ilustres mayorazgos y comerciantes ricos. En el hospital, Sabino Arratia asistía con entrañable amor y piedad á los heridos, y consolaba á los moribundos, asegurándoles que de par en par se les abrían las puertas del Cielo, y que en éste encontrarían el eterno galardón por haber cumplido con su deber. «Allá, digan lo que quieran, no se distingue entre absolutistas y liberales, y Dios les mira á todos como hijos, sin *fijarse* en que peleen por éstas ó las otras causas. Esto de las *causas* y de los derechos es cosa de los hombres, con un poquito de mangoneo de Satanás.» Dicho esto, iba por el Viático, que para los más era ya la única medicina.

También había hospital de sangre en Santa Mónica, con asistencia caritativa de *seño-*

ras y mujeres, sin distinción de clases. Á poco de amanecer arrimóse á la puerta Prudencia Arratia, con mantón, acompañada de la criada, que llevaba una cesta al brazo como si fuera á la compra. Necesitaba procurarse carne, aunque fuese de la peor, para dar á Ildefonso algo de substancia, pues estaba el buen hombre perdido de la cabeza. Salió de la casa de Vildósola, y antes de dirigirse á Belosticalle, donde esperaba encontrar cabra y siquiera un par de huevos, llegóse á Santa Mónica por ver á su sobrina, que allí, entre el mujerío principal y plebeyo, prestaba á los heridos asistencia. No se determinaba á entrar la buena señora, temerosa de que la obligaran, mal de su grado, á funcionar de enfermera, y esperó á que recalara persona conocida que la comunicase con Aura. Ella tenía su enfermo en casa, su herido grave, y del cerebro, que es lesión peor que cualquier pérdida de pata ó brazo, y cuidándole bien cumplía con Dios y con Bilbao. Llegaron en esto Doña María Epalza y la viudita, y de ellas se valió Prudencia para transmitir á la niña la fausta nueva de que Martín estaba bueno y sano. «Me hará el favor de decírselo en cuanto la vea, señora Doña María... que estará la pobre muerta de ansiedad... No ha sido flojo milagro que escapase el chico en medio de aquel horroroso fuego. La Providencia, señora. Dios protege á los buenos.

—Pues bien bueno era Fernando Cotoner —dijo la viudita prontamente, arqueando las cejas y frunciendo la boca,—y está si vive ó muere.»

Convinieron las tres al fin en que debían abstenerse de cargar tales cuentas á la Divinidad, y sentir las desgracias y alegrarse de las venturas, dando gracias á Dios por éstas sin meterse en más dibujos. Como dejara traslucir Prudencia el objeto de su salida, le dijo la señora mayor que no se cansara en buscar huevos, porque difícilmente los encontraría. Ella había comprado el día anterior los últimos que había en casa de Gorriti (calle de la Ronda), al precio exorbitante de veinte reales la media docena. Con un gesto de resignación se despidieron, y Doña María Epalza y su hija entraron en Santa Mónica. No tardó la viudita en tropezarse con Aura en medio de aquel barullo, y le soltó las albricias, maravillándose de que no las recibiese con tanto júbilo como ella esperaba. Fueron las dos á la cocina en busca de tazas de sopa para los heridos, las cuales recogieron de manos de las ilustres cocineras señoras de Orbegozo, de Arana y de Mac-Mahon. También las pobres enfermeras tenían que mirar por su vida; y una vez cumplida su obligación, se fueron á un ángulo de la cocina á tomar un sopicaldo.

«¿Sabes?—dijo á su amiga la viudita, que era muy despabilada y un tanto maliciosa. —Anoche nos quedamos en casa de mis tíos los de Arana. Llegó esta mañana Antonio Arana, ¿sabes? el comandante de la Milicia, y nos contó las heroicidades de tu primo...

creo que Martín; pero no estoy segura. Él llevó el primer fuego á la casa de Menchaca y al convento, y toda la tarde fué el número uno en el peligro... en fin, que ha sido el asombro de todos...

—Nada de eso sabía—dijo Aura sintiéndose orgullosa, y orgullo debía de ser el ardor que le salió á la cara:—ahora lo oigo por primera vez; pero si alguno de mis primos ha hecho valentías, créete que no es Martín, sino su hermano.

—¿El pequeño?

—¿Pequeño? Es un hombre como hay pocos, con un corazón tan grande, que casi da miedo. No hallarás ninguno tan valiente, ni que sepa, como él, poner toda su alma en lo que mandan el honor y el deber.

—Y es guapo, más guapo que Martín.

—Ea, vámonos, que estamos haciendo falta.»

Todo el día estuvo Aura pensando en lo que le contó la viudita; y como por diferente conducto llegaran á ella noticias de las hazañas de su primo, sentíase muy satisfecha por la honra que en ello recibía la familia, y deseaba ver al héroe para darle la enhorabuena. Por la noche, cuando vino Sabino á recogerla para llevarla con las señoritas de Gaminde á casa de éste, hablaron de lo mismo. Al padre se le caía la baba repitiendo las alabanzas que en todo el pueblo se hacían del inaudito arrojo del chico. «Se ha portado como un valiente, y ha subido hasta las estrellas el nombre de Arratia. Dicen que van á proponerle para la cruz de San Fernando, y también puede ser que de golpe y porrazo me le hagan teniente ó capitán. Esto lo sentiría... porque como es así, de un genio tan fogoso, podría tomar afición á la milicia... y los militares no son de mi devoción. Estoy por lo civil, por lo comercial, por lo pacífico...

En casa de Gaminde contaron que aquella mañana, despues de la brava respuesta que dió la plaza á la intimación del general carlista Eguía, reuniéronse Arana y otros jefes de la Milicia en el cafe del Correo, y convidaron á Zoilo, que por allí pasaba. Largo rato estuvieron brindando y cantando coplas, y victoreando á Bilbao y á la Libertad. El uno improvisaba discursos, el otro nuevas estrofas del himno. En un rapto de alegría, Zoilo se soltó su brindis, en el cual las ingenuidades y las bravatas chistosas sonaban á militar elocuencia: «El no era valiente sino terco... No le mataban porque se moría de ganas de vivir... Todo lo que el hombre quiere, lo consigue cuando hay voluntad firme, que por nada se tuerce ni se dobla... Los carlistas no entrarían en Bilbao; quedaban en la villa muchas piedras, mucho fuego, las pelotas de los trinquetes, los puños de los hombres... y los corazones de las mujeres, de donde salía toda la fuerza...» Tanto se entusiasmó Arana al oir estas frases ardorosas, que, después de abrazarle, le regaló una magnífica pistola que llevaba al cinto. Un señor muy anciano, bilbaino, D. Calixto Ansótegui, veterano de la guerra del Rosellón, se llegó á Zoilo, y estrechándole en sus brazos, le besó en la cabeza y le dijo: «en nombre de mi pueblo, te beso y te bendigo.» Estas y otras escenas y sucesos de aquel día despertaron en la mente de Aura ideas bélicas, de militar grandeza, y toda la noche se la pasó soñando, entre dormida y despierta, con héroes legendarios y con maravillosas hazañas. Los que había conocido humildes se crecían á su lado, y eran ya grandes capitanes, caudillos, reyes... ¡qué delirio! Y Bilbao era el pueblo sagrado, intangible, gracias al valor de sus hijos, que lo defendían y lo ilustraban con sus hazañas para luego hacerle rico y próspero entre todos los pueblos de la tierra. Se reía con lágrimas pensando esto, y deseaba vivir para presenciar tantas grandezas. Y cuando Zoilo le contara sus actos de heroísmo, ella disimularía su admiración, y se haría la indiferente, pues no era discreto ni decoroso que la viese tan entusiasmada... ¡Qué diría, qué pensaría!...

XXIX

Envalentonados por la fácil conquista de San Agustín, que aunque les resultó un guiso quemado, conquista era, emprendieron los facciosos el asalto de la Concepción, convento destinado á cuartel á la otra parte del río. Después que se hartaron de cañonearlo con las baterías de Mena y Santa Clara, y cuando ya tenían hechos polvo los débiles muros de aquel edificio, lo asaltaron con denuedo. Los bilbainos, sin más apoyo que el que les daba el cañón situado en la torre de San Francisco y la fusilería de la Merced, les resistieron bravamente á la bayoneta. Setenta muertos se dejaron allí los carlistas y más de cien heridos, algunos de los cuales pudieron retirar. Con este feliz suceso, que levantó los ánimos, coincidió el feliz parte transmitido desde Portugalete á Miravilla por el telégrafo óptico. que decía: *Continúe Bilbao defendiéndose. Pronto será socorrida.*

En la defensa de la Concepción fué Martín levemente herido en el brazo izquierdo. No se contaba de él nada extraordinario: era un exacto cumplidor del deber, sin excederse nunca. La herida no tenía importancia; casi se avergonzaba de hablar de ella, refractario en toda ocasión á los alardes de valentía. Resistióse á que le hicieran la cura en el hospital, donde había que atender á casos más graves, y se fué á casa de Vildósola, buscando el arrimo de Negretti y Prudencia. Esta mandó al instante á buscar á Aura, y al verla entrar le dijo: «Nos ha caído que hacer. Tenemos á Martín herido; y aunque no parece cosa muy grave, me temo que se complique, por ser del lado del corazón... Ahí le tienes tan pálido y triste que da lástima verle.» Al instante procedieron las dos á curarle con gran solicitud, y él, recobrada su serenidad y buen humor, bromeaba con Aura, permitiéndose ponderar su belleza, y concluyendo con la exquisita galantería de que se conceptuaba dichoso de aquel estropicio para que tales manos se emplearan en curarle. Respondió la niña con buena sombra que la honra era para quien podía con su inutilidad prestar ayuda á la causa bilbaína, auxiliando á los héroes; rechazó con modestia el galán dictado tan sonoro, que á su hermano correspondía, y aseguró no apetecer más glorias que las de una ciudadanía decorosa consagrada al trabajo. Así estuvieron tiroteándose un ratito, hasta que llegó la criada de Gaminde con el recado de que fuera pronto allá la señorita Aura, pues Jesusita se había puesto mala y deseaba tenerla á su lado. Respondió Prudencia que más tarde iría con su tío Valentín. En vez de éste llegó Sabino, con un poco de bálsamo samaritano que había ido á buscar para la cura de su hijo, y con él salió al poco rato la niña. El hombre tenía prisa, pues había quedado en acompañar el Viático que á la misma hora daban á Leonardo Allende y á Paco Amézaga, heridos mortalmente en los últimos combates. Quiso la buena suerte de Arratia que antes de llegar á la esquina de la calle del Matadero, se les apareciese Zoilo, que iba, después de tantos días, á echar un vistazo á la familia. Coyuntura tan feliz alegró al padre, que no quería más que largarse al Viático, como si pensara que éste no era eficaz sin su concurso. «¡Qué oportunamente llegas, *Luchu!*—le dijo.—Cuando te encontré en Santa Mónica y te mande venir, no creí que anduvieras tan listo. Luego subirás á ver á tus tíos y á tu hermano: la herida de éste es insignificante. Ahora acompañas á tu prima á casa de Gamiude, y yo me voy por aquí á Santiago.

—Corra, padre, corra; que si se descuida no alcanza...»

Habíase quedado la niña de Negretti completamente paralizada de voz y pensamiento al ver á su primo. Tenia muy pensadas las expresiones que debía dirigirle la primera vez que le viese después de sus heroicidades, y todo se le borró de la memoria.

«Vamos—dijo Zoilo, viendo desaparecer á su padre por la calle de la Tendería. Y ella repitió *vamos*, creyendo que con esto decía bastante.—¿Por qué estará tan callado?—se preguntó cuando, recorrida toda la calle de la Cruz, llegaban al ángulo de la Sombrerería.—¿Estará enfadado conmigo?... No sé por qué podrá ser.»

Al llegar á la entrada de la Plaza Nueva, dijo el miliciano secamente: «Por aquí, por aquí es por donde vamos.

—¿Qué pasa?—indicó ella.—¿Está interceptada la calle de la Sombrerería?

—No: es que hace días, muchos días, que no nos vemos, Aura, y he dispuesto que demos un paseo... nosotros mismos.

—¡Pero, chico, si me están esperando!...

—Que esperen... Más he esperado yo...

¡Tantísimos días sin verte, y á cada instante creyéndome que llegaba mi última hora y que ya no te vería más!

—Ya sé que has sido muy valiente. Todo se sabe. Todito me lo han contado, y yo he dicho: «Se porta como quien es, y hace lo que se propone.»

—Para eso está uno en este mundo, dilo. Se hace siempre lo que se debe, y con voluntad se tiene cuanto se desea.

—¿Y qué tienes? ¿Qué has ganado con tus heroismos?

—¿Qué he ganado?... ¿Pues te parece poco? Algo que vale lo que el mundo entero, y más. Te gano á tí.

—¡A mí!... ¡Qué cosas tienes!... Pero dí, tonto, ¿á dónde me llevas? ¿Salimos por aquí al Arenal? No vayamos muy lejos. Que el paseo sea cortito.

—El paseo será del tamaño que disponga yo mismo.

—Arrogante estás.

—¿Cómo no, llevándote conmigo?

—Un ratito corto.

—O largo...

—Si tardo, me reñirá tu tía.

—A tí no tiene que reñirte mi tía ni ninguna tía del mundo, porque en ti nadie manda más que una persona.

—Pero esa persona no está aquí.

—Esa persona está aquí, y soy yo,—afirmó el miliciano parándose en firme...

—*Zoiluchu*, no digas tonterías; yo no te pertenezco.

—Tú me perteneces. Te he conquistado... Que he sabido ganarte, sábeslo tú, sábelo Dios... Sigamos hasta la Ribera, que aún tenemos mucho que hablar.

—Cuidado... ¡Si nos ven solos por aquí...!

—Si nos ven solos, dirán: «Ahí va Zoilo Arratia, pues, con su mujer.»

—¡Jesús, qué barbaridad!

—Porque si no lo eres todavía, lo serás, sin que nadie pueda evitarlo, porque yo lo quiero, y también tú... tú y yo, que es como decir *nosotros en uno mismo*... Puede que mi padre y mi tía lo lleven á mal, porque otros planes tienen; pero ni mi tía, ni mi padre, ni la familia entera, ni todo el género humano, impedirán lo que yo quiero, llamándome *nosotros*, lo que debe ser y será.»

La firme voluntad de Zoilo, tan categóricamente formulada, sin atenuación alguna; poder incontrastable, irreductible, del orden de los hechos fatales ó de las leyes de la Naturaleza, actuaba sobre el espíritu de Aura como una fascinación, como un exorcismo, más bien como la atracción sideral. Era ella el cuerpo pequeño que se veía arrancado de su órbita, asumido á la órbita del cuerpo mayor. El inmenso querer, el inmenso desear de Zoilo la envolvía y se la llevaba consigo en un giro infinitamente grande.

«¿Pero qué estás diciendo?... Que tú... que nosotros... que yo...

—Digo que eres mi mujer, y dilo tú; que pues yo lo he querido, es así... y ante esto, Aura, la familia y el mundo entero tienen que bajar la cabeza... Lo que vas á decirme, ya lo sé.»

Sonó un cañonazo. Albia despidió un proyectil curvo; á los pocos segundos disparó otro Landaverde. El uno se pasó; el otro vino á caer en la ría, más abajo del Arenal.

«Vámonos por Barrencalle á coger los Cantones... Por aquí... No tengas miedo. Esos mentecatos tiran á esta hora por las Animas benditas... No temas nada. Dios ha dicho que ni tú ni yo moriremos en el sitio. Porque lo sé soy animoso, no por valor propiamente... ¿me has entendido? Mi valor es Aura, mi fe es Aura, dilo... y creyendo en Aura y teniéndola, no hay balas, no puede haber balas que á uno le toquen.

—Sí, fíate...—murmuró la doncella queriendo reir.

—Pues sí; ya sé lo que á decirme vas: que si el compromiso, que si D. Fernando... Don Fernando no viene ya... ó se ha muerto, ó no es caballero... Y aunque venga... ¿qué?... Reino abandonado, reino perdido. En su trono me he sentado yo, Zoilo Arratia, y á ver si me echa él... con sus manos lavadas... con sus manos bonitas... Las mías, quemadas y oliendo á pólvora, más que las suyas podrán.

—Eso no... *Luchu*, eso no...—dijo la niña muy apurada, no sabiendo encontrar en su mente fecunda más que aquella denegación anodina, infantil...

—Yo digo que sí... Nada temo. Estorbos para mí no hay. Voy contra un ejército si es

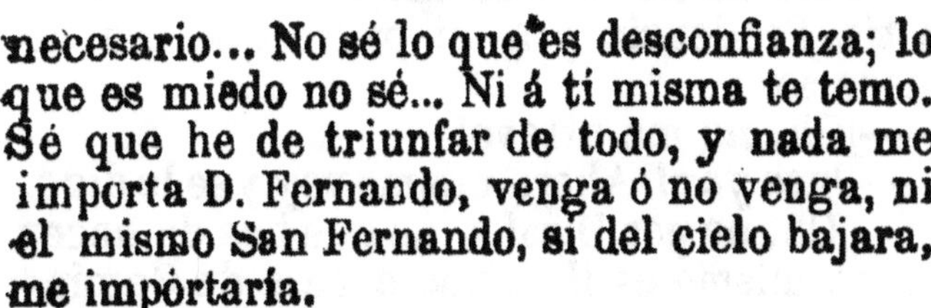

necesario... No sé lo que es desconfianza; lo que es miedo no sé... Ni á tí misma te temo. Sé que he de triunfar de todo, y nada me importa D. Fernando, venga ó no venga, ni el mismo San Fernando, si del cielo bajara, me importaría.

—¡Cómo te creces, primo!—exclamó Aura pensativa, subyugada por aquel torrente irresistible de voluntad.—Arrogante estás.

—¡Que si me crezco! Di que tengo vida de sobra... ¡Y lo que falta! Aura, por mucho que yo suba, aún estás tú más alta. Y verte tan arriba no me pesa... Mejor, así crezco yo más.»

Muy poco adelantaban en su paseo, porque se paraban á cada frase para poder verse las caras frente á frente, y aumentar con la vista y el mutuo llamear de sus ojos la expresión de lo que decían.

«¿De modo—dijo Aura,—que tú nada temes?

—Nada. Dios me dice que tendré todo lo que quiero, porque lo sé querer.

—¿Según eso, tú, Zoilo... no dudas?

—¡Dudar yo! ¿De qué? Eres mi mujer, te tengo... Nadie te apartará de mí...

—Muy pronto lo has dicho. ¿Y si yo, suponiendo que quisiera ser tuya, no pudiera serlo?

—¡No poder... queriendo!... ¡Ah! ya sé por qué lo dices... ¿Crees que hago caso de esa bobada de mi tía Prudencia, que quiere casarte con Martín?... Yo me río; ¿y tú?

—También.

—Pero no has tenido valor para decirle á la tía Prudencia y á mi padre que eso no puede ser.

—¡Oh, no me atrevo!

—Pues yo sí. Ahora mismo voy y se lo digo.

—¡Oh, no por Dios!... Lo que has de hacer ahora mismo es llevarme á casa de Gaminde. Basta ya de paseito. ¡Qué dirán, qué pensarán!...

—Pensarán que debemos casarnos pronto.

—¡Dale!

—Nada: ¿no tiene D. Francisco un hermano cura?

—Sí, D. Apolinar: allí está siempre.

—Pues voy á verte, y después hablo con él para que nos case.

—¡Zoilo!—exclamó Aura, dando un paso atrás aterrada de tan extraordinaria decisión. No había visto ella nunca una fuerza que á la de su primo se asemejara. El fogoso chico era la acción misma; no imploraba los favores del Destino, sino que cogía por el pescuezo al propio Destino y lo hacía su esclavo. Mientras dió la niña aquel paso en retirada, dijo Zoilo que si D. Apolinar no quería casarles, él conocía un capellán de tropa que lo haría en menos que canta un gallo. La atracción, gravitación ó lo que fuera, actuó de nuevo sobre el espíritu de Aura, que dió el paso adelante, sin atreverse á decir más que esto: «Bueno, primo; creo que debemos irnos ya...

—Como quieras... Quedamos en que iré á verte á casa de Gaminde.

—¡Oh, cuánto hablaron de tí ayer, y cómo te ponían en las nubes! Yo, naturalmente, estaba muy orgullosa... por la familia, por tí...

—Dí que por tí más...

—También contaron lo del café; el brindis que echaste, lo que te dijo Arana al regalarte la pistola, y el beso que te dió, en nombre de Bilbao, el viejecito Ansótegui.

—El beso no era para mí, Aura.»

Diciendo esto, y sin darle tiempo á retirarse, le cogió la cabeza, y apretándola fuertemente, le estampó como unos veintitantos besos en diferentes partes, desde la coronilla á la garganta.

«Por Dios, ¡ay, ay!, no seas bruto... ¡Qué atrevido, qué...! Déjame... Ya no más... Me haces daño... No, no; quita, quita... Que pasa gente... ¡Ay, no!

—Si pasa gente, que pase—dijo Zoilo al concluir.— Estaría bueno que no pudiera uno acariciar á su mujer donde se proporciona...»

Ocurriéronsele á la niña razones de gran fuerza para protestar de aquella bárbara violación de la compostura, del respeto que ella merecía; pero entre la mente y los labios perdiéronse las razones, y cuando quiso buscarlas no parecían... Sólo pronunció entrecortadas voces que eran, empleando un símil guerrero, como migas de pan arrojadas contra un baluarte de granito. La joven siguió su camino temblando, como una brava res cogida y amarrada por potente cazador.

«Eres muy atrevido, Zoilo—dijo rehaciéndose cuando pasaban de la soledad de la calle de la Torre á la plazuela de Santiago,—y eso no está bien... Te repito que no está bien... Llegaré muy tarde, y me reñirán.

—No hagas caso. Yo soy tu dueño, y no te riño, pues.

—Y á ti te regañará tu padre, si sabe...

—Soy hombre... Mi padre me respetará como yo le respeto á él... Si algo me dice, que estoy casado le responderé.

—Eres atroz, *Luchu*.

—Soy terrible... Cuando me convenzo de que tengo que ir á un punto, voy. Nada me acobarda... Nadie me domina, y yo domino todo lo que quiero, y más.

—Es mucho decir...

—Más hago que digo... Yo hablo con las acciones.»

En esto llegaron á la casa de Gaminde, y él fué tan juicioso que no la detuvo en el portal. «Súbete pronto. Ya sabes que vendré á verte cuando el servicio me lo permita.

—Adiós... No hagas barbaridades. Bastante te has lucido ya.

—Yo no quiero lucirme... Me ejercito; me lo pide el cuerpo... y el alma... Así se hace uno fuerte para lo que venga, Aura. Adiós.

—Adiós... Me subo volando.»

XXX

Al sentirse físicamente lejos de la esfera de atracción de aquella voluntad potente, volvió la niña á girar en su órbita y sintió recobrada en parte su personal fuerza. «Es un bruto—se decía;—pero no hallo la manera de sustraerme á su poder. ¡Qué hombre, qué energía!... ¡Ay! tendré que hacer un esfuerzo para no dejarme dominar, pues de lo contrario, no sé lo que pasará... Como mérito, lo tiene... ¿De qué será capaz Zoilo, si no le mata una bala? Pues de las cosas más grandes. Me asusta, verdaderamente me causa tanto miedo como admiración... ¡Qué mal he hecho en dejarme besar! Se creerá que le pertenezco, y eso sí que no. Pero me cogió tan desprevenida, ¡qué pillo! que no pude... Cualquiera le dice que no á nada. Este es de los que no se dejan gobernar, y gobiernan á todo el mundo... Yo no sé lo que me pasa... Cuando estoy lejos de él, soy muy valiente... pero se me acerca, y ya estoy temblando... ¡Vaya un hombre!... Pero no: es preciso que yo me mantenga en mi deber y en mi consecuencia, porque no puedo faltar á lo jurado... El *mío* es otro... y aunque estoy muy enojada con Fernando porque no viene, ni se anuncia, ni nada, debo mantenerme firme... La verdad es que ya pesa, Señor, ya pesa este abandono en que estoy, y si yo me declarara independiente, no tendría razón ninguna en quejarse. Sabe Dios que le he querido y le quiero como cuando nos conocimos... No dirá que he faltado. El es quien falta... ¿Y quién me asegura que no se ha entretenido lejos de mí con otra mujer? Esto sería ya inicuo, esto sería ultrajante para mí... Pero yo soy quien soy, y espero, espero, espero... ¿Hasta cuándo, Señor, hasta cuándo?... Digan lo que quieran, tengo yo mucho mérito, y la palma de la constancia nadie me la puede quitar...»

Pensando en esto, que era su continuo pensar, hizo propósito de esperar á Fernando hasta unos días después de la terminación del sitio... ¿Y si llegaba después del plazo que ella fijara, y daba explicaciones satisfactorias de su tardanza?... No, no: había que aguardarle hasta que se tuviese la certidumbre de que no había de venir.

Acontecía que en sus cavilaciones nocturnas sobre este tema, á veces la persona de Fernando presentábase en la mente de Aura un tanto desvirtuada en sus atributos. Como todo se gasta y perece, aquel sér tan traído y llevado en los sueños de la sensible joven, desmerecía, se deslustraba, como las bellezas materiales que el tiempo y el uso van carcomiendo, como las flores que se marchitan, como las nobles vestiduras que se ajan, como las finas armas que se enmohecen... Sobre cuanto existe actúa el tiempo, artista minucioso que deshace unas obras, pieza por pieza, para hacer otras, ó las reduce á polvo para vaciarlas en mejor molde. El maldito no está nunca quieto, y no hay cosa peor que dejar en su poder, para que lo guarde, algún objeto moral ó físico de gran mérito y estimación. Si no se queda con él, lo devuelve transformado.

No estaba ociosa la niña de Negretti en aquellos días, pues sus amiguitas no la dejaban de la mano, llevándola de casa en casa, á patrióticas reuniones femeniles para coser sacos, preparar hilas y vendajes, cuando no iban á Santa Mónica, según los turnos que designaban las señoras mayores. Una tarde, reunida una cuadrilla en que no había menos de dos docenas de muchachas, algunas de las más bonitas del pueblo, discurrieron ir á visitar al oficial herido Fernando Cotoner, que por su gentileza y donosura tenía gran partido entre el bello sexo. Custodiadas por una comisión de mamás invadieron su casa, y halláronle en vías de convalecencia, alegre y decidor como de ordinario; y tanto se excitó con la irrupción de niñas guapas, y tales apetitos de hablar mucho y vivo le entraron, que el médico tuvo que ordenar la inmediata salida del enjambre. «De ésta no muero, amigas de mi alma—les decía clavado en un sillón, gesticulando con exceso, pues condenado á quietud absoluta sin más juego que el de los brazos, usaba de éstos desmedidamente.—Sólo ha sido un agujero más, y ya he perdido la cuenta de los que debo á la guerra. La que se case conmigo, ya sabe que se casa con una criba... Fernando Cotoner no entra en acción sin que le toque alguna china... Es el niño mimado de las balas... ¿Saben la carrera que sigo? La carrera de inválido... Adiós, flores bellas, alegría de mi corazón... Un momento, aguarden un ratito... ¡Vivan las niñas de Bilbao! ¡Viva la Libertad, y muera Carlos V!» Respondió el alegre coro desde la puerta y en el pasillo, á donde las empujaba el médico D. Miguel Medina, sacudiéndolas con su pañuelo como si ahuyentara moscas.

A menudo iba Aurora á pasar un ratito con su tio Ildefonso, que con ella se animaba, saliendo por breves momentos de su taciturnidad sombría. Gustaba de que ella, y no los demás, le refiriese las sucesivas ocurrencias del sitio, las victorias que con su heróico tesón iba ganando el pueblo, la situación probable ó supuesta de las tropas que venían en socorro de la plaza. Y él, siempre bondadoso, no desmemoriado á pesar de la turbación de su mente, gustaba de decirle lo que consideraba más grato para ella: «Si Espartero viene pronto y salva á Bilbao, en cuanto se abran las comunicaciones tendremos aquí, creo yo, al buen D. Fernando.» Y otro dia, con gran reconcomio de Prudencia, que se mordia los labios para comprimir sus ganas de controversia, dijo: «Me da el corazón que el Sr. de Calpena está con Espartero, y que entrará con él.»

Pasaron días sin que Aura y Zoilo se viesen, por causa de la permanencia casi continua del valiente chico en las líneas de defensa. En cambio, siempre que iba la niña á casa de Vildósola, era infalible su encuentro con Martín, que tardaba en restablecerse de su herida más de lo que parecía natural. Prudencia daba largas al proceso traumático, aplicando vendajes con unturillas de su invención, completamente inofensivas. En el largo espacio que daba el tratamiento dilatorio, logró el benemérito joven, con no poco estudio, aguijoneado por su tía, declarar á la hermosa doncella el amor puro, de honradísimos y santos fines, que le inflamaba, gastando en ello fórmulas algo semejantes á las farmacopeas de Prudencia. Contestábale Aura agradeciendo sus nobles sentimientos, y declarándose imposibilitada de corresponderle por el compromiso antiguo que á otra persona la ligaba. Por su parte, la sagaz gobernante, siempre que á solas la cogía, incitábala á no ser tan huraña con Martín, asegurando que partido mejor no encontraría aunque lo buscara con pregón. La pobre joven rompía en llanto; deseaba que el tío Ildefonso se pusiera bueno para contarle sus cuitas y pedirle consejo; pero esto era muy difícil, porque Prudencia nunca la dejaba sola con su marido, temerosa de que Ildefonso, con su puritanismo y el rigor de sus principios, tan contrarios al sentido práctico, la torciese más de lo que estaba.

Y por desgracia, el pobre Negretti iba de

mal en peor. Una tarde, hablando de ello Vildósola, Valentín y Prudencia, delante de Aura, expresó aquella con lágrimas su dolor por el desvarío manifiesto de las ideas de su esposo.

«Ayer—manifestó Valentín suspirando,—seguía con el tema de que ya no se harán los barcos de madera, sino de hierro, todo el casco de hierro...

—Esto no es absurdo, no, amigo mío,—dijo Vildósola, hombre indulgentísimo, muy crédulo, y que no era pesimista en el caso de Negretti.

—Absurdo no... Científicamente, puede ser. Lo gordo es que, según Ildefonso, todo ese hierro que se necesita para construir los barcos de mañana se llevará de Bilbao á Inglaterra. Vean por dónde nos vamos á quedar sin montañas.

—Póco á poco, Valentín. Hablando con franqueza, no veo el delirio, no veo el disparate...

—Pero, hombre, ¿estás tú loco?... ¡Embarcar toda Vizcaya en naves de hierro para llevarla á Inglaterra! ¡Ah, tunante! como buen corredor de cambios, ya se te hace la boca agua, pensando en el papel Londres que vas á colocar el día que...

—No es eso... yo digo...

—Cállate, Cirilo... Se trata de barcos, y yo...

—Se trata de comercio, y yo...

—Esperen...—dijo Prudencia, cortando la cuestión.—A mí me aseguró que toda nuestra ría no será bastante para contener las embarcaciones grandes, grandes...

—A mí me dijo que dentro de cuarenta años se verían en estas aguas cuatrocientos barcos de dos mil á tres mil toneladas, descargando carbón y llevándose la mena... Para ese tiempo se empedrarían las calles de Bilbao con libras esterlinas, y tendríamos aquí fábricas y talleres tan grandes como de aquí al paseo de los Caños...

—Pues ese delirio—afirmó el corredor,—merece mi aplauso, y no he necesitado más que oirlo mencionar para sentirme contagiado. Yo deliro también, Valentín. Yo creo en el hierro... yo lo veo...

—Lo que tú ves es el cambio, los chelines y peniques. Tú no estás bueno, Cirilo... El sitio á todos nos volverá locos.

—Yo veo el hierro...

—Sí: tendremos que echarnos cabezas de hierro para poder pensar. Adelante.

—Con ser un delirio eso de exportar las montañas—añadió Prudencia,—no me resulta tan desatinado como la que me soltó esta mañana. Hablábamos del sitio, de si viene ó no viene Espartero, y él muy serio, convencidísimo y enteramente aferrado á su opinión, se dejó decir que para que Bilbao llevase su defensa hasta la última extremidad, volviendo locos á los carlistas y obligándoles á largarse corridos, era menester que pusieran de gobernador de la plaza, ¿á quién creéis? á nuestro sobrino Zoilo. Dice que *Luchu* es la más fuerte energía militar que tenemos aquí. Y que si él estuviera al frente del ejercito del Norte, ya no quedaría un carlista para un remedio.

—Es que anoche—indicó Vildósola,—estuvo Zoilo contándole cosas de cañoneo y batallas, con las exageraciones y el ardor que el chico pone en todo lo que dice.

—Ya me cuidaré yo—afirmó Prudencia,—de que no vuelva á pasar... Cuente Zoilo sus hazañas á los que están buenos, no á los enfermos del magín, que fácilmente se ponen perdidos oyendo hablar de encuentros, degollinas, zambombazos y demás gracias de la guerra, que á mi no me hacen ninguna gracia.»

Oia estas cosas Aura sin aventurar de su parte observación alguna, y lo único que se le ocurrió fué el propósito de advertir á su primo, en cuanto le viese, que se abstuviera de contar al tío lances guerreros, ni nada en que figurasen bombas, granadas y metralla. El día 5 de Diciembre, poco antes de la salida que hicieron los sitiadores por la parte de Artagán, creyendo obrar en combinación con Espartero, vió la niña al miliciano; pero no pudo hablarle. Iba ella con las de Gaminde y las de Ibarra por la calle del Correo, á oir misa en Santiago, cuando pasaron las compañías de Milicianos y de Trujillo en dirección de Achuri: Zoilo la vió, y ella á él. Aura no hizo más que sonreir y ponerse muy encarnada; él la saludó graciosamente con una sonrisa y fugaz movimiento de los labios. Por la noche, oyendo contar que la salida, aunque brillante, no resultó eficaz por el mal acuerdo de haberla hecho sólo con cuatrocientos hombres, pensaba la hermosa joven que si Zoilo hubiera dispuesto la operación habrían salido lo menos mil... Vamos, ¿á quién se le ocurría mandar cuatrocientos hombres, ni aun contando con el apoyo de Espartero *por el lado de allá*? Tambien ella se iba volviendo estratégica. La verdad, no comprendía cómo sus tíos encontraban tan disparatadas las ideas de Negretti con respecto á *Luchu*... ¿Pues qué? ¿Donde había voluntad como la suya? ¿Quién le igualaba en grandeza de corazon, en bravura y serenidad? Pues así como tenía estas dotes, bien podía tener las otras, las del cálculo para saber por dónde se atacaba y con qué fuerzas, y en qué ocasión y momento.

Acostóse con la cabeza dolorida, congestionada de tanto pensar, y pasó malísima noche, sin poder conciliar el sueño, atormentada por una idea tenaz, monomaniaca, consistente en establecer paralelo entre Don Fernando y su primo, midiendo y aquilatando las excelsas cualidades de uno y otro. Sin duda había pocos como Fernando, cuya inteligencia, caballerosidad, exquisita educación y finura cautivaban... Esto no quitaba que el otro fuera más hombre, más... no sabía cómo expresarlo. Era todo lo hombre que se puede ser. Con la voluntad que á él le sobraba, se podían hacer cien personas enérgicas, ó mil... No había más que mirar aquellos ojos para comprender que era su alma toda acción, de las que gobiernan y no se dejan gobernar, de las que subyugan y avasallan... Pero por ser menos hombre, no perdía sus hermosos méritos Fernando. ¡Qué talento, qué gracia, qué elegancia de formas! ¡Luego sabía tantas cosas, había leído tanto!... En cambio, Zoilo era un bruto, un bruto, eso sí, capaz de aprender en poco tiempo todo lo que no sabía, y llenar de conocimientos el profundo pozo de su ignorancia... Insistía la gentil niña, dando extensión absurda á estos paralelos febriles, en pertenecer á Calpena, en mantenerse fiel á su compromiso; pero mucho tenía que fortificar su voluntad para oponerse al torrente del querer de Zoilo, de aquel querer que no admitía réplica ni oposición, que todo lo arrollaba hasta imponer y afianzar su imperio. Para defenderse del audaz tirano, lo más conveniente sería no verle más, no hablar con él... ¿Y cómo podía ser esto? Si Fernando viniese pronto, todo se arreglaría; pero ¡ay! le daba el corazón que Fernando, ó tardaría mucho, ó no vendría más. La insistencia de Ildefonso, al afirmar que vendría con Espartero, era un desatino de la perturbada mente del buen mecánico... Imposible, pues, sustraerse á la sugestión avasalladora, soberana, fatal, de su primo. Dios le había dado el don de querer con tan grande intensidad, que cuanto quería se le realizaba. No soñaba, hacía; pensamiento y ejecución significaban en él lo mismo.

Como era la niña tan inteligente, y además poseía su poquito de instrucción, extraordinaria para las muchachas de aquel tiempo, podía discurrir sobre estas cosas de humanos caracteres, y hasta encontrar forma relativamente apropiada para expresar sus juicios. Prosiguiendo el ingenioso paralelo, se dijo: «¿Y este *Lucha* es romántico?... Puede que sí; pero no, como Fernando, un romántico de soñación, sino de acción... Así lo veo yo. Todo el romanticismo y toda la poesía de Fernando es la de los dramas, la de los libros que andan ahora: en los libros y en los dramas, que son pura mentira, ha bebido él su romanticismo, como las abejas en las flores... Este *Lucha* no es así: todo lo tiene en su alma desde que Dios la hizo. D. Fernando sueña, se emborracha con lo que ha leído... quiere llevar todo aquello á la acción y no puede... no le sale... Claro, como que no es suyo... *(Pausa larga de aturdimiento y confusión.)* Pero ahora caigo en ello. Zoilo no es romántico, sino clásico, tan clásico, que no puede serlo más... Se me ocurre el disparate de compararle con los dioses antiguos, que tomaban figura de hombres, y á veces de animales, para andar por el mundo y hacer lo que les daba la gana... Y se metían entre los ejércitos, y daban la victoria á quien querían, y destruían pueblos, y soltaban rayos, y seducían mujeres... sin que nadie pudiera oponerse á su voluntad... Naturalmente, como que eran dioses.»

XXXI

Tenía Valentín por ineficaz aquella dispersión de la familia en diferentes moradas, pues ningún lugar era seguro en el casco de la villa. El inmenso peligro que los vecinos de la Ribera vieron en esta parte del pueblo cuando los carlistas preparaban su ataque á la Concepción, fué conjurado por la bravura bilbaina en la sangrienta jornada del 29 de Noviembre. Si el enemigo hubiera conquistado aquella línea, poniéndose á tiro de fusil de todo el frente de la Ribera, ésta habría resultado inhabitable desde el Teatro hasta Barrencalle. Pero como continuaban en sus antiguas posiciones de Santa Clara y barrio de Mena, y lógicamente no habían de meterse en arriesgadas aventuras por aquella parte, pues toda su fuerza y vigilancia la necesitaban de la Salve para abajo, atentos á las pisadas de Espartero, los vecinos de la Ribera recobraban su tranquilidad, y los menos tímidos se iban metiendo en sus hogares. Determináronse, pues, Sabino y Valentín á congregar la dispersa familia: ya José María y *Churi*, que se instalaron en la casa para estar al cuidado de todo, habían comenzado las reparaciones convenientes en el tejado.

Prudencia opinaba como sus hermanos respecto á la concentración, pues no se hallaba muy á gusto en casa de Vildósola. Este y Rufina, su mujer, eran excelentes personas; no así la suegra, que de continuo cerdeaba y se ponía fastidiosa, dando á entender que la molestaban los huéspedes. Además, todo aquel barrio de Zamudio había venido á ser el más inseguro; las baterías facciosas del barranco de Santo Domingo y de Iturribide atizaban candela y bombas; en la calle de la Cruz y en la vuelta de la de la Ronda habían caído proyectiles destrozando dos edificios. Para colmo de desdichas, en la noche del 13 una carcasa pegó fuego á la finca medianera con la de Vildósola; los vecinos de ésta hubieron de desalojar de prisa y corriendo, y Negretti fué llevado á casa de D. José Antonio de Ibarra, amigo de la familia, procurador y comerciante con tienda y almacén en la calle de la Sombrerería. Aunque los Ibarras eran gente bonísima, hospitalaria y servicial, Prudencia no estaba conforme con vivir en prestados hogares, y decía, refunfuñando: «Cada lobo á su cueva, y sea lo que Dios disponga.»

Todo el tiempo que le dejaban libre sus ocupaciones en la Sanidad, empleábalo José María en el arreglo de la casa, ayudado por *Churi*, el cual cada día hacía menos uso del don de la palabra. Con un gesto expresaba todo lo que tenía que decir; con un mohín daba respuesta categórica y breve á cuanto se le preguntaba. Obedecía ciegamente á su primo, y juntos iban á comer á casa de Miguel Ostolaza, el individuo de la Junta y comerciante de las Siete Calles que se distinguía por su bullicioso patriotismo y su desmedida afición al *aurrescu*. Otro de los Ostolazas tenía botica en Artecalle: con éste ó con Miguel vivían indistintamente, según las peripecias del sitio, la madre y una hermana, Juanita Ostolaza, de quien era novio José María, con relaciones de exquisita honradez y compostura, y planes de matrimonio. Desde que ambos eran niños, andaban en aquellos honestos tratos, y de acuerdo ambas familias habían concertado la boda para cuando Bilbao estuviese triunfante y libre. Comían los dos primos de Arratia en la botica de Francisco ó en la tienda de Miguel Ostolaza, y tornaban sin pérdida de tiempo á sus ocupaciones.

Frecuentaba tambien Zoilo la casa paterna por mudarse de ropa, lo que hacía con desusada frecuencia. Habíase vuelto muy presumido; se acicalaba; tenía su uniforme en perfecto estado de limpieza; iba á los combates como á la parada, gallardo, guapísimo, la cabellera corta bien peinada, el bigotito juvenil atusado con marcial donaire, bien afeitada la barbilla, los botones del uniforme relumbrantes. Si por acaso se encontraban en la tienda los dos primos rivales, no se dirigían la palabra: *Churi* ni siquiera miraba á Zoilo, y éste tampoco era muy expresivo con su hermano mayor. Atribuía el buemazo de José estas reservas á genialidades de uno y otro: *Churi*, con su sordera aisladora, se envolvía cada vez más en sus tristezas, labrándose un capullo para sepultarse dentro; *Luchu*, por el contrario, con sus ruidosos triunfos militares, propendía fatalmente á la expansión locuaz, al dominio. No desconocía Jose los méritos de su hermano, ni los servicios que con su bravura y serenidad heroica había prestado á la causa bilbaína; casi encontraba justificado su creciente orgullo. Sencillote y benevolo, era el primero en extender á toda la familia las glorias del *gallito de Arratia*, y en gozar de su prestigio y fama, de lo que resultaba un reconocimiento tácito de su superioridad.

Continuaba Aura en casa de Gaminde, tan querida de las niñas Florencia y Jesusita que no sabían separarse. Pero aconteció que la pequeñuela contrajo una calentura eruptiva, y temerosa Prudencia del contagio, llevó á su sobrina á casa de Orbegozo, donde también la querían y agasajaban. La señorita de Orbegozo poseía algunos tomos de novelas, que leyó Aura, entre ellas *Valeria y Beaumanoir*, de Madama Genlis. Manjar tan empalagoso no era del gusto de la joven, que lo apetecía más tónico y amargo. Dulzona era también Socorrito, y muy aficionada á novedades de moda y perifollos. No congeniaban. Más á gusto se encontraba Aura con las de Busturia, chicas criadas en una trastienda, sencillas, trabajadoras, heroínas domésticas sin afectación; pero aunque festejada por unas y por otras, y deseando conservar tan buenas amistades, anhelaba volver á su casa, vivir entre los suyos, que suyos eran ya, con vínculos del alma, los Arratias chicos y grandes. Al propio tiempo que estas dispersiones enfadosas ocurrían, aumentaba el malestar de todos la escasez de víveres, ya en proporciones aterradoras. Una docena de huevos, de remota antigüedad, no podía adquirirse por menos de sesenta reales. Por una gallina tísica había quien daba media onza. Los gorriones que los chicos cazaban y vendían por *chimbos*, valían como si fueran pollos. Las alubias llegaban á cotizaciones fabulosas; las patatas no existían, y el bacalao comenzaba á escasear. Algunos días se iba *Churi* sin decir nada por el Nervión arriba hasta cerca de la *Isla*, y traía media taza de angulas, con las cuales obsequiaba Prudencia á los de Ibarra, festejando el bocado como un hallazgo preciosísimo en tales tiempos. Iban por allí el corredor Vildosola y José Blas de Arana, ambos famosos entre la gente bilbaina por sus anchas comederas, así como por su inteligencia en artes gastronómicas. Se consolaban de las abstinencias del asedio hablando de suculentas comidas, de platos castizos, y recordando sus merendonas y *gaudeamus* en días mejores. Arana ofreció á *Churi* un morrion de miliciano y un sable si le traía una taza de angulas, y Vildósola refería con buena sombra sus sueños, que eran siempre de comer mucho y bien. «Anoche, para hacer boca, despaché cuatro ruedas de merluza, y encima una docena de *chimbos de higuera*, que fueron seguidos por una tanda de *barbarines*...

—Ya podías haber guardado algo para nosotros—indicó Prudencia.—A Ildefonso le gustan locamente los *barbarines* fritos en papel.

—Pues yo—dijo Arana,—si soñase esas cosas me pondría malo, y al despertar tendría que purgarme. Me reservo para cuando salgamos de este bromazo. Lo probable es que perezcamos todos, y moriremos acordándonos de la Libertad y del bacalao en salsa roja. Pero si tengo la suerte de salir con vida y de ver reventar á D. Carlos, ojalá que esto sea en la época de los *guibilurdines* para celebrarlo con un buen atracón de tan rico vegetal.

—Mira—dijo Vildósola,—yo espero que terminemos antes de que vengan los *guibilurdines*. Te apuesto todo lo que quieras á que la entrada de Espartero la celebramos en el propio San Agustín con chacolí de Quintana, y angulas, y lo demás de la estación... y todo esto antes que cante el gallo de Navidad.

—Yo te apuesto lo que quieras á que el gallo y pavo de esta Navidad serán de aquéllos que andan por los tejados. Esto va largo, y es casi seguro que saldremos vestidos de máscara á tirotearnos con los *serviles*. Espartero está comiendo merluza, y no se acuerda de nosotros... ¿Pero qué remedio?

Comeremos clavos en vinagre. ¿Oye, no sabes? Bringas me mandó chocolate muy bueno, y dos docenas de bizcochos que sobraron del primer sitio... En mi casa, con ocho de familia, nos defendemos con el maiz que quedaba en el almacén de Busturia. Lo machacamos; Hilaria sabe hacer unas combinaciones muy buenas, bollitos, fruta de sarten, con un poco de salvado que nos resta, aceite de linaza, nuez moscada... Te convido si quieres, y para obsequiarte añado una rata magnífica que cogimos esta mañana en mi almacén... cebada con raba y sardina, ya ves.

—Gracias: yo tengo hoy huevos de paloma, y una cecina de macho cabrio que está diciendo «comedme.»

—No: lo que dice es «tiradme.» Es de la que tenía Cosme el de Belosticalle, que la untaba de pimiento choricero para que tomase color y pareciera jamon.»

Con estas bromas se entretenían, y conllevaban alegremente las tristezas de situación tan angustiosa. Desprovista del precioso humorismo, y sintiendo en sí muy debilitada ya la vibración patriótica, Prudencia no veía las santas horas de que la pesadilla del sitio terminase. ¡Ay, sería como un despertar risueño! Ya no se podía sufrir el constante llover de bombas y granadas, los espectáculos de muertes y horrores, el hambre, que podían soportar hasta cierto punto los sanos, pero no los enfermos.

El deber patriótico á todos les traía revueltos, sufriendo mil molestias, viviendo á las veces en medio de la calle. Sabino, hombre de gran resistencia, solía llegar á la noche sin haber tomado más que un ligero desayuno; Valentín llevaba en sus bolsillos mendrugos de borona, y se iba alimentando en el transcurso de las caminatas y ocupaciones que á todas horas le imponía su cargo en la Junta. Más de una noche durmió en un banco del *cuartel* de la Plaza Nueva, ó en el duro suelo del café llamado *Gari guchi* (Poco Trigo). Eran los *cuarteles* sitios de reunión, semejantes á los modernos casinos. Unos cuantos amigos alquilaban un local en buen sitio, y aligeraban allí con sabrosa tertulia las largas noches de invierno, ó se divertían con pasatiempos inocentes. El lujo era desconocido en tales instalaciones; el mueblaje lo indispensable para evitar la incomodidad de sentarse en el suelo, ó de comer con el plato en las rodillas. Había un *cuartel* en la Plaza Nueva, perteneciente á un grupo de mayorazgos y segundones; otro en la calle de la Pelota, donde dominaba el elemento mercantil; y tanto en éstos como en otros de inferior pelaje, marcábase el embrión de los casinos que hoy son centros de recreo, de holganza y de peores cosas, en grandes y chicas poblaciones. Durante el sitio, los *cuarteles* hallábanse abiertos para todo el que en ellos quisiese entrar, y servían de cómodo apeadero para militares y paisanos, que teniendo que acudir de un lado á otro, necesitaban tomar un refresco sin necesidad de acudir á sus casas. Los patriotas se daban cita en ellos; los individuos de la Junta y los jefes de la guarnicion tomaban en éste ó el otro *cuartel* las medidas más apremiantes. A los más ocupados, que no podian descansar en toda la noche, les mandaban la cena al *cuartel*. La fraternidad era cordialísima, los alimentos comunes. El que por cualquier causa, descuido de la familia ó falta de aviso, no tenía que cenar, metía confiadamente la mano en el plato del amigo.

El *Gari guchi* era una combinación de cafetin y *cuartel*, pues en el entresuelo, alquilado por varios mercaderes de las Siete Calles, habían éstos establecido su recreo de billar y mesas de tresillo. Ni allí, ni en el café del Correo, ni en ninguno de los *cuarteles* se hacia de comer. Pero ya se iniciaba de un modo rudimentario este progreso, pues si no se guisaba, calentaban la comida que de tal ó cual casa traian; y el conserje ó encargado tambien hacia café para los señores, los cuales no pagaban la taza, sino que *ponían* los ingredientes, resultando gratis la obra culinaria: no se le pasaba por las mientes al guardián del local el tomar dinero por aquel servicio. De tal modo las costumbres patriarcales apuntaban su evolución primera, anunciando esta moderna organización del egoismo. Las guerras deshicieron el antiguo régimen patriarcal de las sociedades, y fueron creando el vivir que ahora conocemos, donde todo se tiene y se paga, donde se desarrollan la comodidad y libertad individuales en el calor del hogar público, mientras se quedan solas las mujeres en el domestico, cuidando de que no se apaguen las últimas brasas.

XXXII

Rendido de fatiga y con más hambre que cómico en Cuaresma, arribó Valentín al *cuartel* de la Plaza, donde tuvo la suerte de hallar al mayorazgo D. Nemesio Mac-Mahon, exaltado patriota, que le brindo á participar de las sopas que comía. En la misma mesa de despintado pino, hacían por la vida los individuos de la Diputación D. Vicente Ansotegui y D. Antonio Irigoyen, con un capitán de Trujillo y otro de Toro. Versó la conversación sobre los movimientos de Espartero, que después de inútiles tentativas por la parte de Aspe y Azúa, se habia vuelto á la orilla izquierda, y á la sazón celebraba consejo de generales para resolver qué se haria en situación tan apretada, pues Bilbao, desangrada ya y sin víveres, parecía llegar al límite de la constancia. El telégrafo había dicho por tercera vez: «siga Bilbao defendiéndose, que pronto será socorrida.» Pero el socorro ¡vive Dios! tardaba en llegar. Como en la mente y en la voluntad de todos la rendición era el mayor absurdo, no les quedaba más recurso que un morir glorioso, numantino.

En esto entraron Zoilo Arratia y su amigo Víctor Gaminde; Valentín dejó á los señores para correr junto á los muchachos, en quienes encontraba siempre viva la llama patriótica y el nativo coraje de la tierra. Habló Zoilo con el encargado del *cuartel*, un vejete con antiparras y cachucha, que jamás se quitaba la pipa de la boca. Entrególe un envoltorio de papel que traía, recomendándole la mayor actividad en la confección del menjurje, pues uno y otro se hallaban desfallecidos.

«¿Qué es eso, *Zoiluchu*? ¿Café por casualidad?...

—Por casualidad es cáscara de cacao. Tengo más, y si usted quiere...

—Y azúcar—dijo Víctor Gaminde dando al guardián otro cucurucho.—Lo hemos encontrado entre las ruinas de una casa que se quemó en la Esperanza. No tiene más sino que está hecha caramelo, por el fuego.»

Y la ofreció á los señores, con obsequiosa finura. «Si quieren ustedes caramelo, aquí hay. Tenemos mucho más, y ahora vamos á tomarnos un cocimiento de cáscara de cacao bien dulce. Desde ayer no ha entrado en nuestros cuerpos nada caliente.»

En esto llegó Sabino con la capa chorreando agua, porque llovía copiosamente; la colgó de una percha, diciendo con avinagrado mohín: «A fe que se pone buen tiempo para que D. Baldomero nos socorra. Me parece á mí que ese...

—¡Pero este Sabino!... ya viene murmurando del General en jefe—dijo Mac-Mahon.

—¿También tiene Espartero la culpa de que llueva?

—La tiene de no haber emprendido las operaciones antes de que el temporal se nos echara encima. Para eso es Generalísimo. Dios manda el tiempo bueno y malo. El hombre debe mirar al Cielo, y aprovechar las claras.

—¿Pero tú no sabes que no hay clara... que sea de fiar?

—Lo que sé, Sr. D. Nemesio, es que no hay General cristino que no sea un pelmazo.

—Vamos, hombre, cálmate, que vas á enflaquecer. Siéntate aquí: te daremos unas cucharadas de sopa.

—Un poco tarde llegas, Sabino—le dijo Ansótegui.—Ni rebañaduras hay ya. Como no te entretengas en lamer todos los platos...

—Gracias: vengo del café de *Posi*, donde Blas Arana y yo hemos partido media docena de sardinas y un plato de alubias... Allí me han dicho que D. Baldomero, por variar, vuelve al otro lado del Nervión, y que están desarbolando quechemarines para armar un puente de barcas... ¡A este paso...! En preparativos se ha llevado el buen señor un mes, y todavía no ha concluído de resolver por qué orilla se arrancará... ¡Y Bilbao aguantando sitio y más sitio!... No me digan á mí de Numancia y Sagunto... ¡Deliciosa Navidad nos espera!

—Hombre, sí: Navidad sin pesebre.

—¡Y que tenga uno que celebrar el Nacimiento del Hijo de Dios en esta situación!... Ya lo creo: el D. Baldomero, con merluza y besugo á todo pasto, no tiene prisa... ¿Qué le importa que aquí nos comamos unos á otros?

—Pero, hijo, si la voluntad de Dios así lo dispone, ¿qué quieres que hagamos?

—No me quejo por mí. Pero he dado á Bilbao mis tres hijos, lo único que poseo, y no quiero verles morir de hambre... Ni á Dios puede gustarle eso. Dios dice: cumplid vuestro deber... pero comed, alimentaos.

—¿Estás bien seguro de que Dios dice eso?

—Ahí están las Sagradas Escrituras... ¿Pues para qué multiplicó los panes y los peces?

—Ahí tienes tú un milagro que ahora nos vendría muy bien.

—Con que multiplicara los gatos, nos dábamos por bien servidos.»

Arrimado á la mesa donde los jóvenes esperaban el remedio de su necesidad, pidió Valentín á Zoilo su opinión sobre lo que podría suceder si la tardanza de Espartero se prolongaba. Largo rato disertaron sobre ello. Había el miliciano adquirido tanta autoridad en la familia por razon de su denuedo y militar aptitud, que ya su tío gustaba de escucharle, y estimaba en mucho su discernimiento y parecer en cosas de guerra. La arrogancia del chico no excluía su deferencia con las personas mayores. Zoilo se había crecido moralmente en el espacio de un mes, adquiriendo aplomo, serena energía, y una descomunal fuerza de convicción en cuanto sostenía y pensaba. Sin darse cuenta, su padre y tío aceptaban gradualmente la superioridad del inferior, la grandeza del pequeño, y no se sentían humillados por ello.

—Oye, hijo mío—díjole Valentín, mientras los tres saboreaban en sendos tazones la infusión caliente y dulce:—cuando Bilbao sea libre, te decidirás por la carrera militar, para la cual muestras disposiciones de padre y muy señor mío... Si así lo haces, me alegraré por tí; lo sentiré por la casa.

—No, tío—replicó lacónicamente Zoilo;—no seré militar.

—Antes de diez años, si la guerra siguiera, te veríamos de General: tal creo,—aseguró Valentín, sacando de su bolsillo mendrugos de borona que partió con los muchachos, apresurándose á reblandecer el suyo en su taza.

—Seguiré como estaba... Y si usted quiere, para que mi padre descanse, me pondré al frente de la ferrería.

—Francamente, á un hombre como tú, tan cortado para la milicia, valiente como ninguno, paréceme que no le cuadra el oficio modesto de *ferrón*.

—Pues si no soy *ferrón*, seré otra cosa: trabajaré por mi cuenta, y haré pronto un capital. Proponiéndomelo, he de conseguirlo... Todo lo que el hombre quiere con firme voluntad, lo tiene, y más.

—¡Qué alientos gastas, chico! Dios te los conserve... Celebraré verte al lado de la familia, para que á todos nos ayudes... Luego que se acabe esta guerra maldita, nos pondremos á trabajar como fieras, y sacaremos á flote la casa. Vosotros, los sobrinos, debéis estableceros en nuevas familias debajo de nuestro amparo. Casaremos inmediatamente á José María, que tanto él como su novia están corrientes de papeles, con el cura á bordo; luego empalmaremos á Martín con Aura, que también están concertados; y tú bien puedes ir buscando novia, pues un pájaro de tu condición debe tener nido, y engendrar hijos robustotes y valientes.

—¿Novia dice usted?... Ya la tengo...

—¿Ya?... Bien, hijo bien; así me gustan á mí los hombres: decididos, querenciosos. ¿Qué se proponen un objeto, un fin? Pues á él, ¡contro! Cuando los otros van, ya tú vienes de vuelta encontrada... ¿Y quién es la parienta? ¿se puede saber?»

Callaron los dos mozos; Víctor Gaminde sonreía.

«Víctor sabe quién es... ¿No puedo saberlo yo? Bueno: estas cosas son un poco vergonzosas... Tú no has de hacer una mala elección. Me gustará mucho verte *abarloado* con una de las chicas más bonitas y honestas de la población. Y si la encuentras de esas... que pesan, ¿sabes?... que pesan... porque hay lastre de onzas en el arca, mejor,

Zoilucho, mejor. Has demostrado que vales mucho; tienes un gran porvenir. Para decirlo todo, hijo, eres guapísimo: nada te falta. Ya puedes traernos á casa lo mejorcito de Bilbao, que bien te lo mereces, bien te lo has ganado.

—Lo mejor del pueblo llevaré... pierda usted cuidado... No sería quien soy si así no lo hiciera.

—Eres un hombre...

—Soy... Zoilo Arratia, hijo de sus obras... que cuando quiere... quiere.

—Tú pitarás... el mundo es tuyo.»

Una vez tomada su frugal cena, levantáronse los muchachos. Iban al *Gari guchi* á entretener, jugando al billar, la horita y media que les quedaba antes de volver de facción á la Cendeja.

«Llueve á cántaros, hijos míos.

—¿Qué nos importa el agua?

—Como no nos importa el fuego.

—Iremos arrimaditos á las casas.

—Aguardad, aguardad un momento. Si Sabino me presta su capa, voy con vosotros... No me gusta la compañía de los viejos: prefiero arrimarme á la gente joven, para calentarme en el fuego de vuestros corazones, que no temen, que desean con fuerza...»

Obtenida la capa, se fué con ellos, y andaban por las calles enfilados unos tras otros, buscando el amparo de los aleros y cornisones. Cuando llegaban á la calle Nueva, donde estaba el *Gari guchi*, dijo Valentín á sus amiguitos: «No sólo vengo por acompañaros, sino por ver si alguien, en este café, me da noticias de *Churi*, á quien he perdido de vista hace tres días.

—Anoche andaba por la ría en una chalana—refirió Víctor Gaminde.—Nos lo dijo Iturbide, que le vió.

—Para mí—agregó Zoilo,—lo que quiere *Churi* es escapar de Bilbao, no sé por qué... ni qué interés pueda tener en ello.

—Cosas de ese chico—afirmó el padre,—que está más loco que una cabra. Me dijeron que hace días quiso pasar las líneas *de ellos* por encima de la Salve...

—Y no pudiendo escapar por tierra, puede que intente escabullirse de noche por la ría.

—¿Y á dónde va?... Qué se le ha perdido?

—Querrá comer, tío.

—Es la única explicación que me satisface. Pues si Dios me le libra de un balazo, y logra escapar, y come hasta hartarse; si después de tal hazaña emprende la contraria, el retorno, aprovechando estas noches de lluvia y cerrazón, y se descuelga por aquí con un par de merluzas, vaya y venga bendito de Dios... ¿Qué os parece? Mientras llega el momento de gritar: «¡viva Espartero, que nos trae la Libertad!», gritaremos: «¡viva *Churi*, el que nos trae las merluzas!»

XXXIII

Toda la mañana del 19 la pasó Prudencia en su casa, de limpieza y arreglo, ayudada por la criada de Vildósola, pues la suya había caído enferma de anginas. En la tienda, Jose María y un almacenero de Ripa trabajaban mañana y tarde, poniendo cada cosa en su sitio; que en los días del pánico, habiendo entregado los Arratias para las obras de la defensa gran cantidad de clavazón, alambre, barriles vacíos y otros objetos, sacáronlo precipitadamente, y todo quedó revuelto y confundido. Llegó Martín, aprovechando un rato que tenía libre, y les dijo: «Recójanme toda la clavazón que está esparcida por el suelo, separándome con cuidado los tres tamaños. Veremos si se pueden rehacer los paquetes deshechos. Y ya que se han bajado las pilas de cabos, yo las armaría en otra forma, de modo que estorbaran menos.

—Ha dicho Zoilo—indicó José María,—que pusiéramos las pilas de cabos de mayor á menor, no formando cilindros, sino conos.

—No hagáis caso, y ponérmelo como estaba. Mi hermano entiende más que yo de cosas militares; pero en este tinglado sé yo más que él... Otra cosa os encargo: no me toquéis nada en el escritorio: aunque lo veáis todo revuelto, dejádmelo como está, que yo lo arreglaré.

—Zoilo es de parecer que se despeje un poco el escritorio, sacando á la tienda las chumaceras, los pasadores, las mallas y rasquetas, y dejando sólo el género de pesca.

—Realmente es más metódico... Ya lo arreglaremos así en otra ocasión. También deben quitarse de ahí los cáncamos y zunchos... Tiene razón mi hermano... En el escritorio no se cabe... Pero no toquéis nada por ahora... Temo que me desarregléis los libros, y que se deshagan los paquetes de cartas.»

Ya se marchaba cuando bajó Prudencia, y llamándole aparte, le dijo: «Estoy afligidísima. Ildefonso cada día peor. Ahora su manía es que en cuanto entre Espartero nos vayamos á Francia en el primer barco que salga, llevándonos á la niña, naturalmente... Me temo que cuando se entere de nuestro plan pondrá el grito en el cielo, y yo... figúrate... No hay para mí mayor pena que contrariarle...

—Pues desistamos, tía—dijo Martín con un sentimiento en que se confundían la timidez y la delicadeza.—No quiero que por mí haya desacuerdos y disgustos en la familia... Aplacemos, por lo menos, el asunto, con la esperanza de que el tiempo nos lo resuelva.

—Todo iría como la misma seda, si esa loquilla entrara en razón y se hiciera cargo de lo que conviene á su felicidad.

—¡Ay tía de mi corazón!—replicó Martín con tristeza, suspirando,—Aura no me quiere ni tanto así... vamos, yo no le gusto... Ante este hecho no hay más remedio que bajar la cabeza...

—Pues hay que saber gustar, caballerito; hay que matar el pavo y adquirir salero y gracia. Fuera yo hombre, y verías tú si sabía yo domar á una bestiezuela bonita y respingona...

—¿Pero qué puedo hacer yo, tía?—dijo el pobre miliciano apuradísimo, cruzándose de brazos.—Ordéneme usted lo que quiera, siempre que no me mande cosa contraria á la honradez.

—No, hijo, no te mando nada... Déjame; estoy loca... Vete á matar carlistas... que es lo único para que servís... Por vuestro bien trabajo: buena tonta soy. . debiera ser egoísta y no importárseme nada... Anda, anda, que harás falta en otra parte.»

Se fué el simpático joven, mohino y cabizbajo, al punto de servicio, y antes de llegar á él oyó el cañón de la *Perla* de Albia, que furioso tronaba contra las *Cujas*. El nombre de esta batería, ilustrada por memorables hazañas, provenía de unos bancos situados al extremo del Arenal y calle de la Estufa. Tenían los respaldos en forma semejante á las cabeceras de las camas que entonces se usaban, y se llamaban *cujas*. Allí, terminado el tiroteo de la tarde, nutrido y penoso, con algunas bajas, fué Sabino en busca de Martín, para tratar con él de asuntos de familia; pero no le encontró, porque trocadas las compañías, le destinaron á la batería del Circo: en cambio, estaba Zoilo, que desde lejos dijo á su padre que le esperase para ir juntos á casa.

Había pasado el buen Sabino la mañana en Santiago, donde encontró á sus amigos de iglesia, y á la salida se consolaron de sus amarguras hablando mal de Espartero, porque no iba pronto, aunque fuese por los aires. Tanto preparativo era miedo... Ya estaba visto que D. Nazario, aunque manco, sabía donde tienen los hombres la mano derecha. ¿Pues qué creían?... De la iglesia se fué al *cuartel* de la Plaza, donde Ibarra le dió malas noticias de Negretti, y acudió allá inmediatamente, encontrando á su cuñado bastante caído, taciturno y con cierta propensión á la ira. No hablaba más que para echar pestes contra Espartero, llamándole lacónicamente inepto y cobarde. «Aquí no hay más que un hombre que sepa mandar tropas —dijo descargando en la mesa un fuerte puñetazo,—y ese militar único es tu hijo Zoilo.» Por no irritarle con la contradicción, se manifestó Sabino conforme con criterio tan extravagante, añadiendo que *Zoiluchu* sería pronto General, y para entonces no se verían los bilbaínos condenados á comer ratones. Vildósola llegó á la sazón, y entre uno y otro trataron de desviar á Ildefonso de su vértigo maniaco.

En tanto Prudencia trabajaba incansable en arreglar la casa. A media tarde mandó llamar á su sobrina para que la ayudase, y las dos trajinaron hasta el anochecer con la muchacha de Vildósola, que se retiró á las obligaciones de su casa. Encendida la luz, continuaron las dos lavando la vajilla, hasta que de súbito llegó un recado urgente de casa de Ibarra, traído por el portero. El señor D. Ildefonso se había puesto muy malo: le había dado un accidente; se le trababa la lengua, y no podía mover el brazo izquierdo... «Vamos, vamos á escape,» dijo Aura, lavándose las manos. Y Prudencia, para quien la noticia fué como un rayo, después de permanecer un ratito muda de terror, sin respirar, se secó también las manos precipitadamente, diciendo: «Vamos, sí... No, no, yo iré sola... Tú te quedas... Ya no me acordaba. Ha dicho mi hermano Valentín que vendría á recogernos. No faltará. Con él vendrá Martín, que sale de servicio á las siete... ¿Tienes miedo de quedarte sola?

—Sí, tía: tengo miedo...

—Pues vámonos... Ellos, al ver cerrada la puerta, irán á buscarnos allá.»

Bajaban la escalera cuando entraron dos hombres. Eran Zoilo y su padre. Enterados de la ocurrencia, Sabino dijo: «Me lo temía: esta tarde, cuando le ví, no me gustó nada.

—Sea lo que Dios quiera.

—¡Cúmplase su santa voluntad!... ¿Y Martín no está aquí?

—Estábamos esperándole. Quedó en venir con su tío.

—Quédate, *Luchu* —ordenó Sabino,—

acompañando á la niña, que Valentín y tu hermano no tardarán...

—Subíos arriba... que esto está muy obscuro... ó bajad aquí la luz—dijo Prudencia.

—Pero tened cuidado con el fuego.

—Descuide usted, tía... No nos quemaremos.»

Salieron presurosos los dos Arratias, y Zoilo, al tomar la mano de Aura, creyó coger un pedazo de hielo tembloroso.

«¿Por qué tienes las manos tan frías?

—Me las lavé hace un rato... Luego, al saber que el tío Ildefonso... ¿Qué será?... Me he quedado yerta... ¿Subimos?

—No... lo que haré es cerrar la puerta,—dijo el miliciano haciéndolo al instante.

—¿Por qué cierras?

—Para que no pueda entrar nadie... Y ahora bajaré la luz y la pondré en el escritorio...

—Por Dios, no pegues fuego.»

Zoilo, que de cuatro brincos subió por la luz, bajó sin ella. No traía la luz; pero sí una claridad tenue.

«La he dejado en el pasillo, junto á la escalera.

—Por Dios, primo, no se queme algo.

—Allí no hay cuidado... ¿Por qué te llevas el pañuelo á la nariz?—le preguntó, observándola fijamente.

—Porque ahora siento el olor de alquitrán como no lo he sentido nunca... Parece que me envuelve toda, que penetra dentro de mí... Se me va la cabeza.»

Cerrando los ojos, dejóse caer, como extenuada de cansancio, sobre un montón de rollos de jarcia.

«Hemos trabajado bárbaramente... Me canso... el alquitrán me marea... No es que me disguste el olor; pero... te lo juro... nunca me ha penetrado tanto.

—¿Tienes frío?

—Estoy helada... muerta de miedo.

—¿Miedo estando yo aquí?

—Ya ves... por estar tú quizás...

—No pensé venir... pero me dijo mi padre que hoy quedaría concertado tu casamiento con Martín, y aquí estoy para impedirlo.

—¡Mujer yo de Martín! Eso no será, *Luchu*...

—Lo dices... lo piensas así... Pero... ¿y si por medrosa te dejas llevar, te dejas casar...?

—Soy más valiente de lo que crees... Pero si necesitara más valor del que tengo... tú me lo darías.

—A eso vengo, te digo... Aquí estoy yo, un hombre, que por nada del mundo consentirá que le quiten á su mujer... y en tratándose de esto, para mi no hay hermanos, para mí no hay tío, para mí no hay padre... Soy mi dueño, y tú mía en esta vida y en la otra.»

Antes de acabar de decirlo, la estrujó en sus brazos y le dió cuantos besos quiso sin hartarse nunca.

«Zoilo... *Luchu*... por Dios... que me dejes... que no seas malo... Así no te quiero.

—¿Pues cómo, cómo?

—Te lo diré... déjame... déjame hablarte.

—Dímelo pronto.»

Casi sin respiración Aura le dijo: «Tienes grandes cualidades, *Luchu*... Mucho te estimo... Te admiro por la voluntad, por el valor; pero...

—¿Pero qué... pero qué...?

—Te falta una cualidad, primo... No, no la tienes.

—¿Qué me falta? Dímelo, dímelo pronto para tenerló al instante...

—Pues... te falta... sí que te lo digo... Que no eres caballero.»

Quedóse el muchacho suspenso y absorto. El tremendo hachazo recibido en su amor propio conmovió todo su sér... «¡Que no soy caballero! Mira, mira lo que dices... ¡que no soy caballero! Si otra persona me lo dijera, ¡vive Cristo!... Pero como me lo dices tú... miro para dentro de mí, por verme, por ver si es verdad lo que dices... y si yo me encontrara con que no soy caballero, aquí mismo me quitaba la vida.

XXXIV

—Si quieres—prosiguió Aura,—que yo te tenga por caballero, pórtate como tal.

—¿Y qué debo hacer?

—Lo contrario de lo que haces... Zoilo, abre la puerta.

—Abierta está,—dijo él, corriendo de un salto á la puerta y dando vuelta á la llave.

—Así, así me gusta. Siempre no has de mandar tú. El que quiere que le obedezcan, aprenda á obedecer... Ahora siéntate ahi frente á mí.

—Dime todo lo que me falta para ser digno de la mujer que he cogido para mí, sin que nadie pueda quitármela. Te he cogido; me perteneces. Si estoy decidido á no soltarte nunca, también deseo que estés contenta de ser mía.

—¿Que no me sueltas?

—No, no; dí que no... primero se hunde el firmamento. Si la família no quiere, me importa poco la familia... Te cojo, te tomo á cuestas... me voy contigo al cabo del mundo: yo sé hacer las cosas... Pero no me contento con hacer... necesito también que tu corazón sea mío, y que digas: «satisfecha estoy de que este hombre me haya cogido... no hay otro como él.»

—No hay otro como él—repitió Aura en el torbellino de la atracción, gravitando hacia él con infalible ley física.—No hay hombre como tú... *Luchu*, si me convenciera de esto, sería yo muy feliz.

—¿Qué me falta para que puedas decirlo? —le preguntó el miliciano echando fuego por los ojos, mas guardándose á distancia de ella.—¿Me falta instrucción? No soy torpe. Todo lo que otro sepa, lo sé yo. Para eso están los libros, para eso los maestros. Aprenderé pronto todo lo que no sé... cosas de ciencia y arte... ¿Qué más me falta? ¿La caballería? También la tengo, y tanto como el que más. Soy generoso, soy delicado. A honradez nadie me gana... Lo que me falta, tú me lo enseñarás con sólo quererme.

—¡Ay! *Luchu*, primo mío... no sé cómo decírtelo... yo te quiero y no te quiero... yo tengo el alma dividida... Ahora se me va de una parte, luego se me va de otra. No hago más que cavilar y volverme loca... Cuando quiero no pensar en tí, pienso. Cuando quiero sujetar el pensamiento á tí, se me va... Soy muy desgraciada. Que Dios me acabe de traer mi bien, y me lo ponga delante; pero un bien, uno solo: que no me traiga dos, que no me tenga como el péndulo de un reloj... Esto no es vivir... *Luchu*, yo pienso en tí, y cuando te elogian me lleno de orgullo... ¡Ser tuya, tuya para siempre, eso ya es más difícil!... Me cogerás, me llevarás á la fuerza... te llevarás la mitad de mi, quizás un poquito más de la mitad... cada día será la mitad más un poquito, *Luchu*... Yo estoy loca, no sé lo que me pasa; no hagas caso...

—Pues ahora sí te digo que me harán pedacitos así antes que soltar yo mi conquista... ¿Qué hablas ahí de mitades?... Toda, toda entera para mí, pues aunque creas eso de los poquitos sobre la mitad, es una figuración tuya, cosa de tu cabeza más que de tu corazón... Con un día que vivamos juntos estoy seguro que me dirás: «*Luchu*, ya no más poquitos, sino toditos para tí mismo.» Me lo dirás, ¿á qué sí? ¿Para qué es hablar más,

Aura?... Di que todo está dicho... Esta noche sin falta me abocaré con D. Apolinar.

—Hombre, todavía no... Espera...

—¡Esperar! Esa palabra la he borrado yo de mis papeles. Yo no espero cuando veo el fin de las cosas, cuando las toco, cuando las cosas me dicen: «ven.» El que deja para mañana lo que puede hacer hoy, no merece tener la vida que Dios le ha dado. ¿Has visto tú que Dios espere á mañana? ¿Has visto tú que diga el Sol: «hoy no salgo, mañana sí?» En la Naturaleza todas las cosas son y vienen á punto, y no se queda nada para después. ¿Está determinado que tal día salga un pollito del huevo? Pues sale; no dice: «voy á quedarme dentro de mi cascarón una semana más.» Los árboles nos enseñan la puntualidad: el que da fruta en Agosto, no la guarda para Diciembre. Lo que ha de ser, lo que está maduro, no ha de dejarse que se pudra... Hace un rato me dijiste que no soy caballero... Pues para que no dudes de mi caballerosidad, en cuanto venga alguien de la familia, aunque sea Martín, te dejo para irme en busca de D. Apolinar, que es mi gran amigo, para que lo sepas, y me quiere... Ya le he dicho algo, y el hombre me pregunta siempre que me ve: «*Luchu*, número uno de los *chimbos*, ¿cuándo os echo el *ballestrinque*?» Es muy marinero D. Apolinar, aficionado á dos cosas: á la pesca, y á casar á todo el mundo... Pues esta noche le pesco yo á él y le digo: «D. Apolinar, el *chimbo* y la *chimba* se quieren casar... Son honrados, se aman... pero muchísimo, sin mitades con poquitos, y desean verse unidos por la santa Iglesia para que no diga la gente...»

Fué acometida la gentil Aura de una risa nerviosa. Las expresiones y argumentos de Zoilo hacíanle muchísima gracia; y aquel determinar perentorio, aquella colosal aptitud para la ejecución, la subyugaban: eran como un poder milagroso, enormemente sugestivo, de irresistible influencia sobre la mujer... Revolvíase la pobre niña con instinto de defensa; pero caía nuevamente, sujeta con invisibles lazos, que ignoraba si eran humanos ó divinos. Gozoso de verla reir, continuó Zoilo exponiendo sus planes para lo futuro, y en esto empujaron la puerta. Eran Sabino y Valentín.

«¡Qué alegres están por aquí!—dijo Sabino, avanzando en la penumbra, con las manos por delante, como los ciegos, mientras Valentín reconocía el suelo con el bastón.—¿Por qué estáis á obscuras?

—Aura teme tanto al fuego, que no quise bajar la luz.

—¿Estáis solos?—dijo Valentín.

—Sí, señor—replicó el miliciano:—solitos y tan contentos. ¿Qué saben del tío Ildefonso?

—Que no es tanto como se temió... Un hervor de sangre... Ya pasó el peligro.

—No me conformo con esta obscuridad,—dijo Sabino subiendo en busca de la luz.

—¿Y que hacíais aquí tan solitos?—preguntó Valentín acercándose á la niña.—Aura... ¿qué dices?... Al entrar te sentimos reir... ¿Te contaba éste alguna gracia?

—Sí, tío: me contaba... no sé qué de Don Apolinar... No, no era eso... Cosas de *Luchu*.

—Cosas de *Luchu*—repitió éste, las manos en la cintura.—Las cosas de *Luchu* van ahora por caminos que usted no conoce, tío... pero debe conocerlos. Ni usted ni mi padre se han enterado de que Aura, aquí presente... es mi mujer...»

Valentín creyó haber oido mal, ó que el chico bromeaba. Miróles á entrambos. Aura bajaba la cabeza; Zoilo repitió el concepto, á punto que Sabino descendía con la luz.

«Hijo mío—dijo parándose á mitad de la escalera.—En un hombre como tú, en un caballero militar, no caen bien las burlas sobre cosas tan delicadas.

—Yo no me burlo, padre. Soy muy formal, y ahora más que nunca. Aura es mi esposa. Ella lo quiere, y yo más. Nadie se opondrá, y el que se opusiere no será mi padre, ni mi tío, ni nada para mí. Mando en mí mismo y en ella... y sépalo todo el género humano.»

Sabino miró á Valentín, y Valentín á Sabino, ambos con la boca entreabierta, embobecida. Aura se llevó el pañuelo á los ojos.

«Siento—agregó Zoilo,—que no haya venido tambien Martín, para que supiera lo que ustedes saben ya. Aura Negretti es mi esposa, ó lo será mañana si D. Apolinar me cumple lo prometido, y si no, curas no me faltan. Tómenlo como quieran. Siempre fuí un buen hijo, y ahora lo seré tambien, declarando que en este negocio, por encima de mi voluntad no hay voluntad ninguna: mi razón, como hombre libre, está por encima de todas las razones. No pido nada: me basto y me sobro.

—O estamos soñando—dijo Valentín,—ó este chico tiene los diablos en el cuerpo, y quien dice los diablos dice los ángeles ó el rayo de la Divinidad...

—Hijo mío, mucho te quiero—declaró Sabino, dejando á un lado la luz, y desembarazándose de la capa, que aquella noche venía también mojada.—Pero ya sabes que la familia tenía otros proyectos.

—Los proyectos de la familia—replicó Zoilo,—quedan reducidos, por el querer mío, por el de ella, á una cháchara sin substancia. La familia no sabe hacer las cosas; yo, sí. Y si quieren probarlo, al frente de la casa que me pongan, cuando termine el sitio.

—¡Por Dios vivo y sacramentado—exclamó Sabino, que de la fuerza de la emoción y del asombro hallábase á punto de caer al suelo,—que no sé lo que me pasa!... Dejen que me tranquilice, que medite el caso, y si veo en él la voluntad de Dios...

—Aura, hija mía—le dijo Valentín cariñoso,—sácanos de esta duda. ¿Crees que tu primo se ha vuelto loco?

—Sí, tío: loco está... y yo también,—repuso la hermosa joven abrazando al viejo navegante.

—¿Pero tú...?

—Yo nó sé... No me pregunte usted nada. No sé afirmar ni negar nada... Si me muero, mejor. Así no padeceré más.

—Y como no me gusta dejar las cosas para mañana, ni aun para después—dijo Zoilo,—en busca de D. Apolinar me voy, pues.

—Hace poco entraba en casa de Achútegui,—indicó el padre.

—Allá me voy. D. Canuto es mi amigo.

—Ven acá, fuego del Cielo, temporal del Sudoeste—dijo Valentín, cogiéndolo por un brazo;—párate y oye: no puedes entretenerte en correr tras de un clérigo. ¿No sabes lo que pasa? Se ha descubierto que el enemigo está minando en San Agustín. Por acá hemos empezado una contramina para salirle al encuentro debajo de tierra. En bonita ocasión vas á faltar de tu puesto.

—No falto, que allá mismo me voy ahora... A D. Apolinar que me le hablen... Ello ha de ser como yo quiero, y de otra manera no... ¿Ya se van enterando de quién es Zoilo Arratia? Lo mío, yo lo dispongo. Respeto á los mayores; no les temo. Digan que yo sé hacer las cosas... ya lo han visto... Pues aún les queda mucho que ver.»

Despidióse cariñosamente, con medias palabras, de la que llamaba su mujer, y de los que efectivamente eran padre y tío, y como exhalación corrió á la disputada y cada día más gloriosa Cendeja.

Apremiada por sus tíos, que la cogían cada uno de un brazo, sentaditos á izquierda y derecha en el montón de jarcia, Aura con acongojada voz dió estas explicaciones: «Sí, sí... hace tiempo que *Zoiluchu* me quiere... y yo á él... yo un poquito... digo mal, un muchito... No, no hagan caso; no sé lo que digo... Es un hombre, y no hay otro como él... Vale él solo más que toda la familia de Arratia, habida y por haber. Con su genio bravo domina cuanto quiere. Mandará en mí, en ustedes todos, en Bilbao entero, si se lo propone... ¿Que si le quiero me preguntan? No sé qué contestar... Estoy ahora como los que salen de un mundo para entrar en otro... Un pie lo tengo en aquel mundo; otro pie en éste... ¿Dónde debo poner los dos pies? Yo no sé... Digo que estoy loca, y que no quiero estarlo. Que Dios me ilumine de una vez, y sepa yo dónde estoy... realmente no lo sé... ¿Voy ó vengo? ¿A dónde vuelvo la cara?...

—Hija mía—le dijo Valentín con afecto, mientras Sabino no hacía más que suspirar, —serénate, reflexiona... Consulta tu corazón. Por lo que acabo de oirte, calculo yo... vamos, tu quieres á Zoilo...

—Pero casarme no... yo quiero esperar... Mi conciencia me dice que todavía no... Esperemos á que pase el sitio; esperemos más, más.»

En este punto, creyó Sabino llegada la ocasión de emitir su voto, y lo hizo con gravedad y el tonillo sermonario que emplear solía: «Niña de mi alma, manifiestos los designios celestiales, el dilatar su cumplimiento será como si los pusiéramos en tela de juicio.»

Dicho esto, sin obtener respuesta, pues tanto Aura como Valentín callaban mirando al suelo, el buen Sabino arrastró también sus miradas por lo bajo; y como viera multitud de clavos y tirafondos esparcidos, se puso á recogerlos uno á uno, cuidando de que ni aun los más chicos se le escaparan. En esta operación asaltaron al pobre señor pensamientos lúgubres. Sus dos hijos Martín y Zoilo, esperanza y gloria de la familia, hallábanse á la sazón en el puesto de mayor peligro, excavando la contramina para buscar al *absoluto* en las entrañas de la tierra. ¡Vaya que si á Dios le daba por decretar que pereciese uno de los dos en la espantosa refriega subterránea!... Aparte de esto, tristísimo sobre toda ponderación, reconocía y comprobaba que era enorme la cantidad de clavos de distintos tamaños esparcidos por el suelo. Mientras los recogía y agrupaba sobre un banco, pudiera creer que invisible ángel le susurraba al oído, de parte de la Divinidad, que uno de sus hijos moriría... La sangre se le congelaba en las venas... «No, Señor; eso no: aparta de mí ese cáliz...»

Advirtió que Valentín y la sobrinita hablaban susurrando; pero no se enteró de lo que decían, porque el rincón donde recolectaba clavos era el más distante del rimero de jarcia. Seguramente, Valentín le aconsejaría que fuese razonable y se dejara de esperar la venida del Anticristo. Pero no era esto lo que le decía, sino estotro: «Tranquilízate... y aguardemos al día de mañana, pues los dos chicos tienen sus vidas jugadas á cara ó cruz... Estamos aquí haciendo cálculos sobre las vidas, y para nada nos acordamos de la muerte, que á veces es la que nos saca de nuestras dudas...

—¡En peligro, en peligro *Luchu!*—exclamó Aura consternada.—Pues no quiero, no quiero... Que salga de la batería, que venga á casa. Basta de hazañas y de heroísmo... La familia es lo primero...

—Hija, el deber, el honor...—murmuró Sabino, que aproximándose pudo enterarse de este concepto.

—¡*Luchu* en peligro!—repitió Aura en el tono de los niños mimosos.—No quiero más glorias... no, no.

—Ea, no llores—dijo Sabino;—y si lloramos, que sea por los dos.»

Al expresar esta idea, y á punto que dejaba sobre el banco el puñado de hierro que acababa de recoger, le asaltó el pensamiento lúgubre en forma más terrorífica, y el ángel volvió á secretear en su oído... La terrible sentencia no era ya que moriría uno de los dos hermanos. El Supremo Juez y Sumo Ejecutor hería de un golpe las dos cabezas. Temblaba el buen padre, y no se le ocurrió más que acudir al instante á la iglesia que estuviese abierta para prosternarse y regar con sus lágrimas el suelo, diciendo á la Divinidad: «Los dos no, Señor: eso sería demasiado... En todo caso, uno, uno no más... y aun es mucho.

XXXV

Prudencia les mandó llamar, añadiendo al mensaje que Ildefonso se había tranquilizado, recobrando el uso de la palabra. Acudieron los tres allá, y nada dijeron aquella noche del caso de la niña; mas al siguiente día, apenas efectuada la mudanza, y reunido todo el cotarro en casa propia, estimó Sabino de gran oportunidad someter al eximio criterio de su hermana el nuevo problema que los chicos planteado habían sin encomendarse á Dios ni al diablo. No tuvo tiempo la señora de Negretti de expresar su estupor y disgusto, porque fué preciso acudir á la niña bonita, que cayó primero con un síncope, después con un acceso nervioso y convulsivo, seguido de aplanamiento, delirio y congojas.

No decía más que: «No quiero... *Lucku* muerto no... Esperar, esperar...» Atendiéndola cariñosa, Prudencia sentía la chafadura de su amor propio, y no se conformaba con que su idea se desviase tan visiblemente de la línea por donde ella con toda previsión y talento quiso encaminarla. ¡El pobre Martín chasqueado, y ella desconceptuada como directora y gobernante! Era una jugarreta de la realidad, que tenía la maldita maña de resolver las cosas por sí y ante sí, haciendo mangas y capirotes de la lógica y el sentido común... Pero, en fin, del mal el menos. Siempre resultaba lo substancial de su proyecto: que todo quedara en casa, y que el gandul de Madrid se fuese, si acaso venía, con las orejas gachas. A medida que la nueva inesperada solución iba haciéndose hueco en el pensamiento de la mujer práctica, reconocía ésta las cualidades de Zoilo, y con mayor benevolencia le juzgaba. No podía menos de alabar el garbo y audacia con que había tomado la delantera al sosaina de su hermano, demostrando una resolución enteramente varonil. Era un hombre, era un bilbaíno neto. Con su arrojo en la guerra, y aquella *franqueza* gallarda para apoderarse de la niña y hacerla suya, sin pedir permiso á nadie, ni andar en melindres, se había puesto de un golpe á la cabeza de todos los Arratias, y parecía dispuesto á no abandonar la bien ganada supremacía.

Aprovechando los ratos de sosiego de Aura y la relativa tranquilidad de Ildefonso, llamó Prudencia á D. Apolinar y celebró con él una conferencia en el comedor, á puerta cerrada. Era forzoso casar á los chicos inmediatamente, porque habían demostrado tal impaciencia que se hacía indispensable arrojar sobre aquel amor la capa del matrimonio. Si así no se hiciera, podrían sobrevenir escándalo y deshonra. Mostróse conforme D. Apolinar, para quien no había plato de más gusto que casar á alguien, y propuso explorar el ánimo de la niña y echar un parrafito con ella. Poseia el tal clérigo una singular delicadeza para meter sus dedos en la boca de las señoritas más vergonzosas y pudibundas; pero en aquel caso no sacó las revelaciones que obtener creía. Afligidísima y con más ganas de llorar que de confesarse, Aura sólo dijo que á *Lucku*, sí... le quería... que *Luchu* era un hombre, y que con su voluntad era capaz de mover las montañas... Pero que ella no quería casarse hasta que no pasara mucho tiempo, mucho, pues había un compromiso antiguo, que en conciencia debía respetar... Su amor primero no se le había salido aún del pensamiento. Desalojaba poquito á poco... pero aún tenía dentro la cabeza... ó los pies... No podía ella discernir si eran los pies ó la cabeza del otro amor, lo que todavía no se le arrancaba... De aquí provenian sus dudas, su desazón del alma y del cuerpo, su falta de resolución... su miedo de precipitarse... sus ganas de reposo y de un largo *veremos*...

Prudencia, enemiga declarada de los *veremos*, protestaba contra estas vacilaciones; pero ni ella ni D. Apolinar pudieron reducir á la hermosa niña. ¡Vaya que era terca! A solas otra vez la señora y el clérigo, resolvieron prepararlo todo para las bendiciones, pues bien podía ser que los aplazamientos de Aura fuesen un coquetismo intenso, de arte sutil; que los nerviosos engañan y se engañan, dando por abominable lo que más ardientemente desean La noticia de la espantosa lucha entablada en las tenebrosas galerías, abiertas por sitiadores y sitiados entre Uribarri y la casa de Quintana, por bajo de San Agustín, desvió de aquel asunto las ideas de tía y sobrina, y no quedó en sus almas más que el terror. Aura, delirante, tan pronto se sumergía en un duelo lúgubre, como quería lanzarse á la calle, ansiosa de llegar hasta el lugar trágico, y oir los tiros, y ver sacar los muertos, y apurar la impresión directa de la catástrofe, como se apura un tósigo que pone fin al humano sufrimiento. Su romanticismo causaba extrañeza á la tía y al cura, que lo conceptuaron fenómeno patológico. «No quiero dudas—decía.—Vivir ó morir... Ni á media vida ni á media muerte quiero verme... Si ha de hundirse todo Bilbao en un segundo, sea... Así acabaremos de dudar.»

Con estos temores y sobresaltos, Aura desbordando su imaginación, Prudencia y el cura encomendándose á la Virgen, Negretti á ratos solo, á ratos con su mujer, sumido en una meditación cavernosa, pasaron toda la tarde, hasta que llegó Valentín con mejores noticias, dando á entender que se había conjurado el peligro. Venía el pobre navegante fatigadísimo, tiznado y lívido el rostro, tan fieramente dominado por su crónico reúma, que con gran trabajo tiraba de la pierna derecha para servirse de ella. Dejóse caer en una silla, los brazos colgando, el sombrero echado atrás... aguardó un ratito hasta que sus pulmones y su laringe pudieron funcionar regularmente. «No he visto caso igual—les dijo entre toses;—yo me asomé á la contramina, y salí horrorizado. A las ocho y media de la noche la empezaron con dos ramales. Había que ver á los chicos de tropa y milicia trabajando como los topos. Los viejos, entre los cuales estuve más de dos horas maniobrando de espuerta, sacábamos la tierra. A la madrugada, uno de los dos ramales de acá se encontró con el de ellos. El *obscurantismo* venía hocicando en la tierra, y escarbando con las uñas desde la fuente de Uribarri, para buscar el tamborete de la casa de Quintana, que querían volar... Pero no contaban con que también aquí tenemos topos, no de los serviles que no ven, sino de la Libertad, muy despabilados... Cuando el boquete de acá y el de allá se juntaron, el sargento de zapadores, Elizagarate, agarró la pala facciosa, y dió un achuchón tan fuerte, que del palazo destrozó la barriga del minero de allá... Sólo dos hombres podían trabajar en el frente de la galería, ancho de tres pies por una parte y otra. Abriendo hueco á todo escape, los de acá se precipitaron al otro lado: *Zoiluchu* reventó á uno con la pala, y mató á otro de un pistoletazo. El agujero, que ya era corto, acortóse más con los dos cadáveres. ¿Pasarían ellos acá, ó nosotros allá? Y entre tanto, si la tierra se hundía, pues bien podía ser, allí quedaban todos sepultados... Yo llegué hasta cerca del boquete de comunicación y me entró tal miedo, que salí despavorido. Denme á mi agua y ventarrón: ni á la una ni al otro temo; pero con la tierra *jonda* no juego... Me espanta verme en el sepulcro antes de morirme... Cuando salí al aire, me pareció que resucitaba. No hay quien respire allá dentro... Y á la luz de las linternas ve uno brazos que le cogen y le enganchan la ropa... Son raíces de árboles...»

Tomado aliento, refirió después cómo ahumaron las galerías con pimiento quemado para ahuyentar á los sitiadores. Los topos de allá se escabulleron, y cuando se iba disipando aquella pestilencia asfixiante, los de acá lanzáronse por la mina, respirando á medias. Contaban que llegaron hasta la boca, y que halláronla cerrada con sacos de tierra, como si quisieran defenderla. Luego se han escalonado los nuestros á lo largo del tubo, esperando á ver si se atreven á hocicar otra vez. Si se atrevieran, ¡Dios sabe lo que pasaría!... Pero avisados como estamos, no podrán ellos cargar la mina; nos hemos salvado, aunque queden las galerías cegadas con carne y huesos de valientes... Por fin, con las precauciones tomadas, piensan todos que si hemos sabido cortar los vuelos del águila, y cogerle las vueltas al gato, también sabremos taparle los agujeros al ratoncito faccioso.

A punto que tomaban una frugal cena, dando un huevo á Negretti, y otro á la niña, con sopita de vino, entró Sabino sofocado y gozoso. Después de pasarse todo el dia de iglesia en iglesia, implorando la Divina Misericordia; se había personado en la Cendeja, donde acababa de tener la satisfacción de ver vivo y sano á su hijo Zoilo. A Martín no le había visto; pero por Pepe Iturbide sabía que continuaba en las Cujas sin novedad. «Gracias sean dadas al Señor,» dijo Valentín; y Aura, con las felices nuevas, parecía recobrar la animación y el contento. Pasaron la noche tal cual, y al día siguiente muy temprano, continuando Prudencia en los arreglos de casa, dispuso una variación que le parecía pertinente. En la alcoba grande, donde antaño dormían sus padres, que después ocupó ella con Negretti, por temporadas, y que últimamente servía de dormitorio á Valentín, creyó que debía instalar á su sobrino. Preparó, pues, la pomposa cama matrimonial, y aunque despertó Aura con ganitas de levantarse, no consintió su tía que se diese de alta tan pronto. Desplegando exquisita amabilidad y dulzura, la trasladó de habitación y de lecho, diciéndole: «No, hija, no: estás desmadejada... bien conozco tu naturaleza... y sé que necesitas largo reposo para recobrar tu equilibrio. Te paso á la alcoba grande, para que vayas entendiendo que lo mejor de la casa debe ser para ti, y que todos nos desvivimos porque esté contenta y á gusto la perlita de la familia. Aquí tienes buena luz, por si te aburres y quieres leer un ratito. O te traeré tu costura, tu labor de gancho... Pero levantarte, ¡ay! no lo pienses, que estás muy débil, y tendrías que volver á acostarte...»

Asombrada de tanta finura y obsequios tantos, Aura se dejaba querer. Donde quiera que la pusieran, allí se estaba con sus cavilaciones, con sus dudas, con su cruel ansiedad. Llegó sobre las nueve el bendito Don Apolinar, y sin sentarse, preguntó á los tres hermanos, por dicha reunidos en el comedor, qué se resolvía sobre el grave caso de conciencia. No habían aún manifestado su opinión por la autorizada voz de la hermana, cuando sintieron ruido en la tienda. Eran Zoilo y José María que acababan de entrar. Propuso Sabino que sus hermanos con el señor sacerdote pasasen á platicar con la niña en la alcoba grande, mientras él hablaba dos palabritas con su hijo menor, pues su conciencia no estaría tranquila mientras no dilucidase con él, en el sagrado recinto del hogar de Arratia, un grave punto de moral... La moral, la sana conducta, la observancia rigurosa de las leyes divinas y humanas, habían sido siempre norma de la honesta familia, desde el primer Arratia venido al mundo, hasta la ocasión presente. Llevóse á Zoilo al rincón último de la trastienda, y con gravedad y dulzura, hablando como padre y como amigo, le dijo: «*Motill*, empiezo dándote un abrazo por tu comportamiento militar. Bilbao te glorifica, y tú, honrando á Bilbao, honras á los tuyos... Pero hay otro terreno, muy distinto del de la guerra, donde no te has conducido con la pureza y dignidad de un Arratia.

—¡Qué dice usted, padre!—exclamó Zoilo, que en su fogosidad no podía contener sus sentimientos dentro de formas comedidas.

—Digo que tu conducta con la niña desmerece de lo que ordena el decoro de nuestra familia... Si la querías, ¿por qué no te clareaste, para que nosotros inclinásemos su ánimo...?

—Porque yo me basto y me sobro para... inclinar ánimos.

—Pero luego has cometido una falta mayor, por la cual quiero reñirte... con blandura, no creas...—dijo Sabino, que ante la arrogancia del miliciano se achicó más de la cuenta:—quiero hacerte ver que has ofendido á Dios... supongo que en un momento de extravío, de... No te riño... Se te perdonará si confiesas...

—¿Qué?

—Que por precipitar tu casamiento con la niña y hacer inútiles nuestros planes con respecto á tu hermano, has...»

La mirada fulgurante de Zoilo le confundió. No pudo expresar su pensamiento ni aun con los eufemismos que el delicado caso requería. Comprendió el chico lo que su padre, turbado y balbuciente, quería expresar; y con entera y clara voz, poniendo á su indignación el freno de las razones corteses y del tono respetuoso, le soltó esta andanada: «Si lo que usted me dice, ó quiere decirme, me lo dijera otro que mi padre... si no fuera mi padre quien tal infamia supone en mí, ni tiempo le daría tan siquiera para arrepentirse de su mal pensamiento. Soy tan honrado como mi mujer, como la que será mi mujer, y no permito que en la honra de ella se ponga la menor tacha, ni en la mía tampoco. Ni una palabra más, señor padre... ¿Para qué es decirlo?

—¡Pero si no te reñía...! Ven acá, no seas tan bravo... Era un sospechar, hijo; era interrogarte... y no me opongo, no me opongo á que te cases mañana mismo si quieres.

—¿Cómo mañana?—dijo *Luchu* volviendo atrás y deslumbrando de nuevo á su padre con las centellas de sus ojos.—¿Qué es eso de mañana?... Esta noche á primera hora me caso. Así lo he dispuesto. Y por si Don Apolinar no quisiera hacerme ese favor, ya tengo hablado al capellán de Toro, que nos casará por lo militar, con cuatro palotadas... Vamos arriba.»

No le sorprendió que Aura, á quien en su mente y en su voluntad tenía ya por esposa, ocupase la alcoba de respeto y el grandioso tálamo de cuja monumental, representación del nido histórico de Arratia. Cuando entró, las miradas de los que estaban en la habitación rodeando el lecho, se fijaron en él, y las suyas se clavaron en la hermosa joven, que agazapadita, temblando de frío (que en aquel instante la acometió), velaba entre el embozo su lindísima cara, no dejando ver más que los soles de sus ojos y su negra cabellera desordenada. Le miró Aura, calladita, y él, por la presencia de la familia y del cura, no se abalanzó á remediar la destemplanza de su esposa con besos ardientes. El primero que rompió el silencio fué D. Apolinar con esta juiciosa observación: «Opina la señorita que debemos esperar.

—Sí, esperaremos—opinó Zoilo con resolución, dando algunos pasos hasta llegar al lecho y poner su mano en el bulto que hacían los pies de Aura.—Esperaremos unas horas. Esta tarde, Sr. D. Apolinar, nos casará usted si quiere, y si no quiere lo hará el capellán de Toro.

—Por mí no queda,—balbució el clérigo.

—Pues, como decía, digo que hoy al anochecer nos casamos. Mi prima no tiene más enfermedad que un poco de susto... Aura, te levantarás al mediodía.»

Nadie se atrevió á replicar á esto, pues el modo de decirlo excluía toda réplica. Atónita miraba la niña al que con tan tiránicos modos imponía su autoridad en cosa tan grave; y aunque le andaban por el magín fórmulas de protesta, éstas se tropezaron con sentimientos muy vivos y estímulos que quitaban toda eficacia á las ideas. Hallábase bajo el poder magnético, psicológico ó lo que fuese; la tremenda atracción la sacaba de su órbita para llevarla á otra más amplia, de más rápido movimiento. No tenía voluntad: se entregaba, se sometía... *Lucha* la arrebató como se coge un fuego chico para unirlo á un fuego grande, formando una sola llama.

Valentín se creyó en el caso, como el mayor de la familia, de obtener de Aura una contestación terminante. «¿Qué dices á eso, niña? ¿Te parece bien?»

La niña se fué eclipsando entre las sábanas... Como el sol que se pone, se ocultaron sus ojos; después su frente: no quedó fuera más que un crepúsculo... los cabellos negros esparcidos en las almohadas, como entre nubes. Prudencia se acercó y la oyó suspirar fuerte, allá entre los pliegues tibios de la ropa de cama.

«Esto es hecho—dijo en alta voz; y por lo bajo:—En estos casos, quien suspira otorga.

XXXVI

—Bueno—dijo Sabino en el pasillo, hociqueando con su hermano,—se preparará todo para las siete... Es buena hora... Yo voy á Santiago á entenderme con el párroco... A las siete en punto, ¿sabes?... ¿Y al pobre Martín qué le decimos? Ea, se le dirá que este pillo... No: se le dirá que la voluntad de Dios ha llevado las cosas, no por el camino, sino por el atajo... ¿Qué podemos nosotros, pobrecitos mortales, contra los designios...? Yo le hablaré... A las siete en punto: no te descuides. Sin aparato, sin bulla... Algo chismorreará mañana la gente; ¿pero qué importa?... Yo daré noticia á las familias conocidas... Diré que eran novios; que... puede quedar el matrimonio en secreto hasta que convenga darle publicidad. Yo hablaré con el párroco D. Higinio, que nada me negará... Somos amigos desde la niñez: él, Guergué y yo nos pasábamos las tardes jugando al *cotán* en los Cantones... Valentín, ya sabes, á las siete en punto. Hay que estar allí á las siete menos cuarto... Yo me encargo del papelorio... ¿Y á Ildefonso no se le dice nada?... Mejor será que lo sepa después. Ea, no descuidarse... Yo me voy.»

Sin dejar de prestar á tan importante asunto la atención conveniente, dedicóse el veterano de la mar á buscar á su hijo, cuyas ausencias y largos eclipses le ponían en cuidado, así como su creciente taciturnidad y tristeza. Tres días con sus noches hacía que no se dejaba ver de la familia, y habrían dudado de su existencia, si no dieran noticia de él los amigos que le vieron á diferentes horas chapoteando en la ría, á bajamar, ó rondando tétrico por los extremos de la población. Arrastrando su pata coja, corrió Valentín por calles y plazas sin olvidar las inmediaciones de las baterías, con tan mala suerte, que en ningún punto le encontró: en muchos de ellos dijéronle que le habían visto. Creyérase que el endiablado chico le tomaba las vueltas, burlando su persecución, ligero como un pájaro y escurridizo como un pez. Por la tarde hubo de renunciar á su fatigosa cacería, y fué á tomar descanso en las Cujas, donde encontró á su sobrino Martín ya con la píldora en el cuerpo, administrada por Sabino. Como si esto no fuera bastante, tenía una herida en la mano derecha, que de primera intención le curaba el físico cuando llegó su tío de *arribada forzosa*, navegando con una sola paleta. Por ambos estropicios hubo de propinarle Valentín los consuelos propios del caso. ¿Qué remedio había más que tener paciencia? Con travesura y arranque de hombre, *Zoiluchu* le había tomado la delantera. Menos mal, que todo quedaba en la familia... Olvidara Martín el desaire, en el cual no habían tenido poca parte su cortedad y amorosa desmaña, y lleváralo con resignación, que novias guapas y *de peso*, gracias á Dios, no habían de faltarle. En cuanto á la herida, bastaríale guardar en completa quietud la mano, de la cual ya no tenía que hacer uso ni aun para casarse.

«¿Sabe usted el consuelo que me ha dado mi padre?—dijo Martín queriendo sonreir, cuando aún rodaban por sus mejillas las lágrimas que le hizo derramar el acerbo dolor de la cura.—Pues, según él, este balazo es la forma expresiva con que la Divina Voluntad me manifiesta que no debo casarme. ¡Caramba, ya podía Dios habérmelo dicho de otro modo!

—Pienso lo mismo. ¡Vaya un modo de señalar que usa el Señor! Con quitarle á uno la novia bastaba... Ya estaba vista la intención...»

De su herida tomó Martín pretexto para no ir á su casa aquella noche. El médico le había recomendado que fuese al hospital, y su padre le ofreció pasar la noche con él. *Le venía muy bien lo de la mano* para librarse del mal rato del bodorrio... Luego que se curase, á su casa volvería, y lo pasado, pasado: todos hermanos, todos unidos, y á trabajar por el bien común.

Apenado por la doble desgracia del sobrino, que éste soportaba con su habitual mansedumbre; afligido también por no encontrar á *Churi*, y acariciando el propósito firme de poner correctivo á su vagancia con una buena mano de pescozones, se dirigió Valentín, al paso tardo de *pierna* y *media*, á la casa de la Ribera. ¡Cuán ajeno estaba de que al entrar en ella, sobre las cinco de la tarde, hora ya de cerrada obscuridad en tal estación, no se hallaba lejos de allí el extraviado *Churi!* Agazapadito junto al pretil de la ría, en actitud semejante á la de los pobres que piden limosna, el sordo vió entrar á su padre en la casa; dando un gran suspiro se fué escurriendo á gatas, sin abandonar la sombra del pretil, en dirección del Arenal, y en todo este recorrido gatuno iba dando verbal forma á las ideas que agitaban su alma... «Señor padre, adiós...—remuzgaba en obscuro lenguaje, que es forzoso aclarar y traducir.—Ahora que le he visto, ya nada más tengo que hacer... Adiós mi padre, adiós mis tíos, y adiós mis primos para siempre, y adiós tú, casa mía... que ya no veréis más á *Churi*, ni *Churi* ha de veros... porque él mismo se echa fuera de Bilbao, con intenciones de no volver... No quiero más familia, ni más casa... porque para morirme de rabia, ó para volverme malo y matón, quiero más irme lejos, á otras tierras de adentro, ó de afuera, ó del demonio.»

Atravesando á buen paso el Arenal, seguía su cantinela... «Ya no veo mi casa... Adiós tú, casa, y adiós tú también, Bilbao, mi pueblo; que todos, familia, casa y pueblo se me habéis vuelto como los venenos mismos, y si de aquí no me voy, me condeno... Ahora dirán: «¿pero dónde está *Churi*, que no parece?» Creerán que me he tirado al mar, ó que me ha cogido por la mitad una bala de cañón... No, señores, no. *Churi* se va... ¿no saben por qué? Pues que se lo pregunten á ese ladrón de Zoilo, á ese fantasioso, que se coge para sí la mujer de otro, y la ha conquistado por el miedo... Bien lo he visto... Adiós tú, Arenal, San Nicolás mío; adiós Cujas y Campo Volantín de mi alma: ya no me veréis más, porque *Churi* es bueno; *Churi* no quiere hacer una muerte, ni dos muertes, ni ninguna muerte, y para no hacerlas, se va al cabo del mundo... Puente colgante, adiós, y adiós Siete Calles y Cantones... Mientras vea tierra por delante, caminaré, que buenas piernas tengo; y si veo mar y me dejan embarcar, también me voy, lejos, lejos, á la otra parte de la tierra, que dicen que es redonda como una naranja, á ver si encuentro un país... que puede que lo haya... un país donde toda la gente sea sorda... donde vivan *las humanidades* sin oirse ni una palabra, porque tengan otra manera de entenderse unos con otros... ya por señales ó guiños de los ojos... que bien podía ser... Y el amor no necesita hablarse, sino hacerse, con garatusas... en fin, no sé... Puede que lo haya, puede que haya ese país, donde no tengamos orejas, y en cambio tengamos otros instrumentos más grandes que aquí, el ver, el gustar... no sé... El instrumento del oído no hace falta, ni para comer, ni para dormir, ni para ser uno padre de familia... no, no hace falta... Adiós, padre y pueblo, que lejos me voy...»

Las ocho serían cuando navegaba río abajo en una chalana diminuta de tablas podridas, á la que había echado algunos remiendos la noche anterior, la menor cantidad de embarcación posible. Previamente había metido á bordo sus víveres, unos pedazos de borona envueltos en un trapo. Este era una de las banderitas españolas que solían poner los combatientes en las baterías: habíala afanado días antes, y la llevaba para el caso de que los barcos de guerra, al verle recalar en Portugalete, le mandaran izar pabellón de nacionalidad. Con su bandera, sus mendrugos de borona y un balde para achicar tenía bastante, y ya no le quedaba más que encomendarse á Dios para poder rebasar, al amparo de la cerrazón, los puentes de barcas que los carlistas habían tendido en San Mamés y en Olaveaga. Afortunadamente para el atrevido mareante, á poco de soltar sus amarras empezó á llover con gana, y venía por babor, de la parte de Baracaldo, un Noroeste duro con rachas de galerna que levantaban olas en la ría. La tenebrosa obscuridad, la lluvia, el horrendo frío, eran causa bastante para que los facciosos no vigilaran; y para colmo de felicidad, el agua bajaba desde las nueve. Con dejarse ir al son de marea, arrimándose todo lo posible á barlovento, á la orilla izquierda, que era la de más abrigo, se escabulliría como un pez.... Experto navegante, conocedor de la ría más que de su propia casa, sabiendo como nadie buscar los puntos donde más ayudaba la corriente, se dejó ir, sin hacer uso de los remos, para evitar ruido y el rebrillar del agua. La agitación de ésta, los rumores hondos de la naturaleza, encubrían su escapatoria. Con que el tripulante se agachara al deslizarse entre las barcazas que sostenían los tableros de los puentes, bastaba para que la humilde chalana pasara por un madero flotante, arrastrado por la marea.

En todo lo que anhelaba fué el pobre *Churi* favorecido, así por la naturaleza como por el acaso, y nadie le vió, ni oyó voces humanas, ni tiros de fusil disparados contra su nave. A las once salvó las barcas de San Mamés sin novedad, y antes de las doce burló las de Olaveaga; á la una divisaba las luces de los carlistas vivaqueando en las baterías de Luchana; pasó sin tropiezo, amparado de una espantosa descarga de agua, que por lo fría parecía nieve, y de un terrible golpe de viento; á las dos, dejándose ir á sotavento para alejarse del fortín del Desierto, cruzaba también inadvertido por este sitío. Vió más tarde, á estribor, las canteras de Aspe, y en aquellas latitudes, juzgándose ya salvado, se aguantó con los remos, pues el agua empezaba ya á tirar para arriba. No tenía que hacer más que mantenerse allí, capeando la marejada que venía del Oeste, y enmendando á cada paso su situación que la corriente le alteraba. Con esto, y con achicar sin tregua, pues de lo contrario la chalana se le iba á pique, tenía bastante faena hasta el alba, que debía de apuntar sobre las siete. Aguantóse, pues, sorteando viento y marea, y al ver por Oriente las primeras claridades de la aurora, arboló á proa su banderita, disponiéndose á ganar puerto. Sus observaciones, sin más instrumento que los ojos de la cara, indicáronle demora de un cuarto de milla al Este de Portugalete.

Ya no temía el fuego carlista: hallábase en aguas de Isabel. A las ocho, divisó entre la neblina los bergantines ingleses *Ringdove* y *Sarracen* (que ya conocía), otro barco de guerra, español, y varias lanchas cañoneras... La temperatura era glacial; el viento había rolado al primer cuadrante y traía lluvia fina, puntitas de nieve que pinchaban como agujas. A las ocho pasaba junto á una cañonera española que le dió el alto... Comprendiendo que debía expresar sus sentimientos isabelinos, señaló con orgulloso gesto su pabellón, que sobre los colores tenía el lema *Isabel II, Libertad*. Desde la borda de la cañonera le preguntaron: «¿Traes parte?»

Pero no se enteró, y siguió bogando. Poco después vió surgir del seno de la calima el puente armado sobre quechemarines y jabeques para pasar la ría entre Bilbao y las Arenas; sonaban cornetas, tambores, campanas en tierra y en los buques: para *Churi* como si no. Por fin, la valiente *zapatilla* atracó á la escala de Portugalete, y al encuentro del audaz marino bajaron muchos preguntándole: «¿Traes parte? ¿Qué ocurre en Bilbao?» Puso el pie en tierra con la gravedad de un almirante; quitando la bandera de la proa de la chalana, dió á ésta una patada, equivalente al propósito de no volver á entrar en ella, y subió la escala con bandera al hombro, sin contestar á los preguntones. Entre éstos había no pocos que al subir le conocieron. «Es *Churi*, el sordo bilbaíno,» decían, y nadie le molestó más con interrogaciones fastidiosas. El no venía con papeles, ni tenía que dar cuenta á nadie de lo que á buscar iba en Portugalete. Garantizado por su bandera, que agrupó á su lado mujeres y chiquillos, encaminóse á una hermosa casa, contigua á la del Ayuntamiento, en la cual entró como persona conocida, sin saludar á nadie. Dos mujeres freían pescado en grandes sartenes. «Hola, *Churi*, en buen hora llegas—le dijeron.—Por Bilbao, ¿qué hay? Mucha hambre, ¿verdad? Siéntate y descansa. ¿Tu padre bueno? Dicen que muerta gente mucha... Los dientes muy largos traerás, hijo. Dos ruedas de merluza aquí tienes, pues.»

Sin sentarse, *Churi* devoró lo que se le ponía delante, y miraba á un lado y otro, como buscando á persona conocida...

«Ya sé á quién buscas, *Churi* —le dijo otra de las mujeres, que hablaba castellano correcto.—Aquí no está...»

Y como el sordo entendiese que la persona ausente no estaba en aquel pueblo, afligiéndose mucho al creerlo así, la buena mujer le explicó como pudo, con terribles gritos acompañados de gesticulaciones enérgicas, que la señá Saloma se encontraba en la *Casa de Jado*... «¿Sabes? Por ahí, camino del Desierto. Tenemos la contrata de la Plana Mayor.» Allá corrió *Churi*, con una rueda de merluza en la boca y otra en la mano, y de rondón se coló en el edificio que se le designaba, sin hacer caso de la guardia que quiso detenerle. Metiéndose por una puerta á la derecha, fué á dar á la cocina, y en ella vió á una mujer gallarda, morena, guapetona, de ojos negros, que recibía de otra un plato con un huevo frito y un chorizo.

Contento se fué el sordo hacia la guapa moza, y ella, al verle, lanzó una festiva risotada, diciendo: «Hola, *Churi*... caro te vendes... ¿Por dónde has venido, por la mar ó por los aires? Eres el demonio... Ay, hijo: no puedo entretenerme... Aguárdate aquí, que voy á llevarle su desayuno al General en Jefe...»

XXXVII

Vió el sordo soldados y ordenanzas en la cocina, oficiales que sin cesar subían y bajaban por la escalera principal, á la cual se asomó, por matar el tiempo, esperando á su amiga. Esta reapareció diciendo: «No vuelvo más arriba. Los ayudantes no la dejan á una vivir... Vean qué cardenales tengo en este brazo. Un asistente me ha dicho que el General está malo y no come nada... que tengamos caldo para las doce... Tú, Casiana, dame á mí un poco de guisado, que estoy desfallecida... Echa, echa más, que comerá conmigo el pobre *Churi*... ¿Verdad, hijo, que tienes gana? ¡Pobre sordito!... Siéntate aquí, cuéntame...»

Tan viva de genio era la tal Saloma, que á veces parecía no estar en sus cabales. Dejándose llevar de su vena comunicativa, sin parar mientes en la sordera de *Churi*, le refirió, mientras comían, sucesos militares de notoria actualidad. «Mira, hijo, aquí estamos desde primeros del mes queriendo socorrer á Bilbao, y quedándonos con las ganas de hacerlo. Tan pronto vamos por la orillita de acá como por la de allá, y en ninguna tenemos suerte. En Castrejana no hicimos más que perder mucha gente, y nos volvimos para acá con las orejas gachas. Allí enfrente, en Azúa y Lejona, no hemos hecho más que apuntar. Gracias que los ingleses, hombres de mucho tino, han armado en el Desierto un altarito que le dará que hacer al *servil*. Ahora parece que operamos por allí, y todo será que tomemos el puente y casas fuertes que esos perros han hecho en Luchana... Baldomero tiene ganas tremendas de darles una buena entrada de palos... pero yo le digo: «Baldomero, ándate con tiento y no te comprometas... Tira primero tus líneas, mide terrenos y distancias... Es malo echar carne á la pelea sin haber antes medido bien...» Pero él no me hace caso... Es tan caliente de su natural, que si no tuviera armas, á bocados les embestiría... Aquí tenemos á D. Marcelino Oráa, que tan pronto va como viene. Al otro lado están las tropas acampadas de mala manera, mal comidas, muertas de frío. Dime tú si así se pueden ganar batallas. Yo digo que no; Baldomero sostiene que la sangre española no necesita más que de su mismo fuego para pelear y vencer.»

Por amabilidad, á todo asentía *Churi* con cabezadas, sin entender una jota. Dígase pronto, para evitar malas interpretaciones, que aquel Baldomero, á cada instante nombrado por la arrogante Saloma, era un sargento de Guías, que tenía el honor de llamarse como el ilustre caudillo del Ejército del Norte; y añádase que descollaba por su arrojo, obteniendo cruces, y hallándose muy cerca de ganar el grado de alférez. D. Marcelino Oráa, de quien había sido asistente, teníale en gran estimación, y el mismo Espartero le conocía por su nombre (Baldomero Galán) y le distinguía.

«Pues para que te enteres mejor—dijo,—los ingleses nos ayudan como unos caballeros. Tienen talento para el ramo de cañones, y un ojo para la puntería que da gloria verlo. Baldomero dice que con ellos serviría más gustoso que con los de acá, porque pagan bien, comen mejor, y son muy puntuales en todo... Yo le digo: «Aprende de esos á echar líneas y tomar medidas antes de batirte... Fíjate en que no mueven una pata sin pensarlo mucho, y examinan bien el pedazo de suelo donde van á ponerla.» Y él me replica: «Sí, mujer, tienes razón: son de mucho estudio; pero acá uno es riojano, y antes de ponerse á estudiar, se le enciende la sangre y allá va el coraje sin sentirlo.»

Satisfecha su hambre, *Churi* sentía también vivas ganas de comunicar á una persona grata sus acerbas penas. Dióse por enterado, sin entenderlo, de lo que Saloma le había dicho, y continuando la conversación sin lógico enlace de ideas, le dijo en un vascuence mal castellanizado que es forzoso traducir: «Efectivamente, Saloma Ulibarri, yo no te olvido; y en cuanto determiné dejar á mi pueblo y á mi familia para siempre, he pensado en tí; y vengo á decirte que si estás en volver pronto á tu tierra de Navarra, como me dijiste la última vez que nos vimos, yo me voy contigo...

—Aquí me tienes pendiente de las operaciones,—replicó Saloma.—Por mi gusto ahora mismo me ponía en camino para mi Aragón de mi alma, pues casi soy más aragonesa que navarra. Pero todo depende del punto á donde destinen á Baldomero, que ya va para alférez. Si en estas acciones lo gana, pedirá que le manden al Centro... Yo también hipo por el Centro. Estoy harta de estas tierras frías y babosas... con tanto llover y tanto comer pescado y alubias... Quiero ver mi Ebro, mi tierra que abrasa, mi cielo de allá que es la alegría del mundo... ¿De veras te vendrás con nosotros?... ¡Ah! *Churi*, tú has hecho en tu casa alguna travesura muy gorda...»

Por esta vez coincidió casualmente el primer concepto de *Churi* con el último de Saloma. «No soy culpable—le dijo,—sino desgraciado; tan desgraciado, que de lástima que me tengo no me determino á quitarme la vida. Me voy, sí.

Súbitamente saltó el sordo con una pregunta que no parecía congruente. «Dime, Saloma, ¿sabes si está por aquí un caballero joven que le llaman D. Fernando Calpena... paisano, á no ser que se haya hecho militar de poco acá... guapo, noble, fino?...» Al pronto no dió lumbres la moza. ¡Había tanta gente en el Cuartel general, militares de distintas armas y procedencias, asesores, físicos, paisanos armados..! Rebuscaba en sus recuerdos, y al fin dió con la persona que entre la turbamulta buscaba. «¿Don

Fernando dices? Sí, sí: un joven de buena presencia, ojos bonitos... muy amigo del General en jefe... Sí... D. Fernando no sé qué.. Arriba está. En uno de los desvanes de esta casa se aloja con el Sr. Uhagón, un paisano de ayer, hoy capitán... ¿Es amigo tuyo ese señor?

—Como amigo no es... Pero tengo que escribirle una carta que tú le entregarás... Papel y pluma que me traigan.»

Algo tardaron en darle lo que pedía, y él, en tanto, deleitábase contemplando la hermosura lozana y picante de *Saloma la navarra*, como allí le decían. Bueno es advertir que en anteriores meses, y antes de que se iniciara en Bermeo la pasión ardiente que á tan lastimoso estado le había traído, padeció el pobre *Churi* el mal de amores, prendándose de Saloma con ansias y desvelos de calidad poco espiritual. Fué un desvarío juvenil, que se extinguió entre cenizas, después de mucho requebrar y pretender con resultado nulo. ¡Era desgraciado el hombre! Todo por la maldita sordera, por aquel tabique *de silencio* que, levantado entre él y la humanidad, le impedía gustar las dulzuras del querer... Mal curado de afición tan secundaria y superficial, cayó en la enfermedad honda que le cogía el cuerpo y el espíritu, lo divino y humano. Desapareció de su mente Saloma con su gallardía incitante y su graciosa labia; la pasión integral y soberana eclipsó la parcial y plebeya. Quedaba, siempre la cariñosa y leal amiga, que departía con él afablemente, le daba de comer y le agasajaba y atendía, condolida de la inferioridad á que su sordera le condenaba.

Casi toda la tarde hubo de emplear el sordo en su trabajo de escritura, porque excesivamente severo consigo mismo, nada de lo que escribía le contentaba, y unas veces por no acertar con el pensamiento que expresar quería, otras porque su torpeza caligráfica le hacía incurrir en garrafales errores, ello es que, rompiendo papel y trazando caracteres muy gordos, se le iban las horas. Por último, cuando ya obscurecía, quedó terminado aquel monumento, que leía y releía, buscándole faltas, añadiendo ó raspando comas, sin llegar nunca á la deseada perfección.

«Tómate todo el tiempo que quieras, hijo —le decía Saloma,—y pluméalo bien, despacito, que el señor para quien es la carta se fué esta mañana al otro lado y no sabemos cuándo volverá.»

Cansado de la penosa escritura, tanto como del viaje, el pobre *Churi* no se podía tener de sueño y quebranto de huesos. Saloma le dió un camastro en la casa de Portugalete (donde tenía su establecimiento de comidas, asociada con Casiana, y los hermanos Anabitarte, vinateros), y en él cayó como una piedra el sordo, que si no lo fuera, no habría dejado de sentir aquella noche el horroroso temporal. El oleaje y remolinos de la barra daban espanto á la vista; el bramido de la mar unido al del viento ahogaban todos los ruidos de tierra, sin excluir los cañonazos de las baterías del Desierto contra Luchana. En toda la noche pudo la navarra pegar los ojos pensando en su pobre Baldomero acampado al raso á al abrigo de cualquier paredón, allá en las posiciones del ejército en la orilla derecha. ¡Y que esto pasara un cristiano por los derechos de Isabelita, de Carlitos, ó del demonio coronado!...

Amaneció nevando. Las nueve serían ya cuando Saloma despertó á *Churi*, que no se hartaba de dormir, insensible al fragor de la Naturaleza. «Arriba, hijo, que es tarde. ¡Pues no lo has tomado con poca gana! Ya tienes ahí á tu caballero de Madrid. Con el alferez Ordax ha pasado de las Arenas acá en un chinchorro, porque el puente de barcas se ha roto con la furia de la mar. ¡Esa es otra!... Levántate pronto, gandul, y si quieres verle, vente conmigo allá, y te arrimas á la escalera, que el D. Fernando ha entrado en la casa de Azcoiti, donde se alojan los de artillería, y pronto ha de ir á mudarse de ropa. Está caladito... Dame el *documento* y se lo llevaré cuando se mude, que no está bien que entre yo en su cuarto mientras el hombre se aligera de vestido.»

Al poco rato de esta conversación, veía *Churi* entrar al Sr. de Calpena y subir presuroso. Era él, el mismo: ya se le podía soltar el cohete sin ningún cuidado. Y á la media hora volvía Saloma á la cocina y daba al sordo cuenta de su comisión en éstos ó parecidos términos: «¡Ay, hijo, qué jicarazo se ha llevado el pobrecito señor con tu carta! Se quedó al leerla más blanco que el papel en que la escribiste. Me preguntó que quién eras tú, y de dónde venías, y yo, naturalmente, le dije que eres *de los ricos* de Bilbao, buen chico, muy marinero, sólo que un poco impedido de la *audiencia*... Ahora toma tu desayuno y arrímate al fogón, que el día no está para rondar por el pueblo.»

Solo en su desván, y ya vestido de ropa seca, no apartaba D. Fernando su pensamiento ni sus ojos de la carta que había recibido; y entre dar crédito á la tremenda afirmación que contenía, ó conceptuarla maligna impostura, transcurría veloz el tiempo sobre la cabeza del joven sin que éste lo sintiera. «*Anoche casó Aura con Zoilo Arratia,*» decían en substancia los garabatos del papel, trazados en letras gordas, como para suplir con el tamaño la torpeza de la escritura. En vano su amigo Uhagón (amistad reciente y cordialísima formada en aquellos meses) entró á decirle que si el temporal arreciaba, no habría más remedio que suspender las operaciones. A todo callaba Calpena; él, tan decidor, tan entusiasta de aquella campaña, tan unido al ejército, que la acción de éste y la suya propia habían venido á ser una sola acción, no decía nada, no comentaba, ni opinaba siquiera. «¿Qué piensas?» le preguntó su amigo. Y él, encerrando dentro de su alma una tempestad más horrorosa que la que andaba por los aires, se levantó y dijo: «Pienso... que hacen bien los carlistas en no dejar en Bilbao piedra sobre piedra... pienso que la Humanidad es una vieja celestina, y la Naturaleza una mujer frágil...»

XXXVIII

Arreció en el curso del día el temporal, sin que su violencia estorbara á las valientes tropas isabelinas para lanzarse á la pelea. Desde el camastro donde yacía en la casa de Jado, daba Espartero las órdenes de ataque, previa la distribución de fuerzas en una y otra orilla, para operar concertadamente contra Luchana. La brigada Mayol, que se hallaba en Sestao, pasó el Galindo por el puente que habían construído los ingleses, y ocupó las alturas de Rentegui y la Torre de la Cuarentena frente á la desembocadura del Azúa. Y en tanto, inutilizado por el temporal el puente de barcas sobre el Nervión, pasaron éste, en lanchones custodiados por las trincaduras de guerra, ocho compañías de cazadores, dos del primer regimiento de la Guardia, dos de Soria, dos de Borbón, una de Zaragoza y otra del 4.° de Ligeros, y fuerza de Ingenieros y Artillería. En la travesía penosa, los pobres soldados coreaban la furibunda cantata del temporal con sus exclamaciones de ciego entusiasmo. Los zurriagazos de granizo con que les castigaba la Naturaleza, les embravecía más. ¡Bonita ocasión para proclamar la Libertad y declararse dispuestos á horrendo sacrificio por tan voluble Diosa, que los infelices no habían visto nunca, ni sabían cómo era!... Desembarcados en la orilla derecha, se apresuraron á entrar en calor marchando contra el maldecido puente. La división del Barón de Meer, que había pasado el día batiéndose en las riberas del Azúa, reanudó sus ataques con más brío al verse reforzada; los cazadores se abalanzaron sobre el puente sin encomendarse á Dios ni al diablo, y no era floja temeridad la de aquellos locos, porque los carlistas habían cortado un tramo, y armado poderosas baterías por la otra parte, con cuyos fuegos y la fusilería incansable podrían abrasar á los mismos ángeles que se acercaran. Pocos ejemplos de arrojo personal que al de aquella noche puedan compararse ofrecerá seguramente la Historia militar del mundo; y por mucho que el narrador apure los resortes del lenguaje para describirlo, siempre ha de resultar como un combate fabuloso entre fingidos héroes de la Mitología ó la Leyenda.

Luchaban unos y otros en la obscuridad de una noche glacial, pisando nieve, azotados por el granizo, calados hasta los huesos. Si á esto se añade que habían comido poco y mal, acrece la inverosimilitud de aquel esfuerzo, que empezó con una fanfarronería quijotesca y acabó con una realidad sublime. Rodaban los muertos sobre la nieve; se arrastraban los heridos entre peñas y charcos sin que nadie les socorriese; los vivos asaltaban el puente casi á ciegas y á gatas, y sin duda por no ver el peligro, lo acometieron y lo dominaron. En pleno día, y con buen tiempo, tal empeño no habría sido quizás más que una honrosa tentativa. El éxito se convirtió en brillante hazaña, la más gloriosa quizás de aquella enconada guerra. Pudo suceder que los carlistas, fiados en la inverosimilitud del movimiento isabelino, y estimándolo demencia y bravata, se descuidaran en acudir con todo su poder á la defensa. También ellos luchaban en las tinieblas, envueltos en la glacial vestimenta del granizo y la lluvia; también á ellos les entumecía y paralizaba el frío, y la nieve les negaba un suelo seguro para combatir... A todos les trataba por igual la Naturaleza. En una y otra parte caían en tropel, los más para no volver á levantarse. La virginal blancura de la nieve se teñía de sangre. A las imprecaciones y gritos de salvaje marcialidad, respondía el viento con bramidos más espantosos. Por fin, los liberales se calzaron el puente, lo hicieron suyo, y pisaron el fango nevado de la orilla izquierda del Azúa. Emprendieron al punto los ingenieros la compostura del tramo destruído, para que pudieran pasar cañones, caballos, y todo el ejército cristino.

No se daban cuenta los hasta entonces vencedores de la importancia de su victoria, ni acertaban á medir los obstáculos que, tomado el puente, habrían de encontrar todavía, pues los facciosos habían surcado de formidables trincheras los montes de Cabras y San Pablo. Como no las tomaran pronto los de acá, todo lo que habían hecho era una sangría inútil. Tan grande fué en los cristinos el impulso adquirido, y en tal grado de coraje y excitación se hallaban, que no dieron paz al cuerpo, ni al ánimo respiro, para seguir en demanda de las trincheras, con la ambición loca de pisar también en ellas y de hacer trizas á los que las defendían. De las nueve á las diez de la noche se empeñaron furiosos duelos á la bayoneta en la aspereza de aquellos montes: los isabelinos trepando; los otros á pie firme en los inexpugnables zanjones. Rodaban por acá cuerpos destrozados Allá espiraban otros. Tan pronto avanzaban subiendo los liberales, como retrocedían precipitados, con la nieve hasta las rodillas; se hundían en ella, salían furiosos, y las bayonetas llegaron á parecer instrumentos de la Naturaleza: el hielo y el granizo convertidos en afiladas puntas y movidos por el huracán.

Una batería enemiga, colocada sobre el flanco derecho de las tropas de Isabel, les sacudía sin cesar. Pero no hacían caso, y para concluir pronto y decidirlo de una vez, no había más recurso que el arma blanca. Repetidos los ataques en una gran extensión, pues las tropas del Barón de Meer pasaron á la orilla izquierda por un improvisado puente, las trincheras de los carlistas, hondas, labradas en terreno pedregoso y fuerte, continuaban inexpugnables. Eran hueso muy duro para que pudieran roerlo los de acá, enorme su extensión para que pudieran ganarlas por sorpresa. Y la noche no se aclaraba, ni disminuía la crudeza iracunda del temporal. Diríase que el suelo quería tragarse á los hombres y convertirse en inmenso pudridero y osario de todo lo viviente. Serían las diez cuando el animoso y experto General Oráa, á quien Espartero, por su enfermedad, había conferido el mando, vió la imposibilidad de avanzar, ya que no la de sostenerse, y pidió refuerzos. Espartero le envió al instante la primera brigada de la división de Ceballos Escalera; después la segunda, al mando de éste. Siguieron la espantosa lucha, intentando escalar las trincheras, y cayendo de espaldas para volver á la embestida, sin desmayo, *por entrar en calor*. Fueron heridos el Barón de Meer, el Brigadier Méndez Vigo, y multitud de oficiales. El jefe de cazadores, Ulibarrena, lo había sido ya mortalmente en el ataque al puente de Luchana. Los soldados caían á centenares.

A las diez y media vió el General Oráa que habían llegado al límite del humano esfuerzo; pronto traspasarían la línea que separa los últimos alardes de la desesperación eficaz de los primeros espasmos de la impotencia, y ordenando conservar las posiciones y seguir combatiendo, bajó á la ría, pasó con

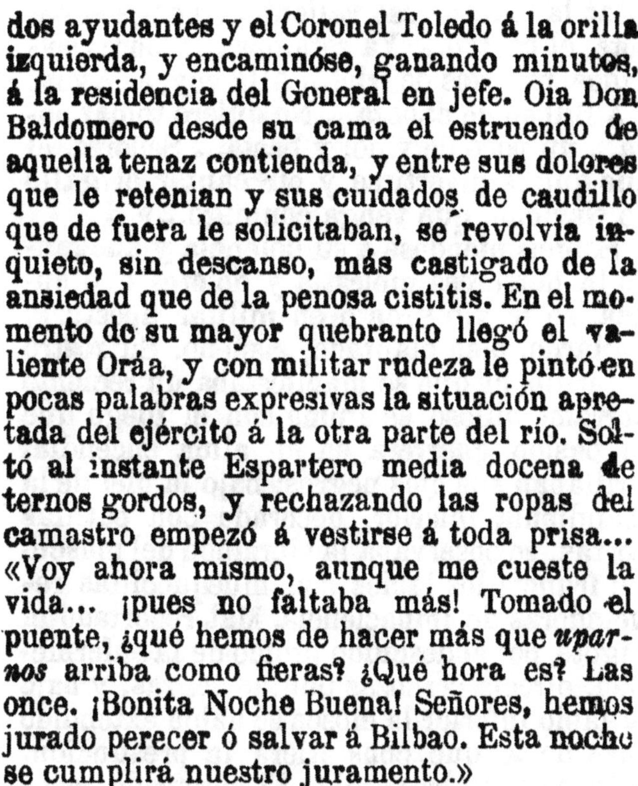

dos ayudantes y el Coronel Toledo á la orilla izquierda, y encaminóse, ganando minutos, á la residencia del General en jefe. Oía Don Baldomero desde su cama el estruendo de aquella tenaz contienda, y entre sus dolores que le retenían y sus cuidados de caudillo que de fuera le solicitaban, se revolvía inquieto, sin descanso, más castigado de la ansiedad que de la penosa cistitis. En el momento de su mayor quebranto llegó el valiente Oráa, y con militar rudeza le pintó en pocas palabras expresivas la situación apretada del ejército á la otra parte del río. Soltó al instante Espartero media docena de ternos gordos, y rechazando las ropas del camastro empezó á vestirse á toda prisa... «Voy ahora mismo, aunque me cueste la vida... ¡pues no faltaba más! Tomado el puente, ¿qué hemos de hacer más que *uparnos* arriba como fieras? ¿Qué hora es? Las once. ¡Bonita Noche Buena! Señores, hemos jurado perecer ó salvar á Bilbao. Esta noche se cumplirá nuestro juramento.»

Acudió un asistente á vestirle, y él, calzándose las botas, mandó que entraran los que permanecían en la estancia próxima aguardando su determinación. «Gurrea, adelante... Toledo, pase usted... Pase usted también, Fernando... Pues ya lo ven: voy á echar el resto. O ellos ó yo... Ahora nos veremos las caras... Ya me van cargando á mí esos ojalateros... Mi caballo... pronto, mi caballo... Me ha dicho Oráa que ha muerto Ulibarrena... Les tengo que cobrar con réditos la vida de ese valiente... Venga el capote, el bastón... Ya estamos... ¡Pobres soldados, muertos de frío!... Allá voy, allá voy, y á Bilbao de cabeza... No quiero tomar nada... un poco de vino, y basta... Señores, el que quiera divertirse y oir cantar el gallo de Navidad, que venga conmigo...»

Sobreponiéndose á su dolencia y ahogando la horrorosa molestia y dolores que sufría, se le vió pronto en militar apostura, gallardo, bien plantado, risueño. Su rostro amarillo, en que se manifestaba un reciente derrame bilioso, se animó con el fuego que la pasión guerrera en su alma encendía. Brillaban sus ojos negros; bajo la piel de la mandíbula inferior, decorada con patillas cortas, se observaba la vibración del músculo; fruncía los labios con muequecillas reveladoras de impaciencia. Mal recortado el bigote, por el descuido propio de la enfermedad, ofrecía cerdosas puntas negras, y bajo el labio inferior la mosca se había extendido más de lo que consintiera la presunción. Aún no gastaba perilla. El bigote de moco daba á su fisonomía carácter militar, dentro del tono especial de la época: casi todos los sargentos de su ejército le imitaban en aquel estilo de decoración personal. Resultaban caras enjutas, secas, con algo de simbolismo masónico en la disposición triangular de los adornos capilares, y expresión de tenacidad y constancia.

Pisaba fuertemente el suelo para entrar en calor, y mientras afuera disponían el paso á la otra orilla. Su mal de la vejiga le obligó á tomar precauciones, previendo que en noche de largo batallar habían de faltarle hasta los minutos para las funciones más precisas. Y al propio tiempo no cesaba de dar prisa. Dijéronle que en cuanto volviesen las lanchas que habían llevado la segunda brigada de la división de Ceballos Escalera, pasaría el Cuartel general. Tal era el desasosiego de Espartero, que habría pasado sólo en una tabla, y no pudiendo aguantarse más en aquella inacción, salió masticando la saliva, y escupiendo alguno que otro venablo y mitades de interjecciones crudas... Le dolían partes de su cuerpo de las más sensibles; le dolía la situación comprometidísima de su ejército; le dolía el amor propio.

Cuando llegó al sitio de embarque, advirtiéronle que su caballo ya iba navegando hacia Luchana. Empezaron á embarcar las compañías de Extremadura y casi toda la división de Minuisir. En la gabarra que más á mano encontró, embarcóse el General con su plana mayor y agregados militares y paisanos. El corto bagaje que llevaba, con muy poca ropa, escasos alimentos, y algunos chismes y drogas, impedimenta impuesta por la enfermedad, embarcado fué en la misma lancha donde iba el caballo. Religioso y triste silencio imperó en la travesía. Nadie hablaba. Por un momento, en un desgarrón de las nubes, dejóse ver la luna menguante con medio rostro apagado. El temporal remuzgaba lejano. Eran las doce, la hora del Nacimiento de Jesús, que allí no anunciaron cantos de gallo, ni festejó el rabel de inocentes pastores. Más bien las cornetas y cajas, y el pavoroso silbar del viento, proclamaban la destrucción del mundo.

XXXIX

Pisó tierra Espartero en la orilla derecha, y con él las tropas que de refuerzo llevaba. Delante de todos marchó el General á caballo, y pasado con precaución el puente famoso que había de inmortalizar su nombre, subió el primero hacia el monte de San Pablo, encontrando á su paso cadáveres dispersos, sobre los cuales blanqueaba ya el sudario de la nieve últimamente caída. Empezó por disponer que las tropas de refuerzo relevasen á los infelices que se habían batido toda la noche á la desesperada, con los pies insensibles, clavados en el suelo. Obligado por los accidentes del terreno á echar pie á tierra, departió D. Baldomero con la tropa, contestando con expresiones fraternales á los vítores y gritos de entusiasmo con que fué saludado. Conferenció con su jefe de Estado Mayor, el General Oráa, y acordaron suspender el ataque para organizarlo con toda la fuerza útil disponible, y relevar al instante los puestos avanzados. Ó la casualidad ó un imprevisto accidente produjeron hechos contrarios á lo que la rutinaria lógica de los caudillos disponía.

Sucedió que Oráa dispuso que se diera el toque de alto, y el corneta de órdenes, sin saber lo que hacía, distraído ó alucinado, ebrio quizás del frenesí batallador, tocó ataque, y lo mismo fué oir el estridor guerrero, lanzáronse unos y otros monte arriba con ordenado y rápido movimiento, rivalizando en ardor los que el General traía con los que allí encontró. Quiso Oráa contenerles y que se cumpliera su mandato, mal interpretado por el corneta; Espartero, con mejor instinto y rápido golpe de vista, se aprovechó de aquel felicísimo arranque de la tropa, y con llama de inspiración, vió que era llegado el momento de seguir el impulso de los inferiores, de la gran masa bélica. Esta tomaba la iniciativa; ésta, en un fugaz espasmo colectivo, dirigía y mandaba. Procedía, pues, favorecer este arranque, dirigirlo, extremarlo, y no permitir que desmayara. Blandiendo su espada, se puso frente á una columna, y con aquella voz sonora, con aquel tono arrogante y fiero que electrizaba á las multitudes, adoptando formas de lenguaje muy enérgicas y al propio tiempo fraternales, les dijo: «Adelante todo el mundo, y arrollemos á esos descamisados... ¡Coraje, hijos, coraje!... Ahora verán lo que somos. Delante del que de vosotros avance más, va vuestro General, que quiere ser el primer soldado... ¡A la bayoneta... carguen! ¡Coraje, hijos!... Por delante va esta espada que quiere ser la primer bayoneta... Que mueran ahora mismo esos canallas, ¡coraje! ó abandonen el campo, que es nuestro. ¡Viva la Reina, viva el Ejército, viva la Libertad!»

Y comunicado este furor á toda la división, avanzaron monte arriba con estruendo que hizo enmudecer los bramidos de la tempestad. Oráa se puso al frente de otra columna por la izquierda. Al llegar á la trinchera enemiga, oyeron rumor de pánico. Muchos carlistas huían, otros se defendieron con rabia heróica; pero la embestida era tan fuerte, que no pudo ser larga ni eficaz la resistencia. Ensartados caían de una parte y otra. La voz del General, no enronquecida, siempre clara y vibrante, les gritaba. «No hacer fuego... Bayoneta limpia... ¿No quieren libertad? Pues metérsela en el cuerpo... Adelante: arriba todo el mundo. ¡Hijos, coraje!... Bilbao es nuestra, y de ellos la ignominia. Nuestra toda la gloria. Que vean lo que somos. Arriba, arriba... Ya huyen. ¡Firme en ellos!»

No esperó el enemigo un segundo ataque, y huyó á la desbandada monte arriba, hacia la segunda línea de trincheras. De improviso, cuando ordenaban proseguir, descargó una tan fuerte lluvia con granizo, que los combatientes tuvieron que detenerse. No veían; el pedrisco les cegaba; el viento furibundo obligábales á guarecerse tras un matojo, al amparo de cualquier peña, tronco ó paredón en ruinas. «Mi General, aquí,» gritó un alférez, viendo á Espartero azotado vivamente por el temporal, la mano en el sombrero, el capote desabrochado por las garras del viento. Guarreciéronse en el socaire de una peña. El caudillo le reconoció al instante: «Ordax... ¿no es usted Ordax? Avise usted al General Oráa dónde estoy. Que venga al momento. Esta racha pasará pronto...» El oficial, que era uno de los que más se distinguieron en el ataque del puente, corrió á cumplimentar las órdenes de su jefe. No tardaron en encontrar á éste sus ayudantes, y se agruparon para darle con sus cuerpos más abrigo. En la confusión de aquel momento, surcado el aire y azotada la tierra por los furiosos latigazos del granizo, oíanse gritos, voces, llamadas, nombres que sonaban desgarrados en medio de la furiosa tempestad. Espartero dejó oir su voz imperiosa: «Aquí estoy... ¡Eh! ¡Gurrea... Toledo... aquí! ¡Demonio de tiempo! Ya les llevábamos en vilo... que venga Oráa... ¡Oráa!... ¿Dónde está Ceballos Escalera?

—Aquí, mi General,—replicó la voz potente del Jefe de la segunda división.

—¿A qué distancia estamos de Banderas? Yo no veo nada. ¿Dónde está Banderas?

—Allí, mi General.

—Ya sé que está allí... ¿Pero á qué distancia poco más ó menos? ¿Sabe usted que me encuentro mejor de mis dolores? Me ha sentado bien el sofoco, y encima del sofoco la mojadura. ¡Vaya una noche! Y dicen que en esta noche nace Dios... No lo creo.

—Mi General, estamos á un tiro de fusil

de Banderas... Pero aún queda que tomar otra línea de trincheras más arriba.

—¡Qué trincheras ni qué cuerno! De esas les echaremos también... pero á culatazos... á patadas... Otra racha de granizo. Bueno: venga todo de una vez... Ya, ya para. Que den un toque de atención. No perdamos tiempo. ¿Qué hora es?

—Las tres y media, mi General.»

En esto llegó Oráa, y Espartero le dijo: «Escoja usted quince hombres decididos, de los que no creen en la muerte, y un oficial, para que vayan á hacer un reconocimiento en la altura de Banderas. No podemos presumir la fuerza que tienen allí, ni si están resueltos á defender el puente á todo trance. Tiempo han tenido de fortificarse bien. Pero estén como estuvieren, y hayan hecho más baluartes y baterías que tiene Gibraltar, allá nos vamos ahora mismo, *con la fresca*, á darles la última pateadura.»

Habiendo cesado el chaparrón, salió Don Baldomero de su escondrijo, y encareció á los soldados lo fácil que era subir hasta Banderas. Probablemente, el enemigo no tendría ya malditas ganas de ver caras isabelinas por allí, y saldría escapado en cuanto se enterara de la visita. Restablecidas las líneas que desbarató el temporal, trajéronle al General su caballo, y se le unió Carondelet, mientras Ceballos Escalera se alejaba á escape para cumplimentar las últimas órdenes. Los quince soldados y el oficial que se brindaron á ir de descubierta, marcharon silenciosos monte arriba. ¡Infelices, cuán grande era su abnegación! Iban tan sólo para probar el grado de fuerza que en Banderas tenía el enemigo. Si éste les recibía con intenso fuego, señal era de que la elevada posición quería y podía defenderse. En tanto, las columnas avanzaban con orden de no hacer ruido, callados los tambores y cornetas, calladas también las bocas. Como á la mitad del camino, entre el punto de partida y Banderas, los quince tropezaron con una cabaña en ruinas, infestada de facciosos, los cuales, por los huecos de los tapiales destruídos, rompieron el fuego. El General y sus adláteres observaban esto desde una distancia inapreciable por la obscuridad; mas no veían gran cosa. Roto el silencio por la estruendosa voz de Espartero mandando ataque, retumbó el trueno en la masa de tropas, y allá se fueron las columnas como un ventarrón furibundo, barriendo cuanto encontraban por delante. En las ruinas, más de la mitad de los quince rodaban por los declives cubiertos de nieve. En la primera embestida á las trincheras altas, no pudieron los de acá desalojar al enemigo. El retroceso fué corto. No necesitaron ser jaleados para volver con ímpetu nuevo. Espartero y sus ayudantes picaron espuela en busca del sitio de mayor peligro. Esto fué de grande eficacia para alentar á los soldados, que, despreciando la muerte, volvieron á desafiarla cara á cara; y al tercer achuchón, los carlistas que no quedaron tendidos salieron por pies. A la izquierda, en la falda de San Pablo, la columna mandada por Oráa pudo avanzar con menos obstáculos. Espartero no la veía. Sólo por el ruído de tambores y las imprecaciones humanas que aventaba el temporal, podían apreciar los de la primera columna que sus compañeros les llevaban alguna ventaja. Situándose más arriba de las ruínas de la cabaña, pudo Espartero distinguir las masas carlistas en el alto de Banderas, moviéndose de flanco. ¿Iban en retirada? ¿Iniciaban un movimiento envolvente? Sobre esto hicieron cálculos más ó menos aventurados Carondelet y el General en jefe. «Para saberlo con certeza—dijo éste,—vámonos arriba... yo el primero. No hay que darles tiempo á nada... ¡Hijos, coraje! Más valemos muertos arriba que vivos abajo.»

A medida que avanzando iban, veían más claro. Del cielo descendía escasa luz, aumentada por el reflector blanquísimo y lúgubre que cubría todo el monte, la nieve, cuya limpia y cándida superficie cortaban los montones de cuerpos humanos. La cabeza del carlista muerto asomaba por entre los brazos del liberal inerte. La obscuridad les agrandaba: creyéraseles cuerpos de gigantes alados, caídos de un espantoso combate en las nubes pardas, siniestras; éstas corrían también, embistiéndose, y esparcían por el cielo turbio sus desgarrados vellones. En la porfía de tierra un horroroso estruendo de tambores, cornetas, gritos, vivas y mueras marcaba el paso de la nube humana, que se deslizaba sobre nieve, bramando como el trueno, hiriendo como el rayo. En la eminencia, el choque rudo produjo instantáneo retroceso. No se veía más que un trágico tumulto, confusión de cabezas y brazos, y entre ellos el centelleo de las bayonetas. No lejos de la columna de vanguardia, Espartero les decía: «¡Duro, hijos, duro, que ya estamos en casa!... No hay quien pueda con nosotros... Allá vamos todos, yo el primero...»

No tardaron los absolutistas en desbandarse por la vertiente Norte. Iniciado el abandono del fuerte, los de acá pusieron en la cúspide sus manos, luego sus rodillas. El ejército de Isabel dió por fin en ella la furibunda patada que estremeció y quebrantó para siempre el inseguro reino de Carlos V. Serían las cinco cuando el caballo de Espartero tocaba el himno con su vigorosa pezuña sobre el suelo de la plaza de armas del fuerte. El noble animal no podía sofocar con sus relinchos la gritería de los soldados, ebrios de gozo.

El ejército que tal hazaña consumó era un gran ejército; mas para que luciera en toda su grandeza el santo ardor patriótico y el militar orgullo que le inflamaban, era necesario que tuviese caudillos que supieran cogerle de un brazo y llevarle á las cumbres estratégicas, que simbolizan las altas cimas de la gloria. Sin tales pastores, no puede haber rebaños tales. Pastoreaba las tropas cristinas, en aquella noche terrible, un soldado de corazón grande, que supo infundirles el sentimiento del deber, la convicción de que sacrificando sus vidas mortales salvarían lo inmortal de la patria, el honor histórico de las banderas. El tiempo, en vez de amenguar la talla de aquellas figuras, las agiganta cada día, y hoy las vemos subir, no tanto quizás por lo que ellas crecen, como por lo que nos achicamos nosotros; y aún lloramos un poquito, ya con todo el siglo dentro del cuerpo, viendo que gérmenes tan hermosos no hayan fructificado más que en el campo de la guerra civil. Creíamos que aquello era el aprendizaje para empresas de superior magnitud... Pero no era sino precocidad infantil, de las que luego salen fallidas, dándonos tras el muchachón de extremado vigor cerebral, hombres raquíticos y sin seso.

No debe mostrarse aislado el ejemplo de Espartero en la gloriosa Navidad del 36; que unido á otros ejemplos y memorias de aquel caudillo, resplandece con mayor claridad y nos permite conocer toda la grandeza de los hombres que fueron. Antes de la liberación de Bilbao, los suministros del ejército andaban como Dios quería. El Gobierno pedía victorias para darse tono, ¡victorias á soldados descalzos y hambrientos! Todo el mando de Córdova fué una continua lamentación por esta incuria. No fué más dichoso Espartero, y en su afán de emprender vivamente las operaciones, ardiendo en coraje, atento á su decoro y á la moral de sus tropas, resolvió el conflicto de un modo elemental, casi inocente. Sin duda por ser del orden familiar, no se ha perpetuado en letras de oro, sobre mármoles, la carta que con tal motivo escribió á su mujer, la bonísima, hermosa y sin par Jacinta Sicilia. Decía entre otras cosas: «Empeña tu palabra, la mía, la de los amigos; empeña tus alhajas y hasta el piano; reúne todo el dinero que puedas, y mándamelo en oro.» Tan diligente anduvo la dama, que con el mismo mensajero portador de la carta, remitió á su esposo mil onzas. El General dió de comer á sus soldados, y á los pocos días, postrado en cama con mal de la vejiga, y viendo á sus queridas tropas en el grande aprieto de Monte Cabras y Monte San Pablo, salta del lecho, con una temperatura glacial, y hace lo que se ha visto... Desgraciada era entonces España; pero tenía hombres.

XL

Al apuntar el día, que como de los más chicos del año no empezó á despabilarse hasta las siete, ayudando á su pereza lo turbio del celaje, vieron los vencedores á los vencidos desfilando á toda prisa por los senderos que conducen á Erandio y Derio. Otros tomaban presurosos los caminos de Deusto, para pasar á la orilla izquierda por los puentes de barcas que tenían en San Mamés y en Olaveaga. «¡Lástima grande—dijo Espartero, viendo la desbandada del enemigo,—no tener caballería disponible para que se fueran con todos los Sacramentos!» Tomado también, sin disparar un tiro, el Molino de Viento, y dejando éste bien guarnecido, así como el fuerte, siguió Espartero hacia el caserío de Archanda, donde ocupó la misma casa en que habían celebrado la Navidad, con espléndida cena, los jefes carlistas Eguía y Villarreal. Aún encontraron la mesa puesta, y en ella restos de manjares, todo en desorden, como si los comensales hubieran tenido que salir escapados, mascando aún, y con las servilletas prendidas. Invadida la casa por la Plana mayor y ayudantes, Espartero tomó asiento en el comedor, y les dijo: «Ya ve España que he cumplido mi palabra. Salí para Bilbao, y en Bilbao estamos; al menos tenemos la llave de la puerta.

—Mi General—dijo Gurrea, que no cesaba de dar órdenes referentes á provisiones de boca,—he mandado que nos hagan café.

—Para ustedes. Yo sabes que ahora no lo tomo. Algo caliente tomaría yo... No he traído nada... No me dió tiempo á llenar la fiambrera... Oye, que me hagan unas sopas de ajo... Vino caliente quiero.

—¿Qué tal se encuentra usted, mi General?—le preguntó Carondelet.—¿Apostamos á que el julepe de esta noche le sienta bien?... La gloria, entiendo yo, es buena medicina.

—Hombre, sí... Yo creí que estaría peor.

La misma excitación nerviosa me ha sostenido... Hubo un momento, lo confieso, en que los ánimos querían marchárseme. Fué cuando pregunté: «¿Dónde está la Guardia?» Y de un montón de cadáveres blanqueados por la nieve salió una voz moribunda que me dijo: «Aquí está lo que queda de la Guardia Real.» Al oir esto, sentí ese frío mortal que me sale de los riñones, y por el espinazo me sube á la nuca... ¡Pero qué demonio! Dí algunas patadas, para soltar el frío y el miedo por las suelas de las botas... vamos, que eché un nudo á todos los recelos, y también á los dolores que me atenazaban las entrañas, y me dije: «No fastidiar ahora... A la obligación; á reventar aquí, ó á vencer. Dios nos ha favorecido: mandó á los truenos que tocaran el himno... No crean: cuando me eché de la cama, me daba el corazón que íbamos á cargarnos á toda la ojalatería habida y por haber... ¡Y eso que la noche, compañeros, ha sido de las que llaman á Dios de tú!

—Mi General—dijo D. Marcelino Oráa, entrando presuroso y risueño,—tengo una gallina asada, y me parece que después de lo que hemos hecho, bien podemos comérnosla tranquilamente.

—Sí, hombre, sí; venga: nos la comeremos entre los dos... Pero mande usted que la calienten.

—Ya están en ello. Los señores *desocupantes* nos han dejado la cocina encendida.

—¿Y hay fuego?

—Magnífico. Y ahora lo estamos atizando más.

—Pues vámonos allá... Estoy helado... A la cocina, señores.»

Y camino del fogón, D. Baldomero, apoyado en el brazo de Carondelet, pues su dolor de riñones le molestaba más de la cuenta, decía: «¡Esos pobres soldados muertos de frío, al raso!... Que todos los cuerpos se provean de leña, que aquí la tendrían abundante los ojalateros... Que hagan hogueras... Y de rancho, que se les dé lo que haya, á discreción... Otro día se tasará; hoy no se tasa nada, pues ellos han dado *á tutiplén* su sangre y el fuego de sus corazones... Lo que yo digo: «En días como éste, debiera Dios hacer también algo extraordinario por los pobres soldados; y como es fiesta de Navidad, ¿por qué no manda caer una buena lluvia de pavos, pero asaditos, y de añadidura capones?» Hombre, todo no ha de ser granizo y balas. Yo, señores, estoy que no puedo ya con mi alma. Y si á ustedes les parece, después que me haya comido mi parte de gallina y las sopas de ajo, si me las dan, descansaré un rato. Oráa, ¿á qué hora entramos en Bilbao?

—Sobre las once me parece la mejor hora —dijo D. Marcelino con la boca llena.—Allí no se han enterado todavía. No tardarán en subir bandadas de patriotas. El cuento es que de nutrición están peor que nosotros, y tendremos que darles de lo nuestro.»

Con estas bromas comían unos y otros, ofreciéndose recíprocamente y aceptando lo que cada cual tenía. Sin cesar entraban oficiales y paisanos más ó menos armados, de los que se agregaron al Cuartel general.

«¡Hola, Uhagón!—dijo Espartero.—Ya hemos salvado á su pueblo. Ya estará usted tranquilo. ¿Ve usted cómo no hay plazo que no se cumpla?

—Locos de contentos están mis pobres *chimbos*. Ya se oye el repicar de todas las campanas de Bilbao.

—¡Pobrecitos, qué ganas tendrán de vernos! Y yo á ellos también... Hola, Fernando: pase, pase. No creí que se hubiera usted atrevido á subir á este piso principal... bajando de las nubes. ¿Qué tal? ¿Presenció usted la locura de anoche? ¿Vino usted á retaguardia?

—No tan á retaguardia, mi General—dijo Calpena,—que dejara de ver los milagros del soldado español.

—Milagro ha sido... bien dicho está. Vea usted, vea usted, señor madrileño, cómo aquí sabemos cumplir.

—Ya lo he visto, y si no lo viera, nunca lo hubiera creido. Nunca, digo yo, ha sido la verdad tan inverosímil.

—Ya tiene usted que contar... Siéntese donde pueda, y busque un plato, que quiero obsequiarle con un alón de gallina.

—Muchas gracias, mi General. Uhagón, Ordax y yo, merodeando en el Molino de Viento con otros amigos, hemos tenido la suerte de descubrir nada menos que un cordero asado, y una bandeja de arroz con leche.

—¡Hombre, qué suerte! ¿Y no ha quedado nada?

—Mi General: todo nos lo hemos comido.

—Bien: hay que tomar fuerzas para entrar en la plaza. Ya tiene usted á Bilbao libre, á Bilbao abierta. Y allí las muchachas bonitas esperando á la juventud. Entrarán ustedes conmigo.

—Si vuecencia nos lo permite, Uhagón y yo nos iremos por delante, á la descubierta, mi General. Los dos tenemos aquí familia.

—Enhorabuena: váyanse ahora mismo si gustan... y digan qué á las once entraré con mi Estado Mayor á saludar á las autoridades de ese heróico pueblo, al pueblo todo, á la valiente Guarnición, á la intrépida Milicia.»

Anunció á la sazón un ayudante que por el camino de Deusto subía mucha gente, comisiones de la Diputación y Ayuntamiento, y medio pueblo detrás. No esperaron más Uhagón y Calpena, y se fueron monte abajo salvando trincheras; pero como por los mismos vericuetos subía bastante gente, y entre ella muchos conocidos de Uhagón, á cada instante habían de detenerse. Entre saludos aquí, abrazos allá, y el contestar á los vivas, y el dar noticia sintética de los combates de la noche anterior, emplearon cerca de dos horas en llegar á Deusto. Ardiendo en impaciencia, Calpena tiraba de su amigo como de una impedimenta fastidiosa y necesaria. Cuando llegaban á la Salve, Uhagón hubo de contener el paso vivo de Fernando, diciéndole: «No corras, que aunque volaras, no habríamos de llegar tan pronto como deseas. Afortunadamente, al entrar en mi pueblo, no necesitarás hacer averiguaciones para encontrar lo que buscas. Conozco á los Arratias, Sabino y Valentín; conozco la casa de la Ribera. Lo que siento es no poder acompañarte: ya comprendes que he de ir inmediatamente á mi casa, y antes de llegar á ella encontraré parientes, familia, que me cogerán y me secuestrarán. Si no quieres venirte conmigo á casa, yo buscaré persona que te llevará á la Ribera... No puedes perderte... Sigues por esta orilla del Nervión. Ves el paseo del Arenal, y adelante siempre, junto á la ría; ves el teatro, y adelante... Y ya estás allí... Miras las puertas de las tiendas, y donde veas una fragata á toda vela... una muestra con un barco pintado... allí es.»

A poco de decir esto el bilbaíno, cayeron en un grupo entusiasta, frenético, en el cual más de veinte individuos abrazaron á Uhagón porque le conocían, á Calpena sin conocerle, y que quieras que no hubieron de detenerse á cantar odas y elegías ante los ahumados muros de San Agustín. Calpena no pudo ser insensible ni á las demostraciones de aquel patriotismo delirante, ni á la simpatía y afecto con que los desconocidos le llevaban de un lado á otro, enseñándole las gloriosas ruínas, los escenarios de muerte, trocados ya en históricos monumentos.

Viéndose separado de Uhagón, que en el

barullo fué arrastrado lejos de su amigo, los que rodeaban á Calpena dijéronle con cariñosa urbanidad: «Ya encontraremos á Celestino. Usted se vendrá á mi casa.» Y todos se brindaban á llevársele en cuanto vieran entrar al General victorioso. Agradecido, se excusó el madrileño cortesmente, y sin darse cuenta del tiempo que engañoso transcurría, se dejó querer, se dejó llevar. Llegados á la Cendeja, el gentío les estorbó el paso. Quisieron retroceder, y se encontraron frente á otro tumulto y vocerío más grandes. Espartero se aproximaba con todo su Estado Mayor para entrar solemnemente en la plaza como libertador glorioso. En los remolinos del gentío para abrir calle, vióse Calpena separado de los desconocidos que le acompañaban; buscóles con la vista; pero ni ellos ni Uhagón aparecían entre las mil caras de la muchedumbre, las cuales por la unidad del sentimiento que expresaban parecían pertenecientes á un solo sér. Imposibilitado de avanzar, arrimóse á un paredón, y vió al General á pie, avanzando con marcial gallardía por delante de San Agustín, y atravesando después por el paso que al efecto abrieron en la *Batería de la Muerte*. La exclamación popular en aquel hermoso momento; el estallido de la muchedumbre, confusa mezcla de entusiasmo, de gratitud, de duelo, de amor, fué como un llanto inmenso. Engranado en el conjunto, y partícipe de la total emoción, Calpena lloraba también con gritos de alegría.

Mientras Espartero abrazaba en el Arenal

á los jefes de la Milicia, los remolinos de gente llevaron á D. Fernando de una parte á otra. No podía sustraerse al delirio del pueblo; sentía con él el júbilo de la victoria, y el dejo amargo de los pasados sufrimientos. La ola humana, que reventaba en cánticos, en vivas y clamores diversos, le arrastraba. Se sintió ciudadano de la valerosa villa; se sintió sitiado, hambriento, moribundo, redimido al fin por el propio esfuerzo y el del héroe que en aquel instante confundía su legítimo orgullo con el del vecindario, y su fe con la fe bilbaína.

Hasta que fué pasando lo más fuerte de la emoción popular, no se vió Calpena fuera de la ola... Pensó en orientarse. Reconociendo el punto por donde había entrado, y observando el curso de la ría, restableció su rumbo. «Por esta orilla, siempre adelante,» le había dicho Uhagón. No tardó en reconocer el Teatro, y hacia él se encaminaba, cuando se inició un movimiento de la multitud en la propia dirección. Vacilaron un instante los grupos delanteros. Aquí decían que el General iba al Ayuntamiento; acullá, que á la Diputación. Pero debieron estar en lo cierto los que indicaban el primer punto, porque la masa de bilbaínos, ardiente, bulliciosa, entonando patrióticos cantos y enarbolando trofeos militares, corrió hacia la Ribera.

«Hacia allá vamos todos,» se dijo Calpena, dejándose arrastrar nuevamente por la ola y arrimándose todo lo que pudo al pretil de la ría para no perder su derrotero. Miraba una por una las casas fronteras, y antes de que terminara la curva que en aquella parte describe la línea de edificios, obediente al curso del Nervión, vió encima de una puerta una hermosa fragata navegando á toda vela. ¡Allí era!... La multitud llenaba por completo la vía desde las casas hasta el río. Sobre el mar de cabezas en movimiento navegaba la fragata en dirección contraria, embistiendo con su gallarda proa la corriente humana. Así lo vió Calpena, observando al propio tiempo que en los balcones inmediatos al barco no había gente, y que la puerta de la tienda estaba cerrada.

Agarróse al pretil para zafarse de la ola, como el náufrago que se agarra á la peña. Realmente, trazas de náufrago tenía. El fango le llegaba á las rodillas; temblaba de ansiedad, de frío...

FIN DE LUCHANA

Santander (San Quintín), Enero-Febrero de 1899.

www.ingramcontent.com/pod-product-compliance
Lightning Source LLC
Chambersburg PA
CBHW071359050326